나쁜
에너지
기행

나쁜 에너지 기행

기후정의 원정대, 탈핵을 넘어 에너지 평등을 찾아

에너지기후정책연구소 지음

이매진

나쁜 에너지 기행
기후정의 원정대, 탈핵을 넘어 에너지 평등을 찾아

지은이 에너지기후정책연구소 **펴낸곳** 이매진 **펴낸이** 정철수 **편집** 기인선 최예원 김성현 **디자인** 오혜진
마케팅 김둘미 **처음 찍은 날** 2013년 6월 13일 **등록** 2003년 5월 14일 제313-2003-183호 **주소** 서울시 마
포구 성지5길 17, 301호(합정동) **전화** 02-3141-1917 **팩스** 02-3141-0917 **이메일** imaginepub@naver.
com **블로그** blog.naver.com/imaginepub **ISBN** 979-11-5531-003-8 (03300)

ⓒ 에너지기후정책연구소, 2013

일러두기
• 외래어표기법을 따랐지만, 현지 발음에 가깝게 적은 경우도 있습니다.
• 사진은 대부분 글 쓴 사람이 찍었지만, 그렇지 않은 경우 출처를 표시했습니다.

• 이 도서의 국립중앙도서관 출판시도서목록(CIP)은 서지정보유통지원시스템 홈페이지(http://seoji.
  nl.go.kr)와 국가자료공동목록시스템(http://www.nl.go.kr/kolisnet)에서 이용하실 수 있습니다.(CIP제
  어번호: CIP2013007724)

차 례

3

······ ➤ 평등한 에너지, ······
정의로운 기후를 위해

'테라'를 아십니까

'테라TERRA. 라틴어로 지구라는 뜻'라는 나라가 있다고 가정해보자. 테라는 적도 부근에 있는 국가이고, 울창한 열대우림을 자랑한다. 700만 명이 사는 작은 나라지만, 작지 않은 국토에 식량 자원이 많아 농업으로 자급자족하는 경제 구조를 갖췄고, 아직 공동체 문화가 살아 있다. 사람은 마을이 키우고, 국가 정책도 마을이 중심이다. 산업화의 필요를 느끼지 못한 탓에 국가 인프라는 낙후돼 있다. 그러나 테라는 지구를 오염하지는 않았다. 에너지 사용량이 적어 온실가스를 거의 배출하지 않았고, 열대우림에서 필요한 것들을 구해서 생활했다.

지금 테라는 위기를 맞고 있다. 선진국들은 테라의 자연 자원을 가지려고 협력 관계를 맺고 싶어했다. 말이 좋아 협력 관계지 사실은 협박일지도 모르겠다. 그 결과 열대우림이 파괴되기 시작했다. 그리고 공장들이 들어섰다. 테라의 값싼 노동력은 다국적 기업이 상품의 가격 경쟁력을 유지하는 결정적인 요건이었다. 집 근처에서 필요한 것들을 모두 구할 수 있던 테라의 농민들은 이제 더는 먹을거리를 생산하지 않는다. 농민은 모두 공장 노동자가 됐고, 식량은 모두 시장에서 구한다. 그러나 생활은 도무지 나아지지 않는다. 더 나빠진 곳이 수두룩하다. 공장을 지으면 소득이 늘어날 것이라고 공언하지만, 사람들은 생활의 여유는커녕 먹을거리를 사는 데에도 힘에 부친다. 집 근처의 울창한 숲은 모두 사라졌다. 이제 다시 농사를 지으려고 해도 씨앗이 없다. 토지는 황폐해져 씨를 뿌려도 잘 자랄지 확신할 수 없다. 물은 오염돼 아이들 사이에 수인성 질병이 유행하기도 했다.

그런데 국제 사회는 테라에 더는 온실가스를 배출하지 말라고 얘기한다. 공장이 난립하고 숲을 훼손한 게 온실가스 배출의 주요 원인이라고 얘기한다. 그러나 테라 사람들은 여전히 모른다. 공장의 주인은 테라인이 아니다. 숲을 없앤 것도 테라인이 아니다. 심지어 아직 테라에는 불도 들어오지 않는 마을이 꽤 많다. 국제 사회가 얘기하는 온실가스는 대체 누가 배출하는지 궁금하다. 그 사이 테라에는 초강력 태풍이 3개나 몰아쳤다. 인구의 4분의 1이 이재민이 됐다. 공장이 있어도 출근할 수가 없다. 몇몇 사람들이 와서 전기를 공급하고, 농지를 회복하는 법도 알려줬다. 그러나 그런 혜택을 받는 사람은 테라 인구의 100분의 1에도 미치지 못한다. 테라 사람들의 99퍼센트는 더 가난해졌다.

이 이야기가 식상하게 들린다면 그만큼 익숙하다는 반증이기도 하다. 테라가 동남아시아의 어느 국가하고 닮았다고 생각했다면 당신은 눈치가 빠른 사람이다. 아니 동남아시아 국가의 특징을 뽑아서 모아놓은 게 테라이니, 모른다면 그게 더 심각한 일인지도 모르겠다. 그런데 정말 끔찍한 것은 너무 익숙해져서 이제는 이런 이야기에 무덤덤한 반응을 보인다는 사실이다. 그러나 테라는 여전히 현재 진행형이고, 우리는 테라에 공장을 세운 한 사람이다. 테라의 가난은 우리의 책임이다.

우리가 '나쁜 에너지 기행'을 던지는 이유

기후변화에 관한 경고가 나온 지 수십 년이 지났지만 해결된 건 아무엇도 없다. 지구를 소비하는 우리 사회는 더욱 광폭해지고, 막아보자는 외침은 이제 울림도 약해 거의 들리지 않는다. 노력을 하지 않는 것은 아니다. 국제 사회는 교토 의정서를 대신해 무언가 만들어보겠다고 나섰고, 각 지역에서는 소소한 대응들을 이어갔다. 그러나 노력은 점점 처연해지기만 한다. 우리가 어쭙잖은 글재주로 애써 '나쁜 에너지 기행'을 떠날 수밖에 없는 이유가 여기에 있다. 무릇 변화란 시간이 걸리는 작업이지만, 큰 것은 큰 것으로 머물고 작은 것은 작은 것대로 있으면 변화는 요원할 뿐이다.

그동안 우리는 '착한 에너지 기행'을 통해 작지만 중요한 움직임을 봐왔다. 그리고 그것을 널리 퍼뜨리는 게 얼마나 중요한 일인지도 알고 있다. 그러나 우리의 기행은 미약하다. '혼자 꾸는 꿈은 꿈으로 남지만 함께 꾸는 꿈은 현실이 된다'는 경구를 믿고 싶다. 그래서 이번에는 '나쁜 에너지 기행'을 던진다. 무엇이 옳고 그른지 판단해보고 함께 같은 꿈을 꿔야 하는 때가 됐기 때문이다.

필리핀에는 유예지 연구원과 손은숙 연구원이 다녀왔다. 필리핀은 착한 에너지보다 나쁜 에너지가 더 많다. 지구 온난화에 도움이 된다는 핑계로 바이오 연료를 생산하려고 열대우림을 갉아먹는 사람들이 있는가 하면, 지구 온난화를 돈벌이 수단으로 활용하는 사람들도 있다. 그러나 핵 발전소 가동을 막은 승리의 기억도 생생하다. 두 연구원이 현지 활동가들과 함께 해당 지역들을 꼼꼼하게 기록했다.

조보영 연구원과 이진우는 에너지 부정의不正義 사례를 조사하려고 태국에 다녀왔다. 관광 대국으로 손꼽히는 태국은 급속한 산업화와 도시화로 에너지 불평등이 가장 극적으로 커진 곳 중 하나다. '레드 셔츠'와 '옐로우 셔츠'가 늘 대립하고 있지만, 최대 피해자는 저소득층일 뿐이다. 정치적 이해관계야 어떻든 사람들은 오늘도 내일의 날씨에 일희일비한다.

캄보디아는 마치 1960년대 한국을 연상시키듯 빠르게 산업화가 진행되고 있는 곳이다. 그러나 그 편익은 공평하지 않다. 에너지가 필요한 도시 때문에 사람들은 판자촌으로 쫓겨났다. 그리고 거기서 절망한다. 메콩Mekong 강에 짓는 댐은 소수 민족의 희생을 발판으로 만들어진다. 손형진 연구원과 이진우가 각각 다른 일정으로 캄보디아를 다녀왔다.

이영란 연구원은 《착한 에너지 기행》 때하고 마찬가지로 라오스에 다녀왔다. 메콩 강 부근의 싸이냐부리Xayaboury 지역은 서양식 난개발이 턱밑까지 들어온 곳이다. 아직 눈에 띄지 않는다고 해도 대형 댐 발전 계획이 추진 중이니 이제 곧 다른 동남아시아 국가들의 잘못된 길을 밟게 될지도 모른다. 그리고 에너지기후정책연구소가 2009년 싸이싸탄 산골 학교에 지원한 태양광 발전기의 상황이 어떤지도 살펴봤다.

2010년 멕시코, 2011년 남아프리카공화국에서 열린 기후변화 협약 당사국 총회는 인류가 지구를 포기하는 결정적인 사건이 됐다고 기억될 것이다. 그 현장에 이정필 연구원과 조보영 연구원이 다녀왔다. 현장 기록을 보고 있으면 우리가 왜 울 수밖에 없는지를 알게 된다.

한재각 부소장과 김현우 연구원은 각각 독일과 일본으로 갔다. 두 나라는 멀리 떨어져 있지만 중요한 공통점이 있다. 바로 핵 발전이다. 독일은 이미 2024년까지 핵 발전을 포기하겠다고 선언했는데, 그런 선언을 할 수 있게 만든 여러 노력들을 소개한다. 일본은 후쿠시마 사태 뒤 탈핵에 관한 사회적 관심이 높아졌다. 김현우 연구원이 소개하는 히로시마 평화대회는 그 대표 사례다.

우리가 어디를, 어떻게, 몇 번이나 갔는지는 사실 중요하지 않다. 세상을 이끄는 힘은 여전히 나쁜 에너지이고, 그 힘은 더욱 커지고 있다. 그래도 우리가 힘겹게 자꾸 밖으로 나가는 이유는 그 거대한 힘의 끝을 봐야 하기 때문이다. 우리의 여행이 독자들에게 새롭게 생각하고 다르게 생활할 수 있는 기회를 줄 수 있다면, 그것만으로도 이 여행은 성공이다.

우리의 여행은 어쩔 수 없이 떠밀린 게 아니고 우리가 선택한 것이다. 프랑스의 시인이자 사상가인 폴 발레리가 얘기했다. "생각하는 대로 살지 않으면 곧 사는 대로 생각하게 될 것이다." 우리의 여행은 생각하는 대로 살기 위한 선택이다. 이 여정에 독자 여러분들의 동참을 권한다. 그 것이 곧 착한 사회를 만들기 위한 진정한 에너지가 될 것이다.

2013년 5월

에너지기후정책연구소에서
글쓴이들을 대표해 이진우 씀

Travel for Good Energy

우리 시대의
제국주의,
에너지 불평등

정의는 에너지 앞에서,
기후변화 앞에서 멈춘다

세계화 시대에 에너지와 기후변화를 한 나라만의 문제로 다룰 수는 없을 터. 더구나 우리 사회는 에너지의 97퍼센트를 수입해 살아가고 있다. 나머지 3퍼센트에는 2004년부터 동해 가스전에서 생산되는 천연가스가 포함된다. 천연가스를 생산하면서 아주 조금 얻게 되는 원유 덕분에 한국도 세계에서 95번째로 산유국이 됐다. 한국은 '석유 한 방울 나오지 않는 나라'가 아니라 '석유 한 방울밖에 나오지 않는 나라'가 된 것이다.

턱없이 부족한 에너지를 구하려고 세계 곳곳에 진출한 한국 기업들은 여기저기 땅을 파고 외국 기업을 인수하고 있다. 국내에서는 에너지 문제를 주로 국가 안보로 접근해 에너지 자원을 최대한 많이 확보하는 게 지상 과제다. 그런데 값싼 에너지를 물 쓰듯 쓰는 '풍요의 시대'가 끝나고 더욱 첨예해지는 '에너지 전쟁' 시대에는 과거와 같은 낡은 방식으로 에너지 시스템을 유지하는 게 불가능하지 않을까? 세상살이가 팍팍해지고, 없는 사람들에게 내일의 희망이 사라지고 있는 상황에서 에너지 문제가 또 다른 갈등과 분쟁으로 비화되지는 않을까? 이런 염려들이 현실이 된 세상을 마주하는 게 조금 불편하더라도 정의는 에너지 앞에서, 기후변화 앞에서 멈춘다는 진실을 정면으로 마주해야 할 필요성이 더욱 커져만 가는 요즘이다.

"에너지란 무엇인가? 기후변화란 무엇인가?" 에너지기후정책연구소에서 일하는 덕분에 이런 질문을 종종 받는다. 교과서적으로 답해서 그런지 아니면 의례적으로 물어서 그런지 모르겠지만, 예전에는 진지한 대화가 이어지지 않았다. 다행히 고유가, 전기 요금 인상, '명품 다큐멘터리'들로 이야기를 풀어갈 수는 있었다. 개중에는 동남아시아를 비롯한 제3세계의 에너지 빈곤과 기후변화의 심각성에 관심을 보이는 사람들도 있었다. 그러나 대체로 에너지와 기후변화에 보이는 관심은 아직도 먼 나라 이야기라는 인상을 받았다. 먼 나라 이야기라……. 가보지는 않았지만 머릿속에 박혀 있는 어떤 이미지들. 우리는 그것으로 충분하지 않다고 생각해서 또다시 에너지 여행을 떠났을 것이다.

2011년 들어 굵직한 사건들을 접하면서 우리 사회에도 변화의 바람이 불고 있다는 것을 직감한다. 다른 사회 문제하고 마찬가지로 자신이 직접 체험하거나 언젠가 겪게 될지 모른다는 생각이 들면 인식의 전환을 경험하기 마련이다. 서서히 에너지 정치, 기후변화의 정치가 감지된다.

2011년 3월, 일본 후쿠시마 핵 발전소 사고가 전세계를 강타하면서 독일, 스위스, 이탈리아 등 여러 나라에서 탈핵 바람이 불어 에너지 전환이 진행되고 있다. 핵으로 전력을 생산하는 시스템에서, 천연가스를 이용하거나 태양과 바람 등을 이용하는 재생 가능 에너지를 확대하는 시스템으로 전환되고 있는 것이다. 이런 세계적인 흐름하고 상관없이 한국 정부는 여전히 요지부동이다. 그러나 과거하고 다르게 사회 곳곳에서 핵 발전 문제를 심각하게 받아들이고 탈핵 에너지 전환의 대안 마련에 박차를 가하고 있다.

2011년 7월, 시간당 최다 강수량 기록을 갈아치운 '물 폭탄'이 가져온 피해는 또다시 인재냐, 천재냐 하는 논란을 낳았다. 도시 생태계를 무시하면서 추진해온 무분별한 도시 계획을 콘크리트와 아스팔트 그리고 가로수만으로는 되돌릴 수 없다는 교훈을 남겼다. 또 다른 중대한 변화가 하나 더 있다. 이제는 '날씨가 왜 이 모양이냐'는 질문보다 우리 사회에 미치는 기후변화의 징후와 영향에 관한 질문을 구체적으로 받는다. 이제는 답하기 버거울 정도지만 사람들이 바뀌고 있다는 점은 희망적이다. 원인 파악과 현실 진단이 어느 정도 됐으니 이제 어떻게 대응해야 하는지, 행동과 실천으로 대화 주제가 바뀌고 있는 것이다.

인간이 망각의 동물 탓인지 방사능 공포심이 점차 사라질 무렵, 2011년 9월 15일에 대한민국을 뒤흔든 사건이 또 하나 벌어졌다. 사상 초유의 대규모 순환정전 사태로 하마터면 전국이 마비될 뻔한 아찔한 상황을 경험한 것이다. 블랙아웃Black Out을 술 먹고 필름이 끊긴다는 뜻으로 아는 시민들은 이제 전국이 동시에 정전된다는 뜻도 있다는 것을 알게 됐으리라. 더욱 중요한 게 있다. 이웃 나라의 핵 발전소 사고에 이은 국내 전력 사고는 전기가 얼마나 소중한 필수재인지, 국내 전력 시스템이 얼마나 허술한지, '전기 쓰듯' 해서는 사회가 더는 버틸 수 없다는, 사전 예방적 경고라는 점이다.

이제 경고는 일상이 돼버렸다. 정전 사건이 일어난 뒤 우리는 전력 수급 경보라는 말을 자주 듣는다. 전기 사용이 빠르게 늘어나는 여름이나 겨울에 들어서면 정부와 관계 기관은 정전 대비 위기 대응 훈련을 한다. 공공 기관은 물론 백화점과 기업 그리고 각 가정을 대상으로 전기 절약을 홍보하거나 강제한다. 그러나 날씨가 계속 더 더워지고, 더 추워지면서 에너지 소비는 점점 더 늘고 있다. 산업 시설과 상업 시설의 에너지 과소비와 비효율적 사용은 끝이 보이지 않는다. 정부는 앞으로도 꽤 오랜 기간 동안 에너지 사용이 증가할 것으로 전제하고 부족한 에너지를 메운답시고 석탄 화력 발전소를 더 건설하고 있다. 온실가스 배출이 무섭게 늘고 있는 이유다. 핵 발전소에서 생산된 전기를 수도권과 대도시에 보내는 데 필요한 초고압 송전탑 건설 때문에 농촌 마을과 생태계는 파괴되고 있다. 에너지를 통해 본 한국 사회의 자화상이다.

에너지 기후 시대로 접어들면서 에너지 빈곤이 국제 문제로 떠오르고 있다. 기후변화 대응을 위한 에너지 소비와 탄소 배출 감축은 논쟁의 여지가 없지만, '건강과 안락함을 위한 충분한 따뜻함'을 보장하는 데 필요한 에너지 기본권 역시 동등하게 다뤄야 하기 때문이다. 우리 사회에서도 에너지 빈곤이 점점 주목받고 있다. 사회적 양극화가 심화되면서 2006년에 에너지기본법이 제정됐지만, 여전히 에너지 복지에 관한 사회적 요구를 충족시키지 못하고 있기 때문이다. 이미 130만 가구 이상이 에너지 빈곤에 놓여 있다. 애매한 기준이지만 소득에서 에너지 지출 비용이 10퍼센트를 넘어서면 에너지 빈곤으로 규정하는데, 당연하게도 대다수 서민들은 에너지 빈곤을 겪을 수밖에 없다. 생존을 위해 필요한 최소한의 난방, 취사, 전기 사용을 줄이는 게 말처럼 쉽지 않기 때문이다. 반면 고소득자들은 석유와 전기를 물 쓰듯 써도 별로 부담되지 않는다. 이렇게 왜곡된 에너지 사용 방식이 당연시되는 게 우리의 현실이다.

사회 안전망이 뛰어나고 대체로 부유한 유럽에서도 에너지 빈곤의 심각성을 인식하고 있다. 에너지 빈곤이 보편적인 문제로 부상했기 때문이다. 에너지 빈곤은 가구 소득, 사회 복지, 에너지 가격, 주택 에너지 효율 등 여러 요소가 얽혀 있어 복잡한 양상을 띤다. 따라서 에너지 복지는 소득, 사회 서비스, 에너지 요금, 주택에 걸쳐 종합적으로 접근해야 한다. 에너지 빈곤은 최근에 나타난 문제가 아니다. 과거에도 에너지 접근에 제약이 생기는 경우가 자주 일어났으며, 특히 1970년대 석유 파동 같은 국제 정세의 불안으로 에너지 빈곤이 심해지기도 했다.

유럽에서만 에너지 빈곤층을 5000만 명에서 1억 2500만 명으로 추정하고 있다. 잘산다는 나라 사정이 이런데 가난한 나라는 오죽하겠는

남아프리카공화국 더반의 빈곤 지역에 있는 엥겐 석탄 화력 발전소. 여러 차례 일어난 화재 사고로 많은 노동자가 사망했고, 낡은 발전소 시설에서 배출되는 오염 물질 때문에 근처 주민들이 고통받고 있다. 반면 이런 곳에서 생산된 전기를 사용하지 못하는 에너지 빈곤 가구도 아주 많다. 남아프리카공화국 정부는 2011년 더반 기후변화 총회가 열리는 기간 동안 더러운 에너지를 사용한다는 사실을 숨기려고 잠시 가동을 중단했다.

가. 잘사는 나라가 상대적인 빈곤에 시달린다면, 가난한 나라는 절대적인 빈곤에 놓여 있다. 그래서 그런지 에너지 빈곤을 인식하고 그 해결 방안을 추진하는 사례는 대부분 선진국과 선발개도국에서 발견된다. 이 국가들에서는 에너지를 '보편적 서비스'로 규정하고 국가와 사회의 제공 의무를 밝히고 있다.

이렇듯 에너지 빈곤이 점점 세계적인 문제로 떠오르고 있지만, 절대 빈곤이 심각한 저개발국과 최빈국에서는 에너지 빈곤은 의제로 설정돼 있지 않다. 식량과 보건 중심의 접근 방식에서 에너지는 빈곤의 대상에서 제외되고 있는 실정이다. 이런 상황에서는 국제 사회가 에너지 문제를 빈곤의 영역으로 확장하고, 인간의 기본 권리로 포함하는 접근을 해야 한다. 곧 '모든 사람은 생활에 필요한 적당한 에너지를 사용할 권리를 갖는다'는 원칙이 확립돼야 한다.

그런데 세계인권선언(25조)과 국제인권규약(A규약)을 봐도 식량, 의복, 주택, 의료는 나오지만 에너지는 찾아볼 수 없다. 넓게 해석하면 '자기 자신과 가정을 위한 적당한 생활 수준을 누릴 권리와 생활 조건을 지속적으로 개선할 권리'의 사회 서비스에 포함될 수 있을 것이다. '지속 가능한 성장을 위해 빈곤층에 적정한 에너지를 공급하는 게 필수 과제'라고 선언한, 2002년 남아프리카공화국 요하네스버그에서 개최된 '지속가능세계정상회의'는 이런 점에서 주목할 만하다. 유럽연합은 정상회의 뒤에 '빈곤 퇴치와 지속 가능 개발을 위한 유럽연합 에너지 이니셔티브'를 추진하기로 결정했다.

이렇듯 에너지 빈곤에 관한 국제 사회의 접근이 중요한 까닭은 개발도상국과 최빈국은 스스로 에너지 빈곤을 해결할 수 있는 여력이나 의지가 없기 때문이다. 또한 개발도상국과 최빈국이 안고 있는 여러 과제가 에너지 문제와 밀접하게 연결돼 있다는 점에 주목해야 한다. 복지, 환경, 교육, 보건, 산업, 농업 등 여러 부문에는 대부분 에너지가 필요하기 때문이다.

그렇다면 이런 국제 사회의 관심과 약속이 잘 지켜지고 있을까? 국제 차원에서 에너지 빈곤 문제를 적극 다루는 경우는 드물다. 아시아, 아프리카, 라틴아메리카 등을 대상으로 하는 국제 구호단체와 개발단체는 에너지 빈곤을 다루지 않거나 소극적이다. 미국의 저널리스트 토머스 프리드먼이 지적한 것처럼, '에너지 빈곤 문제만큼은 아무도 나서지 않고 있다.'

앞서 언급한 선진국과 선발개도국에서 설정한 기준선 따위는 에너지 시스템에서 배제된 에너지 빈곤 상황에는 적용하기 곤란하다. 국가와 지역의 특성에 따라 에너지 빈곤에 관한 개념은 다를 수밖에 없기 때문이다. 이제라도 전세계적인 수준에서 에너지 빈곤 현황과 실태 조사를 서둘러야 한다.

에너지 빈곤 현황

에너지 격차는 국가별, 지역별, 계층별로 나타난다. 사하라 사막 이남 아프리카, 남아시아, 동남아시아 등의 가장 가난한 25퍼센트의 사람들은 전체 에너지의 3퍼센트도 소비하지 못하고 있지만, 가장 부유한 20퍼센트의 사람들은 70퍼센트 이상의 에너지를 소비(낭비)하고 있다.

아직까지 에너지 빈곤이 국제적으로 보편화된 개념이 아니더라도 그런 심각성을 나타내는 자료들은 적지 않다. 예를 들어보자. 세계은행은 약 16억 명이 전기 혜택을 전혀 받지 못하는 것으로 추정하고 있고, 국제에너지기구는 지금 같은 추세라면 2030년까지 14억 명이 전기 공급 혜택을 누리지 못할 것으로 전망한다. 세계보건기구WHO에 따르면, 실내에서 장작을 때 난방과 취사를 하면서 생기는 연기 등의 실내 대기 오염으로 연간 1600만 명이 사망하고, 그 피해자는 대부분 어린이와 여성이다.

세계은행은 아프리카 제조 업체들은 평균 연간 56일 동안 전력 공급이 중단되며, 그 결과 기업들은 매출액의 5~6퍼센트 손실을 입고 있으며, 비공식적인 경제권의 손실까지 합하면 피해액은 연간 소득의 20퍼센트에 이를 것으로 추정한다. 그리고 방글라데시에서 전력 공급이 원활하면 시골 지역의 가계 소득이 최대 20퍼센트 올라가고, 빈곤율이 15퍼센트 낮아질 것이라고 전망한다. 또한 방글라데시 가정에 전기가 공급되면 학생들의 수업 시간이 최대 33퍼센트 늘어난다고 보고했다.

　기후변화는 환경적으로나 경제적으로나 가장 잘나가는 이슈가 됐다. 환경단체들은 기후변화가 불러올 심각한 결과를 널리 퍼뜨리며 서둘러 온실가스를 줄여야 한다고 목소리를 높이고 있다. 온실가스 배출의 주범인 굴지의 기업들은 경쟁적으로 그린 마케팅을 펼치고 있다. 그렇다고 기후변화를 막을 만큼의 성과를 기대할 수 있다고 믿는 사람은 많지 않다. 2012년까지 1990년 대비 평균 5.2퍼센트 온실가스 감축. 이것이 바로 선진국 등의 의무 감축 국가들이 교토 의정서를 통해 국제적으로 한 약속이다. 이 약속은 끝내 지켜지지 않았다. 기후변화에 관한 국제 협력의 첫 사례이니 시행착오를 겪는 게 당연하다고 여기는 사람도 있을 것이다. 다음 기회에는 더 잘할 수 있지 않을까 기대하는 사람도 있을 것이다. 부디 그렇게 된다면 얼마나 좋겠는가. 2013년 이후의 감축 방안을 논의한 세 차례의 기후변화 협약 총회를 돌아보면 희망보다는 절망에 가깝다는 사실을 깨닫게 된다.

　휴양지로 유명한 멕시코 칸쿤에서 열린 16차 유엔 기후변화 협약 당사국 총회(2010년), 월드컵 개최지로 익숙한 남아프리카공화국의 더반에서 열린 17차 유엔 기후변화 협약 당사국 총회(2011년), 중동의 산유국인 카타르의 도하에서 열린 18차 유엔 기후변화 협약 당사국 총회(2012년). 지난 3년 동안 국제회의에서 진행된, 2013년부터 시행해야 하는 중·장기적 감축 목표에 관한 협상은 사실상 결렬됐다. 그러다 보니 기후변화의 피해자는 있는데 가해자는 없는 형국이다. 힘없는 국가들을 달래기 위해 '돈 몇 푼 모아 원조하자'는 식으로 끝났다. 유럽연합을 제외한 다른 선진국들은 2020년까지 알아서 잘할 테니 어떤 간섭도 받지 않겠다고 선언했다. 덩달아 한국도 국제법상 강제력 있는 온실가스 감축 의무의 책임을 면하는 행운(?)을 잡았다. 그러나 내일은 늦으리……

　나는 칸쿤 현지에서 다음에 열리는 더반 총회 역시 '겉만 번지르르

한 이벤트로 전락할 운명이라고 단정하더라도 전혀 틀린 예측은 아닐 것'
이라고 생각했다. 더반을 다녀온 뒤에 에너지기후정책연구소는 도하에는
가지 말자고 결정했다. 기후변화 총회라는 국제회의에 참여한다는 게 단
지 정치인들과 관료들의 의사 결정을 구경하러 가는 게 아니기 때문에 아
쉬움이 남기는 했다. 세계 곳곳에서 모이는 기후정의 활동가들하고 맺게
될 인연을 쉽게 포기하고 싶지 않았다. 그러나 파국이 예정된 회의에 시
간과 돈을 낭비할 수는 없었다. 결국 '도하 대첩'은 없었다.

이렇게 기후변화는 잘나가지만 기후변화 해결은 요원한 실정이다.
기후변화가 심각해지면서 나쁜 영향을 직접 받는 사람들은 세계에서 가
장 가난한 사람들이다. 대기 중으로 이산화탄소를 거의 배출하지 않고
자동차, 발전소, 공장도 없는 곳에 사는 사람들이다. 하루 2달러 이하로
생계를 유지하면서 숲과 토지에 의존하면서 살아가는 약 24억 명의 사람
들이다. 대신 에너지를 많이 소비하는 생산, 유통, 소비 시스템과 낭비 문
화를 유지해오며 현대 생활을 향유하는 부유한 국가와 부유한 사람들은
현재 그리고 미래의 기후변화 유발자다. 이것이 바로 에너지·기후 부정
의의 공공연한 비밀이다. 빙하 감소, 태풍과 폭우, 홍수, 가뭄, 해수면 상
승, 사막화, 수자원 고갈 등 이 모든 것들이 기후변화 때문에 더욱 심각
해지고 있다. 심지어 수단 다르푸르의 '기후 종족 학살' 같은 '기후 전쟁'
이 시작됐다는 소식도 들려온다.

'기후 난민'의 행렬은 갈수록 길어지고 있다. 이미 전쟁보다 환경 파
괴로 이주하는 사람들이 더 많아졌는데, 2050년까지 최소 수억 명에서 수
십 억 명의 기후 난민이 발생할 것으로 예측된다. 그러나 기후 난민을 보
호할 국제법은 존재하지 않는다. 강제 구속력이 없는 국제난민조약에서
도 인종, 종교, 국적, 정견 말고 기후변화와 환경 파괴가 불러온 피난과
이주는 난민 지위를 인정받지 못한다. 기후변화로 계속 악화되는 생활
환경을 견디지 못하고 이동하는 사람들은 자발적인 경제 이주민으로 분

류돼 특별한 보호의 필요성이 부정된다. 이런 현실은 무엇보다 주요 선진국이 자신들의 온실가스 배출량에 상응하는 책임에 눈감고 있고, 자국의 폐쇄적인 이민 정책도 바꿀 생각이 없기 때문이다. 기후 난민은 어디에서도 마음 편히 정착할 수 없는 처지에 놓여 있다. 지금 이 시간에도 기후난민의 디아스포라는 계속되고 있다.

기후 난민에 관한 해결책

몇몇 국제기구들은 2009년에 〈기후 난민, 안식처를 찾아서In Search of Shelter: Mapping the Effects of Climate Change on Human Migration and Displacement〉라는 보고서를 발행했다. 기후 난민을 중심으로 한 제3계 기후 부정의 사례에 관한 사실적인 접근이 돋보이는데, 기후변화로 발생하게 되는 피해와 이주는 전례 없는 범위와 규모일 것으로 예측한다. 기후 난민은 자국 안에서 또는 국경을 넘어서 안식처를 찾아다닐 것이다. 이 보고서는 국제적·국가적으로 기후 난민을 보호하는 명확한 가이드라인을 마련할 것을 주문한다.

- 기후 관련 피난과 이주는 '인간 안전'(인간의 위엄과 기본권)으로 취급, 기후 난민의 이동을 금지하는 반동적인 정책 금지.
- 기후변화 적응 전략에 이주 문제를 포함, 기후 난민의 권리 기반의 정착과 지원 강화.
- 사라지거나 회생 불가능한 지역의 기후 난민에게 영구적인 정착 지원.

비관론과 낙관론 사이의 에너지·기후정의

기후변화의 위기보다 다급한 건 기후변화를 다루는 기후정치의 위기다. 제도화된 권력이 스스로 자신의 구실을 포기할 때 등장할 수밖에 없는 게 바로 운동이다. 세계 곳곳에서 일고 있는 기후정의 운동이 기후 정치의 위기를 바로잡고 기후변화를 해결하는 대안으로 인식되고 있다. 다른 세계를 염원하는 이 운동은 기후변화뿐 아니라 '녹색성장'의 모순을 들춰내고 다양한 생태주의와 민주주의가 만나는 플랫폼이 되고 있다.

최근 국제 사회의 구호단체나 재생 가능 에너지 비정부 기구가 제3 세계 지역에서 에너지 빈곤을 해결하기 위해 펼치는 사업들이 각광받고 있다. 이 사업들의 주된 목적은 제3세계의 지속 가능한 발전과 환경 보호 그리고 빈곤 퇴치다. 이것은 선진국의 고탄소 발전 경로 같은 대규모 중 앙 집중형의 화석·핵 에너지와 대수력 발전 시스템에서 탈피하고 기후변 화에 대응하면서 환경, 사회, 경제적으로 지속 가능한 발전을 가능하게 하는 것이다. 또한 태양과 바람 같은 재생 가능 에너지를 활용해 이윤이 아닌 필요를 충족하기 위한 에너지 기본권을 보장하는 것이다.

이런 에너지·기후정의 원칙을 현실화하려면 크게 세 가지 접근 방 식이 필요하다. 첫째는 사회적 약자들의 에너지 기본권 보장과 기후 난민 인정이고, 둘째는 약탈적 에너지 자원 개발의 중지이며, 셋째는 재생 가 능 에너지를 중심으로 하는 에너지 협력이다. 에너지 기본권 보장과 기후 난민 인정은 불평등한 에너지·기후변화 정치의 추를 원래 상태로 돌리는 것이며, 기후변화가 일으키는 인권 피해 의제를 포괄적으로 수용하는 것 이다. 주로 다국적 기업들의 자원 침탈로 대표되는 해외 에너지 자원 개 발을 제어하는 것은 민중의 자결권을 인정하며 기후변화 악화를 예방하 는 일이기도 하다. 마지막으로 에너지 협력은 현 상태의 빈곤을 극복하 는 적극적인 방안이고, 분산형 재생 가능 에너지 인프라는 기후변화를 제 어하는 데 최선의 방법이다. 이것은 단순 구호성 지원이 아니고 지역의 에 너지 시스템을 지속 가능하게 만들기 위한 방법이다. 지금 같은 불평등한 국제 에너지 네트워크를 감안하면 어느 것 하나 쉬운 게 없다. 에너지·기 후정의에 동감하는 모든 사람이 나서야 가능한 일들이다.

에콰도르 오리엔테

1967년 에콰도르의 아마존이라고 불리는 오리엔테 지역에서 텍사코, 걸프, 엘프 등의 기업들이 무작정 석유 자원을 개발하기 시작했다. 그 결과 이주민 25만 명이 생겨났으며, 이 사람들은 더는 전통 농업으로 생계를 유지할 수 없게 됐다. 석유 개발에서 나오는 독성 폐기물 때문에 공기, 토양, 물이 오염되면서 생태계 전체가 파괴됐다. 세계은행조차 이 지역의 상태를 '재앙'이라고 묘사할 정도다. 전체 세입의 절반 정도가 석유 사업에서 나오기 때문에 에콰도르 정부도 석유 채취에 적극적이었다. 뉴욕 맨해튼 면적의 3배나 되는 밀림 지역에 350여 개의 유전을 팠으며, 1972~1992년까지 오염 물질 680억 리터를 무단으로 방출했다. 그 결과 흉작이 들고, 가축이 떼죽음을 당하고, 소아암을 비롯한 암 발생률이 빠르게 증가해 지금까지 1400여 명이 암으로 숨졌다. 1992년 텍사코가 사업을 철수한 뒤, 1993년 에콰도르 주민들은 '아마존 보호 연대'를 결성해 건강과 환경 피해를 주장하며 텍사코(2001년 셰브런으로 합병)를 상대로 뉴욕에서 270억 달러 손해배상 소송을 제기했다(1994년 강 오염이 페루로 확산되자 페루 주민들도 비슷한 소송을 냈다). 원주민들이 다국적 기업을 상대로 제기한 환경·인권 침해 소송의 첫 사례였다. 그러나 텍사코가 미국 정부와 법원에 청원한 결과 2003년에 이 소송은 각하됐고 에콰도르 법원으로 돌려보내졌다. 법정 공방이 계속된 지 8년이 지난 2011년 2월, 에콰도르 법정은 3만 명의 에콰도르인에게 최소 80억 달러를 지불하라는 판결을 내렸다(1989년 알래스카에서 일어난 엑슨모빌의 엑슨 발데즈호 사건의 피해 규모가 38억 달러인 것을 감안하면 엄청난 금액이다). 셰브런은 곧바로 항소의 뜻을 밝혔고, 에콰도르 원주민들도 피해 보상액이 너무 적다며 받아들이지 않았다. 2013년 현재까지도 원주민과 셰브런 사이에 법적 다툼은 계속되고 있다.

나이지리아 오고니

쉘은 1958년부터 나이지리아 니제르 삼각주의 오고니 지역에서 석유
를 생산하기 시작했다. 그런데 1976년부터 1991년까지 15년 동안 무려
3000번 넘게 석유 유출 사고가 나서 근처 토지와 수자원이 심하게 오염
됐고, 주민들은 대기 오염과 산성비로 고통받았다. 쉘shell은 지옥hell이나
마찬가지였다. 주민들은 1992년에 켄 사로위와를 대표로 하는 '오고니
인민 생존 운동Movement for the Survival of Ogoni People, MOSOP'을 결성해 대
규모 저항을 시작했다. 그러자 재정 수입의 80퍼센트를 석유 수출에 의
존하던 나이지리아 군사 정권은 2000명 이상의 사람을 살해하고, 8만 명
을 난민으로 추락시켰다. 국제 엠네스티가 양심수로 지정할 정도로 국제
사회에서 정당성을 인정받았지만, 켄 사로위와 지도자들은 결국 1995년
11월 10일 처형당했다. 그해에 다국적 기업 모니터 단체는 쉘을 '10대 악
덕 기업'으로 뽑았다. 쉘은 1995년 6월에 높이 140미터, 무게 1만 5000톤
의 초대형 북해 원유 채굴 시설인 브렌트 스파를 심해에 폐기하기로 결
정한 사실이 알려지면서 유럽 전역에서 매출이 30퍼센트까지 떨어질 정
도로 큰 위기를 겪고 있었다. 그 뒤 쉘은 오고니 지역의 군사 활동에 물
자를 지원한 사실이 밝혀져 지역 주민들의 저항으로 석유 생산에 차질을
겪었고, 1995년 사건의 공범 혐의로 고소당하기도 했다. 한편 텍사코가
사업을 중지할 정도로 니제르 삼각주에서 벌어지는 반대 활동은 계속됐
다. 14년이 지난 2009년 6월에서야 쉘은 인권 침해 혐의의 재판을 피하
려고 1550만 달러의 합의금을 유가족들에게 지불하기로 동의했다. 인권
침해를 사실상 인정한 셈이다. 현재 쉘은 오고니 지역에서 철수했고, 남
겨진 채굴 시설은 나이지리아 국영 석유 회사가 인수했다. 그러나 최근
유엔환경계획UNEP은 니제르 삼각주 지대에 약 50년 동안 기름이 유출돼

2011년 더반 기후변화 총회 기간에 열린 국제 공동 행동의 날의 시가 행진에서 아프리카와 전세계에서 모인 시민들이 기후정의를 외치고 있다.

이 기름을 제거하는 데 30년 이상 걸린다는 결과를 발표했다. 지금도 유전 시설 근처의 우물에서는 세계보건기구 기준치의 900배나 되는 벤젠이 검출될 정도로 쉘은 심각한 환경 재앙을 남겨뒀다.

나이지리아 사례 판결문에서도 기후변화의 피해를 인정했듯이 알래스카, 유럽, 미국 등 세계 곳곳에서 에너지 기업을 상대로 기후변화와 그 피해에 관한 '기후 소송'이 늘어나고 있다. 과거 '담배 소송'처럼 세상의 이목이 집중될 날이 멀지 않아 보인다.

자원의 저주, 불 꺼진 제3세계

어린 소년들 25명이 핵전쟁의 위험을 피해 안전한 곳으로 대피하려다 비행기 사고로 무인도에 표류했다. 처음에는 합리적인 생활 규칙을 만들어 생활하던 소년들은 일부 아이들이 단조로운 생활을 견디지 못하고 권력욕을 보이면서 와해되기 시작했다. 공격성을 보이던 소년들은 끝내 갱단을 조직하고 무리를 이탈해버렸다. 그 뒤 두 세력은 치열한 생존 다툼을 벌이며 급기야 살인까지 저지른다. 자신들이 만든 사회 관습은 붕괴되고 이성적인 행동을 지지하던 소년들은 갱단에게 쫓기는 신세가 된다. 몇 차례 죽을 고비를 넘긴 소년들은 영국 순양함에게 가까스로 구조된다. 아이들을 구출하러 온 장교가 심신이 지친 아이들에게 한마디를 던진다. "재미있는 놀이를 했군."

1954년에 발표돼 작가에게 노벨 문학상의 영예를 안겨준 소설 《파리대왕》의 줄거리다. 《파리대왕》은 극한 상황에 놓인 인간의 야만성과 폭력성을 가장 적나라하게 그린 수작으로 꼽히고 있다. 제목으로 쓰인 '파리대왕' 역시 성경에서 우상의 대표격으로 쓰이는 바알세불의 상징이어서 작가가 주려고 하는 메시지는 더욱 선명해진다. 그러나 여러 번 영화로 만들어지기도 한데다 무인도 같은 폐쇄된 상황에서 인간의 본성이 폭력적으로 나타난다는 비슷한 서사 구조가 흔해지면서 지금은 어디선가 많이 본 듯한 그저 그런 이야기처럼 여겨지고 있다. 만약 당신도 《파리대왕》을 그렇게 읽는다면 작가의 중요한 의도를 놓치는 셈이다. 《파리대왕》이 다른 작품들하고 가장 크게 다른 점은 작품 끝에 나온 영국 장교의 말에 있다. 짧지 않은 시간 아이들이 두 패로 나뉘며 서로 상대방에게 가한 위해와 생존 투쟁이 어른의 눈에는 단지 '놀이'에 지나지 않았다는 점 말이다. 심지어 소년들이 무인도에 갇힌 이유가 어른들의 핵전쟁 때문이었는데도 말이다. 작가는 소년들이 탐욕스러워지고, 서로 창끝을 겨눠야 한 이유가 어른들 때문이었고, 그것을 남의 일로 단정하는 부도덕한 태도를 강력하게 비난하고 싶던 것이다. 과학이 발달하고, 이성이 사회를 지배하며, 민주주의가 발달한 현대 사회에서는 이제 그런 식의 야만성은 사라졌다고 생각하기 쉽다. 그러나 여전히 우리 사회는 무인도에 갇힌 소년들마냥 자신을 위해 허우적댄다. 그리고 부자는 영국 장교의 눈으로 전세계 빈자들을 바라본다. 적어도 기후변화를 둘러싼 상황은 우리가 아직 《파리대왕》의 무인도 수준을 벗어나지 못하고 있다는 현실을 보여준다.

미국 에너지정보청[EIA]의 추산에 따르면, 2009년 기준 에너지 소비로 발생하는 전세계 온실가스 배출량은 303억 1300만 CO2톤이다. 이 수치는 2000년 대비 27.9퍼센트 증가한 양으로, 온실가스 배출을 줄이려고 유엔 기후변화 협약을 체결했지만 온실가스는 더욱 가파르게 증가하고 있다. 그렇다며 이 많은 온실가스는 누가 배출하고 있을까? 이산화탄소 전체 배출량 1, 2위인 중국과 미국이 배출한 양이 전체의 43.2퍼센트를 차지하고 있다. 유럽을 합치면 전체의 57.3퍼센트에 해당하고, 한국을 포함한 배출량 상위 10개국의 이산화탄소 배출량은 전세계 배출량의 66.7퍼센트에 이른다. 나머지 210개 국가는 다 합쳐도 33.3퍼센트밖에 되지 않는다. 흔히 불평등한 사회 구조를 가리킬 때 '2 대 8 사회'라는 개념을 많이 차용하는데, 기후변화에서는 그 개념은 절대 통용되지 않는다. 2

캄보디아 프놈펜의 빈민가.

명이 8개를 가지고 8명이 2개를 가진 사회가 아니라 1명이 50개를 가지고, 50명이 1개를 나누는 '1 대 50 사회'이기 때문이다.

1인당 이산화탄소 배출량을 보면 불평등은 더욱 도드라진다. 산유국과 소국을 제외하면 1인당 이산화탄소 배출량이 가장 높은 국가는 오스트레일리아로, 연간 1인당 19.6톤을 배출하고 있다. 그밖에 미국 17.6톤, 캐나다 16.1톤, 러시아 11.1톤 순으로 높은 1인당 배출량을 보이고 있다. 반면 아프리카 차드의 경우 1인당 이산화탄소 배출량이 0.028톤이고, 아프가니스탄도 0.029톤밖에 되지 않는다. 오스트레일리아인 1명이 차드인 700명이나 아프가니스탄인 675명이 쓰는 에너지를 혼자 쓰고 있는 셈이다. 이런 수준이면 오스트레일리아의 작은 마을 하나가 차드와 아프가니스탄의 작은 소도시와 거의 같은 급의 에너지를 쓰는 것이나 마찬가지다. 한국도 마찬가지여서 연간 1인당 이산화탄소 배출량은 10.82톤으로 전체 36위지만, 배출량이 많은 10개 국가로 한정하면 4~5위에 이른다. 차드인 386명, 아프가니스탄인 373명의 온실가스 배출량에 해당한다. 제3세계가 선진국이 쓰고 남은 에너지를 서로 차지하려고 아웅다웅하는 양상이다. 제3세계는 에너지 부족에 허덕이지만 한국을 포함한 선진국은 넘치도록 많은 에너지를 쓰고 버린다.

반면 기후변화 피해는 정반대로 나타나고 있다. 국제개발센터Center for Global Development의 기후변화 취약성 지도에 따르면, 기후변화에 가장 취약한 지역은 동남아시아, 남아시아, 아프리카, 라틴아메리카에 집중돼 있다. 대부분 온실가스를 거의 배출하지 않는 제3세계 국가들이다. 가뭄, 홍수, 폭풍 등 기후변화가 일으키는 이상 기후 현상의 영향을 가장 많이 받는 나라는 1위가 중국, 2위가 인도, 3위가 방글라데시, 4위가 필리핀, 5위가 베트남이며, 그 뒤로 홍콩, 소말리아, 마카오, 수단, 에티오피아가 10위권이다. 1위부터 50위까지 국가 중에서 선진국은 미국(25위), 일본(43위), 오스트레일리아(45위), 캐나다(48위)로 4개국뿐이지만, 이 국가들은 경제적·기술적 역량이 있기 때문에 피해를 최소화할 수 있는 것으로 평가받고 있다. 즉 지구 온난화에 책임이 거의 없는 국가들이 지구 온난화 피해에는 가장 취약한 역설적인 상황이 벌어지고 있는 것이다.

기후변화 피해는 단순히 환경과 경제에 국한되지 않는다. 일부 국가들의 경우에는 생존권과 직결된다. 미국이 자국의 산업 보호를 이유로 교토 의정서 비준을 거부한 2001년, 남태평양의 조그만 섬나라인 투발루는 지구 온난화 때문에 영토를 포기해야 할 지경에 이르렀다. 투발루는 해수면 상승으로 21세기 중반이면 국가 전체가 수장될 것으로 전망되기 때문이다. 투발루 대통령은 가까운 선진국인 오스트레일리아와 뉴질랜드에 투발루 국민을 난민으로 인정하고 받아들여 달라고 요청했지만 모두 거절당했다. 또한 현재 국제 기후변화 협상 과정에서 가장 중요하게 논의되고 있는 게 바로 전지구 온실가스 감축 목표인데, 2009년 유엔 기후변화협약 당사국 총회에서 '산업화 이전에 견줘 전지구 평균 기온을 섭씨 2도 상승으로 제어'하는 것을 목표로 삼았다. 그러나 많은 과학자들이 섭씨 2도가 높아지면 투발루와 몰디브 같은 군소 도서 국가들은 해수면이 상승해서 바다에 수장될 것이라고 예측하고 있다. 사실상 힘을 가진 선진국들이 자신들의 편의와 풍요를 유지하려고 전지구적 약자들에게 사형 선고를 내린 것이나 마찬가지다. 이것이 기후변화가 보여주는 현대 인도주의의 본질이다. 심지어 아프리카와 라틴아메리카, 중동 지역은 기후변화의 큰 피해 때문에 수자원 등을 확보하려고 전쟁까지 벌이고 있다. 20세기 최악의 범죄로 꼽히고 있는 수단의 다르푸르 사태 역시 사건의 촉발은 해당 지역의 가뭄이었다. 이것은 불평등의 문제를 넘어선 사회 부정의의 문제다.

기후 부정의 문제는 이렇게 구조적인 양상으로 나타난다. 2010년에 다녀온 라오스도 크게 다르지 않았다. 현재 라오스인의 1인당 평균 이산화탄소 배출량은 0.19톤이다. 오스트레일리아인의 98분의 1밖에 되지 않는다. 수도인 위양짠Vientiane뿐만 아니라 관광지인 루앙파방Luang Prabang까지 저녁이면 불을 켠 곳보다 어둑어둑한 곳이 더 많고, 서민들이 사는 마을에서는 불빛도 찾아보기 힘들다. 에너지 빈곤이 일상화된 것이다. 에너지기후정책연구소에서 태양광 발전기 설치를 지원한 산골 학교와 부설 기숙사도 밤에는 불을 밝힐 수가 없어 학생들의 학습권이 심각하게 침해받고, 정상적인 생활이 불가능할 정도였다. 어떤 사람들은 반드시 전세계 모든 국가가 현대 문명의 관습대로 살아갈 필요는 없고, 전통 삶의 방식도 소중하다고 말할지도 모르겠다. 당연한 말이다. 그러나 라오스는 그렇게 에너지가 부족한 국가가 아니다. 라오스의 젖줄인 메콩 강에서는 라오스에서 사용할 수 있을 만한 수력 발전이 가동 중이지만, 에너지는 대부분 태국 등 인접 국가로 판매되고 있다. 자원은 수탈당하고, 그 피해는 사회적 약자에게 전가되고 있는 것이다. 경제적 강자들의 풍요와 경제적 수요를 유지하려고 라오스 민중이 에너지 빈곤에 허덕이며 천부인권을 침해받고 있다면 그것은 문명의 타당성하고는 다른 이야기다. 그것은 기후 부정의이기 때문이다.

이런 기후 부정의 문제는 사회 구조적으로 나타나는 경향이 있다. 에너지 판매로 얻은 이익은 경제 발전이라는 미명 아래 사회 일부 분야에 집중되기 마련이고, 그 결과 분배 정의는 무너진다. 그러나 라오스 민중은 빡빡한 환경에서 하루하루 생존하는 게 중요하기 때문에 문제를 해결하기 위한 정책 과정에 참여하기 힘들다. 오히려 부실한 사회적 보장 때문에 빠르게 늘어나는 기후변화 피해가 고스란히 개인의 피해로 환원되는 상황에 놓여 있다. 여전히 도시보다는 시골이, 그중에서도 사회적 최약자 계층들은 더 큰 피해를 당하고, 더 큰 위험에 노출돼 있다. 이런 불합리한 상황은 그 사람들이 선택한 게 아니라 경제적 강자들이 구축해놓은 것이고, 여전히 구조적인 견고함을 가지고 있다.

우리는 그런 환경에 놓인 제3세계 사람들에게 측은지심을 갖는다. 그런 뒤에는 인도주의적 관점에서 그 사람들을 원조하려고 노력한다. 그러나 기후변화는 단순히 인간 윤리의 문제가 아니고, 강자가 약자에게 강요한 구조의 문제다. 기후변화를 환경이나 윤리의 문제로 접근하는 것은 이런 구조적 문제는 도외시한 채 단순히 개인 문제로 축소할 위험이 있다. 제3세계 사람들을 동정하고 원조를 통해 문제를 풀겠다는 것은 스스로 허락한 면죄부에 지나지 않는다.

기후정의란 기후변화가 가져온 경제·정치적 문제들을 해결하기 위해 사회 정의를 전제로 분배의 불평등 해소를 위한 정책 수립 과정에서 공평한 참여를 보장하고, 정책의 결과가 미치는 책임과 영향이 공평하게 배분되게 하기 위한 대응 방식으로 정의내릴 수 있다. 기후정의가 실현되

려면 먼저 제3세계 국가들이 기후변화 대응 능력을 높이고 에너지 불평등 문제를 해결할 수 있게 만들어야 한다. 이것은 원조의 문제가 아니라 책임과 보상의 문제다. 어쨌거나 그 사람들의 빈곤과 피해는 한국 같은 에너지 과소비 국가들이 만든 것이기 때문이다.

다시 한 번 《파리대왕》 얘기를 해보자. 무인도에서 일어난 소년들의 투쟁은 기후변화 때문에 새로운 생존 방식을 요구받고 있는 우리의 자화상일지도 모른다. 그 와중에 강자들의 폭력성과 야만성이 나타나고 약자들은 또 다른 피해를 강요받는다. 우리는 그런 강자의 폭력과 그 안에 내재해 있는 악마성을 '파리대왕'이라 불러왔다. 그러나 파리대왕은 폭력적으로 돌변한 한 무리의 아이들이 아니다. 진정한 파리대왕은 소년들을 극한의 상황으로 몰아넣은 어른들이며, 그것을 '재미있는 놀이'라고 부른 장교 같은 선진국들이다. 그것이 기후변화에도 '정의'가 필요한 이유다.

에너지는 인간의 기본권인가

2002년 남아프리카공화국 요하네스버그에서 열린 지속가능발전 세계정상회의World Summit on Sustainable Development, WSSD에서는 '지속 가능한 발전을 위해 빈곤층에 적정한 에너지를 공급하는 게 필수 과제'라고 선언했다. 에너지를 공기, 물, 음식처럼 인간의 기본 권리로 인정한 것이다. 이전에는 깨끗하고 효율적인 에너지가 산업화된 국가들의 전유물처럼 취급됐지만, 원래는 인간이 인간답게 살 수 있는 천부인권에 속하기 때문에 거기에 걸맞은 전지구 차원의 대책이 필요하다는 의미다.

이런 관점은 두 가지 측면에서 시사하는 바가 크다. 첫째는 저소득층이나 개발도상국에게 전기나 난방 연료 같은 '현대적 에너지원'을 지원해야 하고, 이것은 국제 사회의 의무나 마찬가지다. 현대 사회에서 에너지와 직간접적인 관계를 맺고 있지 않은 분야는 없다고 해도 과언이 아니다. 복지, 환경, 교육, 보건, 산업, 농업 등 모든 분야가 에너지 사용과

캄보디아 앙코르와트에서 만난 아이. 전기가 전혀 들어오지 않는 사원 한구석에서 관광객들에게 참배 물품을 팔고 있다. 하루 종일 여기에 머문다고 한다.

형태에 영향을 받는다. 아시아와 아프리카의 경우 학교와 가정에 전기가 들어오지 않아 학생들의 생활권과 학습권이 크게 침해받고 있고, 이것은 빈곤의 악순환의 원인이 되기도 한다. 또한 농부산물, 가축 폐기물, 목재, 나뭇잎 등을 태워 불을 피우는 재래 방식에 의존해 조리를 하기 때문에 여성들의 경우 건강권과 사회 진출 권리에 제약을 받는다. 게다가 재래식으로 에너지를 생산하는 것은 비용이 더 많이 들고 어렵기 때문에 경제적으로도 악영향을 미친다. 따라서 깨끗하고 효율적인 에너지를 이용하는 것은 각 분야의 기본권을 동시에 증진할 수 있는 토대 구실을 할 수 있다. 현재 아프가니스탄과 차드 인구의 95퍼센트, 가나 87퍼센트, 인도 82퍼센트, 중국 80퍼센트 등 아시아와 아프리카 국가의 상당수 저소득층이 이런 재래식 에너지원에 의존하고 있다. 에너지 빈곤층이 200만 가구가 넘을 것으로 추산되는 한국은 에너지기본법을 통해 에너지를 기본권으로 인정하고 있다. 그러나 에너지 빈곤층은 제대로 된 혜택을 받지 못하고 있다. 겨울철 저소득층에 동사와 화재 사건이 잇따르고 있는 게 그 방증이다.

둘째로 기존의 에너지 이용 방식이 온실가스 배출과 산림 파괴 등의 문제를 일으키기 때문에 환경에 악영향을 주고 있다는 점도 중요하다. 에너지에 관한 보편적 접근권을 인정하면서도 환경 부하를 줄일 수 있어야 '지속 가능한 성장'에 들어맞는다. 그렇게 하려면 화석 연료와 재래식 에너지 생산을 넘어 새로운 방식의 접근이 필요하다. 따라서 에너지 기본권을 보장한다는 것은 재생 가능 에너지와 분산된 에너지 체계 도입을 위한 인프라 구축에도 도움이 될 수 있다. 실제로 민간 차원에서 아프리카와 아시아 각국에 지원하는 에너지는 태양광과 풍력 등 소규모 분산형 에너지원을 활용한 것이다. 그러나 여전히 각국에서 경제 발전을 위해 지원하거나 개발하고 있는 생산 방식은 화석 연료를 기반으로 하고 있기 때문에 지속 불가능한 기존의 발전 방식을 답습하고 있어서 염려를 자아내고 있다.

이런 관점에서 유엔이 2012년을 '모든 사람을 위한 지속 가능한 에너지의 해'로 정하고 에너지 서비스에 관한 보편적인 접근, 에너지 효율성과 재생 가능 에너지의 비중을 두 배로 늘리자는 목표를 제시한 것은 아주 시의적절하다. 그러나 2008년 세계은행 보고서에 따르면 재래식 에너지를 이용하는 전지구 인구의 비중은 1975년 이후 25퍼센트 수준에서 거의 변화가 없는 것으로 나타났다. 에너지가 기본권임을 선언하고 10년이 지났지만 달라진 게 없는 것이다.

캄보디아 앙코르와트에서 만난 아이들.

Philippines

Thailand

Laos

Cambodia

Travel for Good Energy

Philippines
Thailand
Cambodia
Laos

슬픈 에너지 기행

Philippines 필리핀

자동차를 위한
잔혹 동화

이메일 한 통에서 시작된 여행

"필리핀 이사벨라 주의 농민들과 원주민들을 도와주세요."

필리핀 이사벨라로 떠나는 여행은 이메일 한 통에서 시작됐다. 일본 기업과 필리핀 정부가 바이오 연료를 생산하려고 사탕수수 플랜테이션을 만들고 있고, 이 과정에서 농민들과 원주민들의 권리를 침해하고 있으니 국제적인 지지를 보내 달라는 메일, 기후정의네트워크Climate Justice Now!, CJN에서 에너지기후정책연구소로 보내온 메일이었다. 마침 필리핀 마닐라에서 열리는 세미나에 참석하기로 한 내게 이 메일에 관한 임무가 주어졌다. 조금 일찍 필리핀에 들어가서 간단히 관련 단체들을 만나고, 이사벨라 현장 조사도 해보라는 연구소 실장님들의 제안이었다. 나는 한 치의 망설임도 없이 하겠다고 했다. '간단히 가능한 만큼만 하면 되겠지' 하는 소극적인 생각 때문이었다. 그러나 사전 조사를 하고 현지 단체들하고 연락을 주고받으면서 그런 마음은 사라졌다. '가능한 열심히' 조사하고 사람들을 만나 이야기를 듣고 싶었다. 그렇게 이 여행은 시작됐다.

회색 도시 마닐라

처음 간 필리핀의 수도 마닐라는 회색빛이었다. 필리핀의 8월은 우

뿌연 매연으로 뒤덮인 마닐라의 하늘.

기라 흐린 탓도 있지만, 뜨겁게 덥혀진 땅을 식히는 강한 소나기가 한 차례 쏟아지고 나면 하늘은 언제 그랬냐는 듯 맑게 갠다. 그리고 손에 잡힐 듯이 구름이 낮고 넓게 쫙 퍼져 있는 그 동남아의 하늘을 나는 좋아했다. 그러나 마닐라에는 없었다. 뿌연 하늘을 가진 회색 도시 마닐라, 이것이 필리핀에 관한 첫인상이었다. 마닐라 케손시티에 있는 아시안 브릿지 게스트하우스에서 며칠 동안 머무르며 이사벨라 현장 조사를 함께 갈 손은 숙 선배와 아시안 브릿지 활동가 보나 씨를 만나 사전 준비를 했다. 그리고 드디어 8월 16일, 이사벨라로 떠났다.

1 행선지가 적힌 안내판.
2 버스 터미널 전경.
3 산 마리아노로 가는 버스의 표지판.

이사벨라로!

이사벨라는 루손 지방 북동부에 있는 지역으로, 우리가 가는 이사벨라의 산 마리아노는 마닐라에서 버스를 타고 10시간이나 가야 하는 먼곳이었다. '씩씩한 세 여성'의 이사벨라 현장 조사 일정은 이러했다. 밤새버스를 타고 이동, 도착한 뒤에 인터뷰와 현장 둘러보기 등 조사 그리고다시 밤새 버스를 타고 마닐라로 복귀. 빡빡한 일정이었다. 그러나 나는'피곤하겠다, 힘들겠다' 같은 어떤 걱정도 할 수 없었다. 바로 이날이 보나 씨의 생일이었기 때문이다. 저녁 8시, 보나 씨에게 고마움과 미안함을느끼며 버스에 올랐다.

추운 버스, 사색

필리핀에서 고속버스를 타본 사람은 다 안다고 한다. 더운 열대 지방의 필리핀에서도 고속버스 안에서 만큼은 겨울을 체험할 수 있다는 것을. 긴소매 옷과 긴 바지를 입고 챙겨온 얇은 담요를 덮어도 차가운 에어컨 바람이 뼛속까지 파고드는 느낌이었다. 너무나 추웠다. 화가 날 정도였으니 말이다. 에어컨 바람은 에어컨 구멍은 말할 것도 없고 버스 천장 한가운데부터 창문과 천장 사이까지 사방에서 나왔다. 이 상태로 3시간 정도 흘렀을까. 이쯤 되니 분노가 증폭됐고, 나는 버스 기사 아저씨를, 그리고 필리핀까지 원망하게 됐다. '도대체 왜 단 한 번도 에어컨을끄지 않는 걸까! 필리핀에 적정 온도는 없는 것인가! 이렇게 에어컨을 빵빵하게 틀면 기름 값은 어찌 감당하나! 자원 낭비 아닌가! 이런 일 때문에 이사벨라의 농민들이 피해를 보는 거라고!' 추위와 분노, 원망의 감정이 뒤섞여 폭발하려던 찰나, 휴게소에 도착했다. 다행이었다. 아직 몸에에어컨의 한기가 남아 있고 새벽 2시 찬 공기가 휴게소를 휘감고 있었지만, 그래도 에어컨 버스에서 해방됐다는 사실만으로도 마음이 조금은 풀렸다.

1

2

3

1 스티로폼 컵에 담긴 커피로 몸을 녹였다.
2 처음 들른 휴게소.
3 마지막으로 들른 휴게소.
4 마을 입구 작은 버스 정류장.

손은숙 선배와 따뜻한 커피를 한 잔 나눠 마시며 몸을 녹이기로 했다. 그리고 10페소(약 250원)짜리 커피를 받아든 순간, '아, 이건 악명 높은 스티로폼 컵!' 동남아시아에서는 환경 규제가 강하지 않아 일회용품이 '활발히' 소비되고 있다. 태국, 인도네시아, 캄보디아에서는 콜라나 주스를 얼음이 담긴 비닐봉지에 따라주고, 방콕의 대형 마트에서는 산 물건들을 비닐봉지 여러 개에 나눠서 넣어주고, 편의점에서는 껌 하나만 사도 비닐봉지에 담아주기 때문에 물건을 살 때는 늘 '비닐봉지는 필요없어요'라는 말을 해야 했다. 그런데 스티로폼 컵은 필리핀에서 처음 봤다. 이건 먹는 것하고 관계된 문제라서 더 놀랐다. 그렇지만 추운데 어쩌겠는가. 환경 호르몬이 철철 나온다고는 하지만, 그래도 감사히 한 모금 한 모금 나눠마셨다. 나는 커피 한 잔의 행복을 느꼈고, 마지막 남은 한 모금을 마신 손은숙 선배는 농축된 스티로폼의 '진한 맛'을 느껴야 했다.

그리고 다시 냉동 버스에 올랐다. 우리는 온기가 필요했기 때문에 함께 앉았다. 휴게소에 내리기 전까지는 각자 편하게 넓게 간다고 따로 앉았는데 말이다. 커피로 몸을 어느 정도 녹이고 온기를 나누며 스르르 잠이 들 때쯤, 손은숙 선배의 따뜻한 말이 미소 짓게 했다. "예지 씨, 신영복 선생님 말씀이 생각나네요. 감옥 안에서는 더워 서로 미워하는 여름보다 상대방의 온기가 필요한 겨울이 좋다는 말이요." 내 앞에 앉은 아저씨가 의자를 뒤로 쭉 눕히는데도 전혀 밉지 않았다. 추운 버스에서 마음만은 따뜻해지고 있었다.

새벽 5시 30분, 마지막 휴게소에 들렀다. 이제는 완연한 시골이었다. 작은 휴게소 맞은편으로 동이 터오고 있었다. 마을로 들어가는 작은 길, 그 앞에 있는 아담한 정류장, 길게 늘어선 야자나무, 푸른 논. 마을의 풍경을 담으려고 카메라 셔터를 눌렀지만 모두 담을 수 없었다. 기분 탓이었는지도 모르겠다. 추위라는 고통을 이겨내고 맞이한 따스한 햇살과 시원한 바깥 공기에 취해 모든 게 아름다워 보였을 수도 있다.

1 김이 모락모락 나는 쌀밥과 국. 2 가지와 달걀 요리 또르따그 딸롱. 3 이사벨라식 볶음국수 빤씻 까바간.
4 시장에서 본 채소들. 5 산 마리아노 마을 입구에 붙어 있는 현수막.

그리고 드넓게 펼쳐진 옥수수 밭과 중간중간 우뚝 솟아 있는 야자나무들, 저 멀리 지평선을 바라보며 다시 달렸다. 추위도 졸음도 사라졌다. 자연의 아름다운 풍광에 취해 현장 조사를 하려고 산 마리아노에 가고 있다는 사실을 잊어가고 있을 때였다. 마을 입구에 걸린 현수막을 보고 정신이 번쩍 들었다. "우리 마을은 바이오 연료 프로젝트를 환영합니다." 새벽 6시 30분, 우리는 이사벨라 산 마리아노에 도착했다.

예상보다 일찍 도착했기 때문에 아침밥을 먹으며 우리를 데리러 올 이사벨라 주 농민단체 대표 조니 아저씨를 기다리기로 했다. 버스 정류장 앞 마을 시장은 벌써 손님을 맞을 준비가 끝나 있었다. 무심하게, 그러나 가지런히 진열돼 있는 채소들은 아침 햇살을 받아 더욱 빛났다. 싱그러웠다. 우리는 시장을 잠시 둘러본 뒤 보글보글 밥을 짓고 있는 식당에 자리를 잡고 앉았다. 나는 큰 그릇에 가득 담겨 있는 국수를 먹기로 했고, 손은숙 선배와 보나 씨는 꼭 밥을 먹어야 한다며 밥과 달걀 프라이를 시켰다. 내가 고른 국수는 이사벨라식 볶음국수였다. 그리고 가지 요리를 하나 더 시켰다. 가지를 살짝 으깬 뒤 그 위에 달걀을 입혀 기름 두른 프라이팬에 구운 반찬이었는데, 달콤한 군고구마 맛이었다. 약간 탄 맛과 가지, 달걀의 단 맛이 조화된 맛이었다. 간단히 아침을 먹고 조금 쉬고 있으니 조니 아저씨가 왔다. 필리핀의 대표 이동 수단인 트라이시클을 타고 인터뷰 장소로 향했다.

산 마리아노에는 도대체 무슨 일이?

도착하자마자 인사를 나눈 뒤 조니 아저씨 그리고 사탕수수 플랜테이션 노동자 네 명과 인터뷰를 시작했다. 오전 8시 25분이었다. 그렇다면 도대체, 10시간이나 걸려 온 이곳, 이사벨라의 산 마리아노 이 동네에서는 무슨 일이 벌어지고 있는 것일까?

2011년 2월 1일, 일본의 종합무역상사인 이토추Itochu와 일본 최초의 플랜트 엔지니어링 회사인 JGC의 합작 회사인 그린 퓨처 이노베이션^{Green Future Innovation}은 60조 페소(약 1244억 원)를 투자해 이사벨라 산 마리아노에 필리핀에서 가장 큰 바이오 에탄올 플랜트를 건설한다는 계획을 발표했다. '바이오 연료를 재생 가능하고 지속 가능한 에너지 자원으로 활용하고 석유 수입 의존도를 낮추기' 위한 목적으로 필리핀에서는 2007년 바이오 연료 법안^{Biofuel Act of 2006}이 채택됐고, 그 뒤 팜이나 사탕수수 플랜테이션을 조성해 바이오 연료를 생산하고 있다. 그리고 2011년, 필리핀의 바이오 연료 생산 붐이 산 마리아노까지 이른 것이다. 이사벨리 지역 말로 '농민들의 조직'이라는 뜻인 이사벨라의 농민단체 다가미^{DAGAMI}의 대표 조니 아저씨는 바이오 에탄올 프로젝트에 관해 하나하나 설명해줬다.

"이 프로젝트는 공식 발표되기 전인 2008년부터 현장 조사가 진행됐어요. 에코연료 토지개발^{Ecofuel Land Development}이라는 필리핀 회사는 그린 퓨처 이노베이션의 하청을 받아 사탕수수 플랜테이션을 만드는 일을 하고 있습니다. 그래서 이 필리핀 회사는 2008년 이사벨라 현장 조사를 마치고 2009년부터 사탕수수 재배를 시작했어요. 그리고 다 자란 사탕수수를 옮겨 심으면서 2010년부터는 본격적으로 플랜테이션을 조성하기 시작했습니다. 현재는 최종 조성될 1만 1000헥타르 중 3000헥타르가 조성돼 있습니다. 그리고 바이오 에탄올을 생산할 공장은 공사 중이고 내년 5월에 가동될 예정이에요. 인터뷰를 마친 뒤 플랜테이션과 공장에 가보죠."

1만 1000헥타르라……. 여의도 면적이 300헥타르다. 이사벨라 주에 조성되는 사탕수수 플랜테이션은 여의도 면적의 37배 정도 되는 것이다. 어마어마하다. 이 넓은 땅에 사탕수수가 자라게 될 것이라는 생각을 하니 아찔했다. 드넓게 펼쳐질 사탕수수 밭에서 새벽에 이사벨라에 들어오면서 본 옥수수 밭의 푸르른 낭만을 찾을 수는 없을 것 같았다. 필리핀의 농민단체와 환경단체들이 반대하고 있는 만큼 문제가 많기 때문이다.

식량이냐, 에너지냐, 그것이 문제로다

조니 아저씨는 옥수수나 쌀을 재배하던 땅이
사탕수수 플랜테이션으로 전환될 경우 생길 식량
주권의 문제를 지적했다. 국제 시민사회 운동 진영
의 대표 이론가인 월든 벨로 필리핀 하원 의원이 지
적했듯이 필리핀은 신자유주의에 맞게 경제를 개조
하는 과정에서 실시한 농업 정책의 실패로 1993년
부터 쌀 수입국이 됐다. 필리핀은 해마다 100~200
만 톤의 쌀을 수입하고 있는 세계 최대의 쌀 수입
국이다(필리핀의 식량 주권 문제에 관해 더 자세히
알고 싶다면 월든 벨로의 《그 많던 쌀과 옥수수는
모두 어디로 갔는가》를 참고하라). 물론 석유 같은

농민단체 다가미의
대표 조니 아저씨.

에너지도 수입하고 있다. 그런데 2007년 바이오 연료 법안을 통과시킨 아
로요 정권은 식량 주권이 아니라 에너지 주권을 택했고, 국내에서 생산될
바이오 연료를 석유에 조금씩 섞어 석유 수입량을 줄이기로 했다. 이사벨
라에서 생산될 바이오 에탄올은 현재 브라질에서 수입하고 있는 바이오
에탄올을 모두 대체할 수 있는 양이라고 한다. 조니 아저씨는 1만 1000
헥타르나 되는 대지에 옥수수나 쌀을 재배한다면 식량 문제가 줄어들 것
이라며 안타까워했다. 옥수수나 쌀을 경작하던 농민들의 땅을 임대해 사
탕수수를 키우는 것이기 때문에 식량 문제는 더욱 악화될 수도 있다고
얘기했다.

위험에 빠진 시에라 마드레 산맥

이 문제는 환경 파괴로도 이어질 수 있다. 농토를 플랜테이션으로
임대해준 농민들이 생계를 이어가려고 산의 나무를 베고 새롭게 농지를
개간할 수 있기 때문이다. 이사벨라에는 시에라 마드레 산맥이 있다. 필

리핀에서 가장 길고 큰 산맥이지만 가장 높은 것은 아니라서 거대한 산맥의 위엄은 찾아볼 수는 없다. 그러나 낮은 동산들이 줄지어 산맥을 형성하고 있어 푸근함과 다정함을 느낄 수 있다. 그런데 이 산맥이 파괴될 수도 있다니. 땅을 잃은 농민들이 산을 개간할 수도 있다는 것은 우리의 염려일 수 있다. 그러나 산맥의 일부분은 이미 플랜테이션 개발이 예정돼 있어 파괴가 불가피해 보였다. 조성 예정인 사탕수수 플랜테이션의 부지 1만 1000헥타르 중 9000헥타르는 농민들의 땅을 임대하는 것이고, 나머지 2000헥타르는 시에라 마드레 산맥을 개간해 충당하기로 되어 있기 때문이다. 아직 산맥 개간은 시작되지 않았지만 개발이 시작되면 산에 살고 있는 원주민과 동식물 그리고 산에 미칠 영향이 크기 때문에 이 문제를 주목하고 있어야 한다.

농장을 떠날 수 없는 노동자들

다음은 우리가 직접 만나 인터뷰를 한 사탕수수 플랜테이션 노동자들의 상황이다. 노동자들은 주로 사탕수수를 베는 일을 한다. 플랜테이션을 넓히고 있기 때문에 다 자란 사탕수수를 베어 다른 밭으로 옮겨 심는 게 일이었다. 그런데 문제는 너무 적은 임금이었다.

"사탕수수 1만 그루를 베면 400페소(약 1만 원)를 줍니다. 처음에는 420페소를 줬는데, 그나마 20페소가 깎였어요. 이 일은 혼자 할 수 없고 보통 4명이서 일해야 하루에 끝낼 수가 있습니다. 결국 1명이 100페소를 일당으로 받는 거지요. 그렇지 않고 8명이나 그 이상의 사람들이 일을 나눠 하면 임금은 50페소, 40페소까지 낮아지기도 해요."

이 부부는 일주일에 한 번, 토요일에 5일치 임금을 받고 이사벨라의 주도인 일라간에 있는 집으로 가는데 차비가 만만치 않다고 했다. 한 사람당 왕복 300페소이기 때문이다. 처음에는 에코연료 토지개발 회사에서 무료로 제공하는 차를 타고 집에 다녀올 수 있었는데 이것도 한 달뿐이

낮은 동산들이 줄지어 있는 시에라 마드레 산맥.

었다. 그 뒤로는 비싼 차비를 내면서 집에 다녀올 수밖에 없었다. 임금뿐만이 아니었다. 농약 뿌리는 일을 하는 노동자들에게 마스크도 지급되지 않는다고 했다.

"농약 피해는 바로 나타나는 게 아닙니다. 그래서 더욱 위험하죠."

그래서 우리는 물었다. 돈도 적게 받고 위험한 이 일 말고 다른 일을 찾는 건 생각해보지 않았냐고 말이다. 그러나 사람들은 이렇게 답했다.

"이사벨라 주는 필리핀에서도 특히 실업률이 높은 지역이에요. 그래서 다른 일을 찾기가 쉽지 않죠. 이런 사정을 알고 필리핀 개발 회사가 우리를 이용하고 있는 거예요. 우리에게 이 일 말고는 대안이 없습니다."

인터뷰를 마친 뒤 조니 아저씨를 따라 사탕수수 플랜테이션과 플랜

나무에 걸려 있는 노동자들의 소지품, 널려 있는 비료
포대와 농약통.

일을 마치고 나오는 플랜테이션 노동자들.

바이오 에탄올 플랜트 공사 현장.

트 건설 현장을 둘러봤다. 플랜테이션에는 2개월 된 사탕수수와 3개월 된 사탕수수가 자라고 있었다. 키가 작고 듬성듬성 나 있으니 더 볼품없었다. 나무가 빽빽이 들어서 있고 길게 늘어선 시에라 마드레 산맥과 대조되니 더 그렇게 보였다. 그러나 이 작은 풀이 무슨 죄가 있을까? 풀과 자연을 이용하려고 하는 인간의 마음이 못난 것을.

그리고 우리는 차를 타고 플랜트 건설 현장으로 이동했다. 이곳은 초록빛이던 산 마리아노 그리고 사탕수수 플랜테이션하고는 달랐다. 자재를 싣고 달리는 트럭들 때문에 흙먼지가 날리는 황토색의 공간이었다. 공사가 한창이었다. 트럭들이 오갔고 철조망 건너로 보이는 플랜트에서 일하는 사람들도 분주했다. 필리핀에서 가장 큰 규모가 될 산 마리아노의 플랜트는 2012년 가동을 위해 이렇게 준비되고 있었다.

이 바이오 에탄올 플랜트는 계획대로 2012년 5월에 가동을 시작했지만, 공장에서 나오는 매연과 폐수 때문에 대기 오염과 수질 오염이 나타나자 농민들의 투쟁은 더욱 거세졌고, 결국 8월 2일 공장은 가동을 중단했다. 산 마리아노 농민들은 여기에 그치지 않고 공장 폐쇄 뒤에도 빼앗아간 땅을 돌려 달라는 요구를 하며 투쟁을 이어가고 있다.

바이오 에탄올은 어디로?

이렇게 노동자들의 땀과 자연의 희생으로 생산될 바이오 에탄올은 어디로 가는 것일까? 그나마 다행인 것은 필리핀에서 생산된 바이오 에탄올은 모두 국내에서 소비될 예정이다. 라오스 댐에서 생산된 전기가, 버마의 천연가스가, 인도네시아 팜 오일 플랜테이션의 바이오 디젤이 자국에서 소비되는 게 아니라 선진국으로 수출되는 것보다는 나은 상황이다. 그러나 이사벨라의 바이오 에탄올은 에너지를 많이 쓰고, 자동차가 많아 교통 체증이 심한 마닐라로 가게 될 것이다. 여기서도 도시와 농촌 사이의 부정의가 발생한다. 저녁 7시, 또다시 추운 고속버스를 타고 돌아

산 마리아노 지역에 조성 중인 사탕수수 플랜테이션.

오면서 밖으로 끊임없이 이어지는 주유소들을 봤다. 이사벨라의 바이오 에탄올도 이 주유소들의 기름 탱크에 섞여 팔리겠지. 화석 연료만으로 달리는 자동차가 내뿜는 매연가스보다는 바이오 에탄올이 섞인 연료를 쓰는 자동차의 매연가스가 덜 독할 것이다. 그러나 덜 유해한 만큼, 이사벨라 산 마리아노의 농민, 노동자, 시에라 마드레 산맥과 땅은 고통받고 있다. 과연 이런 에너지를 친환경 에너지라고 할 수 있을까?

땅과 바람을
일구는 사람들, 시밧

필리핀의 희망의 씨앗, 시밧

산 마리아노의 바이오 에탄올 프로젝트 현장을 다녀오면서 떠오르는 단체가 있었다. 이사벨라로 떠나기 전에 찾아간 시밧www.sibat.org이다. 시밧은 이사벨라의 대규모 바이오 에탄올 프로젝트하고는 너무나 대조적인 곳이다. 작은 규모로, 주민들의 힘으로, 파괴 없이 농촌 마을의 자립을 위한 여러 사업을 진행하고 있기 때문이다. 사탕수수 플랜테이션과 바이오 에탄올 플랜트 건설로 상처받고 있는 이사벨라와 필리핀이 절망적이지만은 않다고, 이 단체를 떠올리며 나 자신을 위로할 수 있었다. 이 단체가 필리핀의 희망의 씨앗이 될 수 있지 않을까?

현장의 힘 그리고 아시안 브릿지

그런데 사실은 시밧을 못 만나고 올 수도 있었다. 이번 필리핀 현장 조사는 이사벨라 사례에 초점이 맞춰져 있었고, 이 조사만 잘 진행하자는 소박한 목표를 갖고 있었기 때문에 다른 단체에 눈 돌릴 틈이 없었다. 또 시밧은 한국에 잘 알려진 곳도 아니었다. 이 단체를 만날 수 있게 한 가장 큰 요인은 '현장의 힘'이었다. 나는 대학원에서 정치학과 동남아 지역학을 공부하고 있는데, 동남아를 전공한 선생님들이 늘 해주는 조언은

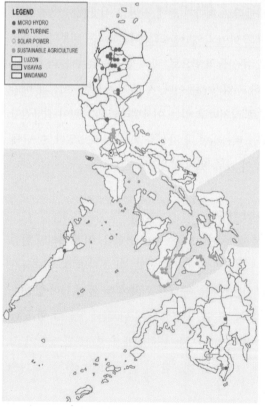

1 시밧에서 단체 미팅을 하는 모습.
2 시밧의 활동 지역이 표시된 지도. ⓒ SIBAT
3 시밧의 대표 비키 씨.

자기가 공부하려고 하는 지역, 바로 그 현장에 가봐야 한다는 것이었다. 인터넷 검색이나 책으로 접할 수 있는 정보는 한계가 있고, 직접 그 곳에 가봐야 현지의 생생한 정보를 얻을 수 있다는 것이다. 물론 에너지기후정책연구소는 '에정 여행사'라고 불릴 정도로 이 진리를 몸소 실천하고 있는 중이다. 결국 에너지기후정책연구소의 '현장 사랑'과 나의 '동남아 사랑' 그리고 내가 묵은 필리핀 아시안 브릿지의 '정보력'이 만나 우리를 시밧으로 향하게 했다. 아시안 브릿지의 성이혁수 사무국장은 모두 모여 아침을 먹을 때, 조용하고 차분한 목소리로 '혹시, 이 단체 아세요? 여기 가보셨어요?'라고 운을 띄우며 현지 정보통이 아니라면 알 수 없는 귀중한 정보들을 얘기해줬다. 그렇게 알게 된 게 시밧이고, 파야타스 메탄 발전소이고, 바타안 핵 발전소였다. 배낭여행객들이 게스트하우스에서 서로 여행 정보를 나누듯, 우리는 아시안 브릿지에서 시민단체에 관한 정보를 나눴다. 그리고 아시안 브릿지의 이름대로, 어느새 우리와 필리핀 단체들 사이에는 다리가 하나 놓였다.

그리고 그 다리를 건너 마닐라 케손시티에 사무실을 두고 있는 시밧을 찾았다. 시밧은 타갈로그어로 '과학과 기술의 원천Sibol ng Agham at Teknolohiya'이라는 뜻의 줄임말이다. 시밧은 1984년 과학기술 전문가들이 자신들의 지식과 기술을 사회 운동에 접목하려고 만든 풀뿌리 조직이다. 과학기술을 의미하는 톱니바퀴와 자연환경의 지속 가능성을 의미하는 초록 나뭇잎들이 그려진 로고가 이 단체의 성격을 정확히 말해주고 있다. 시밧은 마르지 않고 끊임없이 샘솟는 우물처럼 과학과 기술을 가지고 지방 농촌 마을의 에너지 자립과 건강한 농산물 생산에 힘쓰고 있다. 우리는 시밧의 대표인 비키 씨를 만나 단체에 관한 설명을 들었다.

필리핀은 크게 세 지역으로 나뉜다. 수도 마닐라가 있는 루손 지역, 신혼여행으로 많이 가는 세부가 있는 비사야 지역, 무슬림 자치구가 있는 민다나오 지역. 시밧은 이 세 지역 전반에 걸쳐 마을 56곳에서 사업을 펼치고 있다. 좀더 자세히 살펴보면 시밧의 핵심 사업인 '지속 가능한 농업' 관련 사업이 29건으로 가장 많고, '소수력 발전'이 18건, '태양열 발전'이 6건, '풍력 발전'이 3건이었다.

주민의 힘을 믿는 시밧

여기서 드는 궁금증! 사업을 진행할 마을은 어떻게 찾을까? 먼저 학자, 지방 정부 관계자, 민중 조직들과 파트너십을 맺고 있는 농업기술연합의 지방 네트워크에서 협력 사업의 정보를 얻는다고 했다. 그 뒤 마을을 선정하고 주민들의 요구를 반영해 사업을 시작하고, 사업을 준비하고 진행하는 모든 결정 과정에 주민들을 참여시키는 식이다. 그래서 마을 선정의 핵심 기준이 마을에 주민 조직이 있는가 하는 점이라고 한다. 그래야 시밧의 모토인 '지속 가능한 농업 공동체 건설'을 주민들 손으로 직접 이룰 수 있기 때문이다. 그래서 시밧은 지방 작은 마을의 주민 조직을 만드는 것도 돕고 있다고 했다. 시밧은 기본 중에서도 기본, 마을의 힘을 키우는 것부터 시작하고 있었다. 참 건강한 단체였다.

빡빡한 조사 일정 때문에 시밧의 프로젝트 현장 한 곳도 직접 가보지 못하는 우리를 위해 비키 씨는 현장이 담긴 홍보 영상을 보여줬다. 가장 먼저 눈길을 사로잡은 것은 소수력 프로젝트였다. 소수력은 산간벽지의 작은 하천이나 폭포수의 낙차를 이용한 발전 방식이다. 그렇기 때문에 적당한 양의 물이 있고, 물이 위에서 아래로 떨어지는 곳, 그리고 마을에서 멀리 떨어져 있지 않은 곳에 설치해야 한다. 사람들이 사는 마을에서 멀리 떨어져 있으면 파이프가 더 많이 필요하고, 전기를 운반할 전선도 더 길어져야 하기 때문이다. 마지막으로 여기에 시밧이 가장 중요하게 생각하는 것, 주민들의 참여가 더해져야 한다. 이런 까다로운 조건을 모두 만족하는 지역이어야 비로소 프로젝트는 시작된다. 그렇게 선정된 곳이 필리핀 남쪽에 있는 민다나오 섬, 거기에서도 거의 최남단에 있는 사랑가니

시밧 사무실에 있는 소수력 발전 모형.

의 들루마이 마을이었다. 여기서 생산된 전기는 쌀이나 옥수수를 가루로 빻는 데 이용된다고 했다. 소수력 발전으로 전기가 생산되면 마을 아이들은 옥수수를 가루로 빻으려고 더는 힘들게 맷돌을 돌리지 않아도 된다.

다음으로 소개된 프로젝트는 풍력 발전과 태양열 발전이었다. 풍력 발전은 바람이 많이 부는 필리핀 기후의 특성을 이용한 것이다. 폭풍이 불 때는 풍차를 눕혀서 폭풍에 대비한다고 한다. 이 프로젝트는 루손 북서부에 있는 키리노의 라마그 마을에서 주민들 힘으로 진행되고 있다. 다음은 태양열 발전인데, 태양열 에너지를 이용해 낮은 곳의 물을 위쪽으로 끌어올려 주민들이 쉽게 물을 구할 수 있게 도와준다고 했다. 이 프로젝트는 민다나오 지역의 사우스 코타바토에서 진행되고 있었다.

영상을 보면 볼수록 시밧은 주민들의 참여를 통한 자발적인 운영을

옥수수를 가루로 빻으려고 맷돌을 돌리고 있는 아이들. ⓒ SIBAT

중요하게 생각한다는 것을 느낄 수 있었다. 더불어 그 마을의 특성을 고려해 프로젝트를 진행하는 '맞춤식' 운영 방식도 핵심이라는 것을 알 수 있었다. 그러나 한 가지 안타까운 점은 사업을 진행하는 경비의 80퍼센트 이상이 외국에서 충당된다는 사실이었다. 소외된 지방 농촌 마을의 자립을 돕고 바람, 물, 햇빛을 이용한 신재생 에너지의 사용을 조금씩 퍼뜨리는 활동에 필리핀 정부의 지원은 전혀 없다고 했다. 농민과 노동자, 자연의 희생을 담보로 진행되고 있는 이사벨라 바이오 연료 프로젝트는 물심양면으로 돕고 있는데 말이다. 안타까울 뿐이었다.

그래도 희망을 보여주고 있는 시밧 영상으로 눈길을 돌렸다. 이번에 소개된 것은 농촌 마을의 기후변화 적응 프로젝트였다. 비키 씨는 필리핀은 화산대에 속해 있어 태풍과 화산 폭발에 취약하고, 기후변화의 영향도 나타나고 있으며, 농경지가 가장 큰 피해를 보고 있다고 지적했다. 기후변화의 영향으로 가뭄이 길어지고 비가 한 번 내리면 엄청나게 강한 비가 쏟아져 작물 피해가 증가하고 있는 것이다. 예전에는 우기와 건기가 뚜렷하게 구분됐는데, 현재는 이 구분이 무색할 정도로 혼란스러워졌다고 했다. 날씨의 영향을 가장 크게 받는 농민들의 파종, 재배, 수확에 관한 1년 계획도 혼란스러워진 것이다. 이것이 바로 시밧이 기후변화 적응 프로젝트를 하는 이유였다. 이 프로젝트로는 단일 작물일 경우 병충해에 취약하기 때문에 여러 작물을 키우는 사업과 '씨앗 프로젝트'가 시범적으로 운영되고 있었다. 씨앗 프로젝트는 녹색혁명과 상업 농법으로 사라지고 있는 토종 씨앗을 살리고 생물다양성을 회복하는 것이다. 씨앗을 심어 키운 작물의 씨앗을 다시 채집하고 이 씨앗을 심어 작물을 키우고……. 이런 과정을 세 차례 정도 거쳐야 좋은 씨앗을 얻을 수 있기 때문이다. 역시 '기본'을 최고의 미덕으로 삼는 시밧답다.

마지막으로 소개된 프로젝트는 유기농 농장과 가게였다. 시밧은 루손, 비사야, 민다나오 지역에서 유기농 농장을 운영하고 있고, 마닐라에서 멀리 떨어져 있는 비사야와 민다나오 유기농 농장에서 생산된 농산물은 그 지역에서 소비되고 있다. 마닐라 케손시티에서 1시간 30분 정도 떨어진 탈락에 있는 유기농 농장의 농산물은 시밧 사무실 1층에 있는 시볼^{Sibol} 유기농 가게에서 판매되고 있었다.

우리는 유일하게 시밧의 활동 현장을 직접 볼 수 있는 시볼 유기농 가게에 가보기로 했다. 양파, 고구마, 애호박과 처음 보는 필리핀 채소들이 바구니에 담겨 있고, 한국에서도 공정 무역으로 판매되고 있는 유기농 설탕인 무스코바도 설탕과 유기농 커피가 진열돼 있었다. 그리고 시밧 홈페이지에는 이 채소들을 이용한 요리 비법도 올라와 있으니 필리핀 음식이 궁금한 사람들은 꼭 방문해보시길!

"유기농 가게를 이용하는 손님이 점점 많아지고 있어요. 가게는 비

시밧 사무실 1층에 있는 유기농 가게.

영리로 운영 중이고, 판매 수익은 모두 농장을 운영하는 데 쓰입니다."

비키 씨의 말처럼 손님이 점점 늘고 있고, 이 수익이 다시 유기농 농산물을 키우는 데 쓰이고 있기 때문에 이 작은 유기농 가게도 머지않아 다양한 채소와 신선한 커피콩, 달콤한 설탕으로 가득하고 손님들로 북적이게 될 것 같았다.

시밧과 유기농 가게 활동가들하고 감사의 인사를 나누고 건물을 나섰다. 마닐라에 또 오게 된다면 다시 한 번 꼭 찾고 싶은 단체였다. 부담 없이 1층 유기농 가게에만 들러도 좋으니까 말이다. 그리고 다음에는 현장의 힘과 시간의 힘을 제대로 발휘해 비사야와 민다나오 지역의 '착한 에너지' 마을에 가보고 싶다.

파야타스 사람들에게
'약속의 땅'은 보장될 것인가

아시아 시민사회를 엮어주는 아시안 브릿지

한국인에게 필리핀은 세부나 보라카이 해변의 휴양지 그리고 영어 연수를 저렴하게 할 수 있는 나라로 익숙하다. 나는 영어 성적을 요구하는 회사나 단체에서 일한 적이 없고 앞으로도 그럴 것 같지만, 영어 공포증을 가지고 있는 나 자신이 늘 못마땅했다. 그래서 갑자기 일을 그만두게 되면서 얻은 자유로운 시간을 필리핀에서 영어 공포증을 없애는 데 쓰기로 했다. 그러나 영어 학원도 알아보지 않고, 필리핀에 관한 기본 조사도 하지 않은 채 필리핀으로 향했다. 믿는 구석이 있었기 때문이다. 바로 선배에게 소개받은 아시안 브릿지다.

아시안 브릿지는 국내 엔지오 단체 활동가들의 재충전을 위한 휴식 공간과 재교육 프로그램을 지원하려고 만들어진 '아시아 NGO센터'에서 출발했다. 지금은 한국의 단체 활동가뿐만 아니라 학생들과 일반 참가자들을 위해 필리핀의 사회·문화와 관련된 연수 프로그램을 운영하며, 공정 여행을 지원한다. 또한 필리핀뿐만 아니라 태국, 방글라데시, 인도 등과 한국의 시민사회를 엮어, 아시아 시민단체들의 '다리' 구실을 하고 있다. 그리고 게스트하우스를 운영하고 있어서 프로그램 참가자가 아니더라도 나처럼 쉬고 싶은 활동가들에게 쉼터를 제공하기도 한다.

빌리지 안의 주택.

빌리지 안의 공원. 빌리지 안은 안전해
매일 아침 혼자 자유롭게 조깅을 즐겼다.

무장한 사설 경비의 나라 필리핀

아시안 브릿지는 케손시티의 '비에프 홈 빌리지^{BF Homes Village}' 안에 있
다. 빌리지는 잘 가꿔진 정원에 크고 멋진 주택들로 구성돼 있으며(아시
안 브릿지 건물은 임대로, 빌리지 안에서는 소박하고 낡은 편에 속한다),
작은 공원도 있고, 주민 조직에서 운영하는 농구장과 테니스장, 수영장
까지 있다. 그러나 빌리지 울타리 밖은 허름하고 지저분한 풍경으로 가난
의 흔적이 가득하다.

필리핀 주소에서 빌리지는 단순한 마을이 아니라 무장한 사설 경비
가 관리하는 사적 공간이다. 사설 경비는 흔하지만 경찰은 보기 힘든 나
라 필리핀. 모든 상점과 은행, 조금 괜찮은 식당의 문 앞에는 무장한 사
설 경비원이 지키고 서서 안으로 들어가는 모든 사람의 가방을 열어본다.
총기 같은 무기가 있는지 검사하는 것이다. 그러나 경비원들은 딱 그 안
만 책임진다. 한 걸음 밖에서 무슨 일이 벌어지든 관여하지 않는다. 공공
의 거리와 공간, 심지어 서민의 교통수단인 지프니 안에서도 긴장하며 조

심할 수밖에 없는 무방비 지역이다. 내가 필리핀에 간다고 하자 그곳에서 6개월을 산 선배는 부인이 강도당한 경험을 얘기하면서, '강도를 만나면 아낌없이 주라'는 충고를 했다. 정부가 돈이 없어 치안 인력이 충분하지 않고, 가난한 국민이 많으니 일상 공간에서 생계형 범죄가 자주 일어나는 것이다. 호기심보다 긴장감을 먼저 느끼는 소심한 이방인인 나는 마닐라에 머무는 동안 혼자서는 빌리지 밖으로 잘 나가지 않았고, 친구들하고 함께 빌리지 밖을 벗어날 때는, 바지 주머니 깊은 곳에 큰 돈, 지갑과 가방에는 작은 돈을 넣고 다녔다. 나쁜 상황이 닥칠 때 지갑에 있는 돈만 '아낌없이' 주려고.

쓰레기 산 파야타스는 '녹색 일꾼'(?)들의 삶의 터전

30대 중반의 한국인인 내가 인지하는 가난한 동네의 기준은 판자촌이다. 빌리지 밖에서 본 가난의 흔적이 판자촌 풍경이라면 파야타스는 상상 밖의 모습이었다. "전지구의 하위 3분의 1이 살아가는 패턴은, 칼로리 기준으로 보면 '기아' 상태고, 정주 조건을 기준으로 보면 '슬럼 거주'다. 고용을 기준으로 얘기한다면 이들은 경제 성장과 연관된 공식 고용이 아닌 '비공식 경제'를 통해 살아간다." 마이크 데이비스의 《슬럼, 지구를 뒤덮다》 보론에 담긴 우석훈 씨의 말이다. 파야타스는 이 말의 전형이다.

케손시티 외곽에 있는 파야타스는 난지도 같은 쓰레기 매립장으로 20~30년간 매립된 쓰레기로 산이 된 곳이다. 도심에서 밀려나 갈 곳 없는 가난한 사람들이 하나둘 모여들어 쓰레기 더미에서 양철, 플라스틱, 판자 등을 주워 잠잘 곳을 마련했다. 악취가 나고 벌레가 들끓지만 쓰레기 산이 높아질수록 사람들도 늘어났다. 그렇게 집단 거주지가 형성돼 현재는 대략 1만 가구, 6만여 명이 살고 있다(거주자가 20만 명이라고 하기도 한다). 사람들은 아이 어른 할 것 없이 하루 종일 쓰레기를 뒤져 빈 병, 플라스틱, 신문지, 비닐을 수거해 생계를 이어간다. 쓰레기 속에서 주운

1 빌리지 밖에 있는 집들. 2 아시안브릿지 사무실 겸 게스트ㅎ
빌리지 안에 있는 건물 중에서는 좀 낡고 허름한 편이다.
3 지프니. 지프차를 개조해 만든 소형 버스. 트라이시클과 지
필리핀의 대표적인 교통수단이지만, 소음과 매연 공해가 심하다
4 트라이시클. 오토바이 옆에 수레를 달아 개조한 것이다.

먹다 버린 음식을, 쓰레기 속에서 주운 냄비에 담아, 쓰레기 더미에서 나오는 메탄가스로 익혀 먹는다. 사람들은 굶어 죽지 않으려고 재활용 일선에 나선 '녹색 일꾼'(?)으로, 파야타스는 그 사람들의 삶의 터전이다.

일반적으로 필리핀 같은 저개발 국가의 빈민가와 슬럼은 습지, 범람지대, 산사태 지대, 쓰레기 매립지 등에 세워진다. 도시의 좋은 땅은 빌딩과 도로, 철도 등이 들어서면서 개발되고, 가난한 사람들에게 허락되는 곳은 그렇게 버려진 땅으로, 자연재해나 전염병 등이 일으키는 대규모 재난을 잠재하고 있는 곳이다. 2000년 7월, 파야타스의 쓰레기 산이 태풍과 폭우로 무너져 내렸다. 판자촌 500여 채가 매몰되고 많은 사람들이 쓰레기 더미에 깔려 죽었다. 필리핀 정부에서 세운 피해자 위령탑에는 234명으로 적혀 있지만, 주민들은 1000여 명 넘게 묻혔다고 말한다. 정부가 매몰된 시신을 적극 발굴하지 않았다는 것이다. 그 사람들은 쓰레기 더미에서 뿜어져 나오는 메탄가스에 질식해 죽어갔다. 아이러니하게도 지금 파야타스 매립장은 그 메탄가스로 전기를 만들어 빛을 밝히고 있다.

우리가 파야타스에 간 날에도 비가 퍼부었다. 필리핀 서민들의 발인 트라이시클을 타고 빌리지 밖을 벗어나 지프니로 갈아타고 다시 택시를 탔다. 파야타스는 냄새나고 질척거리는 곳. 다시 타고 나오는 손님이 없을 게 뻔한 곳이라 택시 기사는 미터 요금에 50페소를 더 얹어 달라고 했다. 쓰레기 매립장으로 나 있는 길에는 커다란 쓰레기차들이 연신 오가고 있었다. 대량 생산, 대량 소비되는 자본주의 도시에서 자유롭게 소비되고 버려진 쓰레기를 가득 담고서. 필리핀에서 두 달을 머물며 내가 버린 쓰레기도 파야타스 산 어디엔가 묻혔을 것이다.

메탄가스 발전보다 소각이 주인 CDM 사업

우리가 찾아간 매립장 관리 사무소와 메탄가스 시설은 폐쇄된 구역에 자리잡고 있었다. 파야타스 쓰레기 산은 두 개로, 2000년 사고 뒤 옛

파야타스의 쓰레기 마을. ⓒ 이강준

쓰레기 산은 폐쇄되고 옆으로 다른 쓰레기 산이 쌓이고 있다. 새로 쌓이는 쓰레기 산은 체계적으로 관리되고 있었다. 쓰레기 산의 경사를 낮추고 흙을 덮어 그 위에 풀과 나무를 심는다. 그리고 침출수도 한곳으로 모아 따로 처리한다. 쓰레기 산사태의 재발을 막기 위한 것이라고 한다.

파야타스 메탄가스 시설은 유엔 기후변화 협약에 따른 CDM 사업의 하나로, 2008년 2월 이탈리아 기업인 판게아 그린 에너지PANGEA Green Energy와 케손시티 지방 정부의 협약으로 만들어졌다.

시설은 단순해 보였다. 매립지 깊숙이 박힌 85개의 파이프 관을 통해 쓰레기 더미에서 나오는 가스를 모아 중간 저장 창고로 보낸다. 거기서 수분을 제거한 뒤 소각해 메탄 제로 상태로 공기 중으로 배출한다. 오기 전에 들은 정보하고 다르게 파야타스 메탄가스 시설은 발전이 아니라 소각이 주였다. 모아놓은 메탄가스 중 일부만이 200킬로와트 용량의 발전기를 통해 전기로 생산되고 있었다. 생산된 전기는 메탄가스 시설을 가동하고 매립장 관리 사무소, 판게아 그린 에너지 관리 사무실 등의 건물과 쓰레기 매립장 안의 가로등을 밝힌다고 했다. 어쨌거나 소각과 발전을 통해 감소시킨 메탄의 양만큼 온실가스를 줄인 것으로 인정받아 판게아 그린 에너지는 유럽의 탄소 시장에서 해마다 6000만 페소(약 15억 7200만 원)를 벌어들인다. CDM 사업이 끝나는 2012년 4월부터는 발전기 용량을 1메가와트로 늘려, 필리핀 최대 배전 회사인 메랄코Meralco를 통해 판매할 예정이라고 했다. 그리고 단계적으로 포집된 메탄을 모두 전기로 전환, 6메가와트 규모의 전기를 생산할 것이라고 했다.

판게아 그린 에너지는 왜 처음부터 발전을 중심으로 하지 않았을까? 필리핀인 담당자는 이탈리아 모기업이 '투자에 신중한 편'이어서 그렇다고 답변했다. 소각은 공정이 간단하지만 발전은 좀더 복잡하다. 그만큼 시설을 비롯한 투자비가 더 든다. 유엔 기후변화 협약의 자료를 보면, 등록된 CDM 사업의 유형은 재생 가능 에너지 관련 사업이 가장 많지만, CDM 사업을 통해 발생하는 배출권의 양은 가스 처리가 가장 많다. 이 사실은 가스 처리가 다른 사업에 견줘 배출권을 더 많이 획득해 투자 대비 산출이 크다는 것을 의미한다. 특히 메탄가스는 이산화탄소보다 지구 온난화 지수global warming potential. 온실가스별로 지구 온난화에 기여하는 정도가 달라서 이산화탄소를 1로 기준으로 기여 정도를 나타낸 것가 21배 높아서, 배출권도 그만큼 더 많이 인정받는다. 메탄가스 소각을 통해 얻는 배출권만으로 충분히 돈이 되니 투자 대비 효율성이 떨어지는 전기 생산에 소극적이었던 게 아닐까? 2012년부터는 탄소 거래가 불확실한 상황이니 발전소로 전환하는 것이고?

메탄가스 시설을 운영하는 판게아 그린 에너지 직원은 모두 11명이다. 관리감독 2명을 제외한 나머지 9명은 해당 지역 출신이고, 특히 가스

1 파야타스 매립장 입구로 들어서[
는 쓰레기차들. 2 매립장 안의 집들[
3 2000년 사고 뒤 새로이 쌓이고
쓰레기 산. 10여 년 만에 벌써 옛
기 산 높이만큼 쌓였다. ⓒ 차수철

를 포집하는 관을 관리하는 단순 노무자 6명은 파야타스 주민 조직에서 추천받아 고용됐다고 한다. 2012년 발전 용량 시설이 늘어나면 7명이 추가 고용될 예정이라고 한다. 실업률이 높은 필리핀에서 일자리가 생기는 것은 좋은 일이다. 또한 매립장 관리 공무원과 판게아 그린 에너지 담당자에 따르면, 메탄가스 시설에서 나오는 수익으로 학교와 보건소를 짓는 데 지원하고 있다고 했다. 필리핀에는 학교를 다니지 못하는 아이들이 많다. 학교를 다닌다고 해도 학급당 학생수가 100명을 넘어 2부제, 3부제 수업이 일반적이다. 그러니 학교가 지어진다는 것은 좋은 일이다.

그런데 빈민 조직 운동 단체 'DAMPA'(메트로 마닐라 지역 빈민 가정의 복지와 사회 보호를 위해 창립된 단체로, 주거, 보건, 교육 등 빈민들의 생활 환경 개선 사업을 하고 있다)를 통해 알아본 바에 따르면 파야타스 주민들은 이런 사실을 잘 모르고 있었다. 파야타스 지역이 세 구역으로 나뉘어 있고, 주민 조직이 여러 개 있다고 하지만, 거기서 나오는 이익이 마을 사람들에게 충분히 제공되고 있다면, 또한 공동체의 추천을 받아 사람을 고용했다면, 주민들이 알고 있어야 할 것 같은데 좀 의문스러웠다. 귀국을 앞두고 우연한 기회에 파야타스에 간 것이라서 정작 주민 인터뷰를 하지 못했다. 그 아쉬움이 너무 크다.

청정 개발 체제 Clean Development Mechanism, CDM

기후변화를 완화하기 위해 1997년 유엔 기후변화 협약 당사국 총회에서 전세계 184개국이 비준해 2005년 2월부터 발효된 교토 의정서의 구체적인 이행 전략 중 하나다. 교토 의정서에 따르면 온실가스 감축 의무국(선진국, 유럽연합 포함 38개국)은 2008년부터 2012년까지 온실가스 배출량을 1990년 수준보다 평균 5.2퍼센트를 감축해야 한다. 더불어 선진국들이 자국 내 감축이 주는 경제적 부담을 덜면서 좀더 유연하게 감축

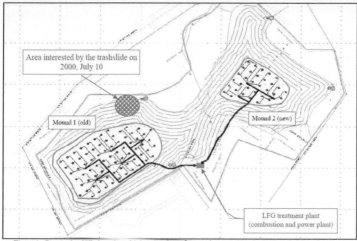

Figure 1 - Payatas landfill plant (in red it is pointed out the area interested by the 2000 trashslide) –the location and the layout of the proposed LFG recovery and treatment plant are showed

1 파야타스 메탄가스 시
설 지도 그림(출처: 유엔
기후변화 협약 홈페이지)
2 파야타스 매립장 관리
사무소 앞의 안내판. 이
아래는 다 쓰레기 더미다.
3 수분을 제거하는 메탄
가스 중간 저장소. 오른
쪽으로 가스를 모으는 관
이 보인다.

목표량을 달성할 수 있게 시장의 효율성을 활용한 탄소 배출권 거래제를 비롯해 CDM, 공동이행Joint implementation 등도 함께 도입됐다. CDM은 탄소 배출량을 줄여야 하는 선진국이 비감축 의무국(개발도상국)에서 온실가스 감축 사업을 벌일 경우 그 감축분만큼 자국의 삭감 실적으로 인정받을 수 있는 것이다. CDM을 통해 선진국은 비용이 높은 자국 내 감축 부담을 덜고, 개도국은 선진국의 자본을 유치하고 친환경 기술을 이전 받아 경제 발전을 도모할 기회로 삼을 수 있다고 본 것이다. ──

부자인 우리는 계속 팍팍 쓸 테니 가난한 너희들은 열심히 상쇄하라?

그럼 기후변화 완화를 위한 CDM 사업으로서 파야타스 쓰레기 매립장은 어떻게 봐야 할까? 지구 온난화 완화에 충분히 기여하는 것일까? 판게아 그린 에너지가 탄소 배출권을 팔아 해마다 6000만 페소를 번다는 것은, 2012년까지 온실가스를 줄여야 하는 의무를 가진 부자 나라와 부자 기업이 파야타스에서 감소된 양만큼 온실가스를 줄이지 않아도 된다는 것을 의미한다. 탄소를 배출할 수 있는 권리, 곧 오염할 수 있는 권리를 탄소 시장에서 돈으로 샀기 때문이다. 국제 사회가 선진국들에게 먼저 온실가스 감축 의무를 지운 것은 기후변화가 인간의 사회경제 활동을 통해 배출된 온실가스가 대기 중에 누적돼 발생하는 현상이기에, 지난 100년 동안 산업화를 하면서 온실가스를 배출해온 선진국들에게 책임이 있다고 본 것이다. 그런데 CDM을 통한 배출권 거래는 오염 원인자인 선진국에게 합법적 오염권을 부여하고 개도국에게 오염을 처리하게 하는 역설적인 상황을 만들었다. 그 덕분에 선진국은 화석 연료 중심의 에너지 체제와 탄소 집약적인 생활을 계속 유지한다. 반면 에너지 절약과 효율화, 재생 가능 에너지 확대 등을 하기 위한 기술 연구와 투자는 지연된다. 부자인 우리는 계속 팍팍 쓸 테니 가난한 너희들은 열심히 상쇄하라?

그러나 지구 온난화가 일으키는 기후변화를 상쇄만으로 막을 수는 없다. 국제 사회의 합의대로 지금 당장 온실가스를 1990년 기준으로 5.2 퍼센트 줄이더라도 지난 100년간 이미 우리가 배출한 온실가스만으로도 기후변화는 시작되고 있고, 전문가들은 2030년부터는 전지구적으로 나타날 것이라고 예상한다. 우리 모두 피해자가 되겠지만, 지구촌의 가장 가난한 사람들이 가장 큰 피해자가 될 것이다. 가뭄과 홍수 같은 자연재해도 문제지만 그것보다 그런 문제에 대비할 기반 시설을 전혀 갖추지 않은 곳에 그 사람들이 살아가고 있기 때문이다. 미국 같은 부자 나라는 경제적 손실로 끝나겠지만, 가난한 나라는 죽음과 삶의 문제다.

루팡 팡가코

CDM의 도입 목적 중 하나가, 자본과 기술이 부자 나라에서 가난한 나라로 흐르게 해 가난한 나라에 일자리를 만들어서 경제 발전을 지원하겠다는 것이었다. 그러나 현재 CDM 사업은 필리핀, 방글라데시 그리고 아프리카 같은 가난한 나라가 아니라 신흥 산업국인 중국, 인도, 브라질 등에 집중돼 있다. 이 나라들에는 도로, 인력, 통신망 등의 인프라가 갖춰져 있어 사업 진행이 쉽고, 그만큼 수익을 많이 낼 수 있기 때문이다. 그것이 시장 논리다. 그런 측면에서 케손시티는 아프리카의 최빈국들에 견줘 형편이 나은 편이어서 선택된 것이다.

파야타스 쓰레기 마을 중 한 곳의 이름은 루팡 팡가코^{Lupang Pangako}다. 루팡 팡가코는 타갈로그어로 '약속의 땅'이라는 뜻이다. 가난한 사람들의 잠자리와 일터 구실을 하는 매립장을 '약속의 땅'이라고 부르는 것이다. 기업 이윤이 우선시되는 CDM 사업이 파야타스 사람들에게 '약속의 땅'을 보장하고 있는 것일까? 기후변화 대응 논의 속에 습지, 범람 지대, 산사태 지대, 쓰레기 매립지 등에 사는 저개발국가의 가난한 사람들의 목소리는 담기고 있는 것일까?

멈춰 선 핵 발전소,
원자로 안을 보다

산호가 보이는 하늘빛 바다를 포기하다

나는 필리핀에서 딱 두 가지만 하자고 다짐했다. 하나는 영어 공포증 없애기, 다른 하나는 산호가 보이는 하늘빛 잔잔한 바다에서 수영하기. 결국 나는 둘 다 하지 못했다. 첫째는 욕심이었고, 둘째는 첫째 목표에 매달려 주저주저 시간을 보내다 바타안 핵 발전소 방문 때문에 포기하고 말았다.

필리핀의 바타안 핵 발전소는 한 번도 가동하지 않아 방사능 오염 걱정 없이 원자로 안까지 볼 수 있는, 세계적으로도 보기 드문 핵 발전소다(오스트리아에서도 1978년에 건설한 핵 발전소 1기를 가동하지 않고 국민 투표를 거쳐 폐쇄하기로 결정했다. 현재는 시민들이 이용할 수 있는 다중 시설로 용도 변경 중이다). 핵 발전소는 가동 중일 때는 말할 것도 없고, 가동을 중단하더라도 방사능 오염 때문에 극소수 작업자 말고는 원자로 안을 볼 수 없다. 원자로 안을 볼 수 있다는 것, 산호초 바다 수영보다 더 가슴 설레는 경험이기에 기꺼이 바타안으로 간 것이다.

다국적 원정대

처음 바타안 핵 발전소에 관한 정보를 준 사람은 아시안 브릿지의 성이혁수 사무국장이었다. 지난 6월 필리핀 그린피스가 생태 관광이라는 이름으로 사람들을 모아 이벤트를 벌인 게 필리핀 언론을 탔다고 한다. 부푼 마음으로 당장 달려가려고 하니, 발전소 측에서 그 거대한 건물을 보려면 10명 이상의 팀으로 와 달라고 요구했다. 학생들에게 교육용으로 개방하던 것을 후쿠시마 핵 발전소 사고 뒤 일반인에게도 개방했지만, 아직 찾는 사람이 많지 않았던 것이다. 사람을 모으는 데 성이혁수 국장이 적극 나서줬다. 인천환경운동연합에서 일한 적 있는 성이혁수 국장에게도 흥미로운 일이었던 것. 자신은 물론 아시안 브릿지에 머무는 태국과 방글라데시의 빈민 운동 활동가와 아시안 브릿지 활동가들을 설득해 참여시켰다. 필리핀, 태국, 방글라데시에는 핵 발전소가 하나도 없지만 정부 차원에서 신규 건설 움직임이 있는 나라들로 핵에 관해 고민해볼 수 있는 좋은 기회였다. 나는 원자로 안을 볼 수 있는 기회가 흔하지 않고, 근처 해변에서 수영도 하고 거북이 서식처도 구경하자며 한국인 친구들을 설득했다. 친구들은 대부분 기꺼이 자비를 들여 함께 가겠다고 나섰다. 나만 흥미롭게 느낀 게 아니었던 것이다. 그렇게 해서 목표였던 10명보다 많은 12명, 다국적 원정대가 탄생했다.

23억 달러나 들여 지은 핵 발전소를 왜 가동하지 않는 것일까

바타안 핵 발전소는 수도 마닐라에서 서북쪽으로 80킬로미터 떨어진 곳에 있다. 필리핀의 안 좋은 도로 사정을 감안하더라도 2시간 정도면 도착할 것이라고 생각했지만, 출발한 지 3시간을 넘기고도 차는 꼬불꼬불 산길을 한참 올라갔다. 굵은 비로 밖이 잘 보이지 않아 갑갑함과 멀미를 느끼며 '왜 바다가 아니고 산으로 가는 거지?'라는 의문을 품을 때쯤, 분홍색 담벼락에 양각된 '필리핀 핵 발전소Philippine Nuclear Power Plant'라는 글자가 보였다. 산자락, 분홍색 담벼락, 예쁘게 디자인된 검은 철제문이 핵 발전소라기보다는 커다란 리조트 문처럼 느껴졌다. 그렇게 바타안 핵 발전소는 남중국해를 조망하며 해발 18미터 산 중턱에 세워져 있었다.

필리핀은 왜 23억 달러나 들여 지은 핵 발전소를 가동하지 않는 것일까? 방문객을 위한 프레젠테이션에서 그 이유를 들을 수 있었다. 바타안 핵 발전소는 1970년대 오일쇼크를 계기로 마르코스 정부 시절에 추진돼 1984년에 완공됐다. 마르코스 대통령은 계엄령을 선포하며 23년간 장기 집권한 독재자다. 1983년 야당 베니그노 아키노 상원 의원의 암살을 계기로 저항 운동이 거세지고, 1986년 민중 혁명의 성공으로 마르코스 대통령이 물러나게 된다. 그 뒤 핵 발전소의 운명은 새로 들어선 코라손 아키노(암살된 베니그노 아키노의 부인) 정부의 손에 맡겨졌다. 지진단층대가 근처에 있어 안전성 논란이 있고, 마르코스 정부가 핵 발전 시공사인 웨스팅하우스와 짜고 발전소 건설비를 부풀려 뇌물을 받은 게 불거진 가운데, 4월 체르노빌 사고가 터지자 가동하지 않기로 결정한 것이다. 민중 혁명을 기반으로 들어선 정부이기에 핵 발전소의 위험성을 염려하는 민중의 뜻을 받아 안은 정치적 결정이었다.

150페소면 원자로 안까지 볼 수 있다

입장료 150페소(약 4000원)만 내면 원자로 안까지 누구에게나 개방하는 것은 핵 발전소에 관한 부정적인 여론을 개선해보려는 것이다. 발전소에서 준비한 프레젠테이션에서 바타안 핵 발전소는 후쿠시마 핵 발전소하고 달라서 안전하다는 말을 계속 들었다. 원자로 타입이 다르고, 해발 18미터 위치에 있어 쓰나미에 안전하며, 중력 가속도 0.4그램, 규모 8.0 지진에 견딜 수 있게 설계돼 있다는 것이다. 또한 바타안 핵 발전소는 한국의 고리 2호기하고 같은 시기에 같은 시공사인 웨스팅하우스가 지은 것으로, 고리 2호기가 지금껏 사고 없이 잘 가동되고 있는 것처럼 바타안도 재가동이 가능하다고 했다. 그리고 지진단층대가 핵 발전소와 멀리 떨어져 있다며 그래픽 사진을 보여줬는데, 그것은 안 보여주니만 못한 것이

1 바타안 핵 발전소 전경. ⓒ BNPP
2 리조트 문처럼 보이는 바타안 핵
발전소 정문.
3 남중국해를 조망하는 곳에 있는
바타안 핵 발전소. 건물 앞쪽에 비어
있는 부지는 2호기 건설을 위해 조
성된 땅이다.

었다. 정확히 몇 킬로미터가 떨어져 있는지 묻지는 못했지만, 필리핀의 거의 모든 섬이 동서로 지진단층대에 둘러싸여 있다는 사실을 보여 주고 있었기 때문이다. 후쿠시마의 교훈은 인간의 예측 수준을 벗어난 사고는 언제든지 일어날 수 있으며, 그럴 경우 핵 발전소는 핵폭탄이라는 것을 보여준다. 태풍과 지진, 화산 폭발의 재해가 자주 일어나는 필리핀은 핵 발전소뿐만 아니라 핵폐기물 처리와 보관도 필리핀의 미래 세대에게 아주 어려운 문제가 될 것이다.

비닐에 얌전히 싸여 있는 제어봉 용기 다발

프레젠테이션이 끝난 뒤 발전소 건물 안으로 들어서니 바닥에 물이 흥건했다. 비가 오지 않았다면 모르고 넘어갔을 텐데, 지붕이 훼손돼 빗물이 새고 있었다. 발전소 건물은 원자로 안을 제외한 곳곳에 금이 가 있었고, 어떤 곳은 그 금 사이로 물방울이 맺혀 있었다. 웨스팅하우스 이름이 선명한 발전기가 있는 곳도 바닥이 물로 흥건했다. 오랜 세월 여러 번의 태풍과 지진 등을 겪으며 낡고 훼손된 것이다. 필리핀은 1년 예산의 30퍼센트를 부채를 갚는 데 쓰는 가난한 나라이다 보니, 제때 복구하고 정기 점검을 통해 관리할 만큼 예산을 쓸 수는 없을 것이다.

복잡해 보이는 기기들로 들어차 있는 중앙 작동실은 마치 근대 박물관 같았다. 오래되어 색이 바랜 컴퓨터와 전화기가 어찌나 정겹던지 우리는 위급할 때 대통령실로 연결된다는 낡은 전화기를 잡고 핵 발전 르네상스를 꿈꾸는 청와대 높은 분하고 대화를 시도한다며 한참 장난쳤다.

둘러보는 우리에게 비록 27년 전에 만들어졌지만 미국에서 가동 중인 핵 발전소들보다 신형이라는 발전소 안내 담당자의 말. 이 얘기를 다르게 말하면, 다른 나라에 핵 발전소를 지어 돈을 버는 미국이 지난 30년 동안 자기네 땅에는 핵 발전소 한 기도 짓지 않았다는 얘기다. 바타안 핵 발전소를 짓고 있을 1979년, 미국 스리마일 섬의 핵 발전소에서 사고가

27년간 방치돼 발전소 건물 곳곳에 금이 가고 물이 새고 있다.

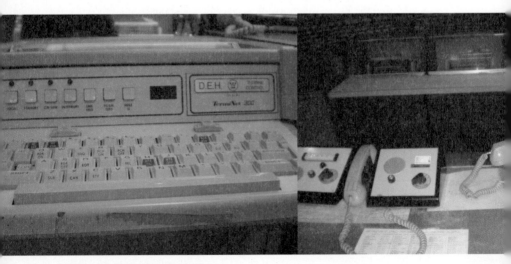

색이 바래서 정겨워 보이는 컴퓨터와 전화기.

터졌다. 사고 뒤 현장을 방문한 지미 카터 미국 대통령은 핵 발전 모라토리엄을 선언했다. 안내 담당자는 그 사실을 알고 있으면서 바타안의 원자로가 미국의 것보다 신형이라고 자랑한 것일까?

복잡한 기계 장치가 설치된 공간들을 지나 원자로 앞에서 들은 에피소드. 손 떨림 없이 꼼꼼하게 용접하려고 미국 웨스팅하우스에서 여섯 달 동안 훈련을 받은 여성 용접사가 원자로 이음새 작업을 했다고 한다. 바타안 핵 발전소가 안전하게 지어졌다는 것을 강조하려는 양념이겠지만 재미있기는 했다. 드디어 1미터 두께의 벽과 육중한 이중문을 넘어 원자로 안으로 들어서자 습하고 더운 공기가 가득했다. 세 단계의 철제 계단을 올라서니 발 아래로 텔레비전에서 보던 제어봉 용기 다발이 보였다. 손톱만한 우라늄이 장착돼 가동되면 방사능을 내뿜으며 살아 있는 모든 생명체를 파괴하는 위험천만한 물건이지만, 바타안의 제어봉 용기 다발은 비닐에 얌전히 싸여 있었다. 쉽게 찢어지는 비닐에 싸여 있다는 것, 바타안 핵 발전소의 불안한 미래를 보여주는 것일까?

재가동의 움직임

바타안 핵 발전소를 짓는 데 든 23억 달러는 대부분 외채였다. 2007년 외채 상환이 완료되자 필리핀 정부와 정치권 그리고 필리핀전력공사 등의 재가동 움직임이 수면 위로 떠올랐다. 14대 의회에서 아키노 대통령의 외삼촌이자 마크 코장코 하원 의원이 관련 법안을 제출했지만 상원과 하원에서 모두 동의를 얻지 못했다. 다시 2010년 15대 의회에서 마크 코장코의 부인인 키미 코장코 하원 의원이 비슷한 법안을 제출했다(필리핀은 대토지를 소유한 소수 가문이 정치 지배권도 행사하고 있어, 대통령부터 의원, 도지사, 시장, 군수 등이 같은 가문이다). 필리핀 에너지부도 국내외 민간 기업의 복구 운영 제안서를 받으면서 관련 사항을 검토했다. 미국, 프랑스, 일본, 한국 등이 관심을 가지고 움직인 것으로 알려졌

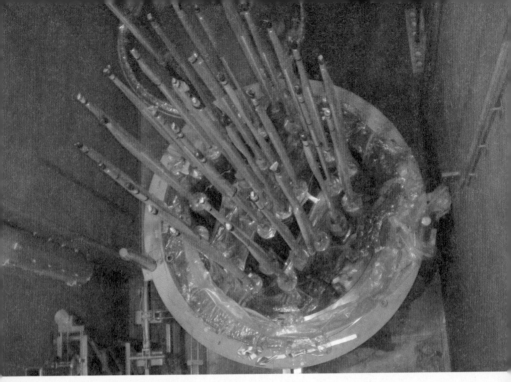

비닐에 싸여 있는 제어봉 용기 다발.

다. 특히 한국전력공사는 2009년 12월, 10억 달러 정도면 재가동이 가능하다는 내용이 담긴 사업 재개 타당성 조사 보고서를 제출했고, 재가동이 결정된다면 복구와 운영권을 한국전력공사가 따낼 가능성이 높다고 언론 작업을 한 바 있다. 현재 아키노 대통령은 바타안 핵 발전소를 재가동할 생각은 없다고 한다. 안전성에 관한 논란이 여전하고, 어머니인 코라손 아키노 전 대통령이 가동 불가 명령을 내렸기 때문에 정치적으로 뒤엎을 수 없는 것이다. 그러나 만성적인 전력 부족과 높은 전력 가격을 이유로 다른 곳에 신규 핵 발전소가 필요하다는 견해를 밝힌 적은 있다. 그리고 한국의 삼성 같은 재벌로 필리핀의 대표적인 민간 전력 기업인 메랄코, 산미구엘의 CEO들도 핵 발전소 건설에 관심을 보인 적 있다.

그러나 2011년 3월 후쿠시마 핵폭발 사고는 이 모든 것을 수면 아래로 가라앉게 만들었다. 후쿠시마의 재앙을 바로 옆에 두고도 월성 1호기의 수명 연장과 신규 핵 발전소 강행 의지를 굽히지 않는 한국과 비교한다면 정상적인 국가의 반응이다. 그러나 대량 실업과 대량 빈곤의 나라 필리핀에서도 경제 성장 논리는 거셀 것이며, 체르노빌과 후쿠시마 재앙에 관한 인간의 망각은 필리핀을 가만두지 않을 것 같아 걱정스럽다.

필리핀 민중 혁명의 역사를 배우는 역사 생태 관광지 바타안 핵 발전소

발전소 안을 보고 나와서 핵 발전소 안의 작은 해변에 들렀다. 바다 속 산호가 보이는 잔잔한 바다는 아니었지만 아담하고 예쁜 해변에 리조트 시설까지 있었다. 리조트에서 늦은 점심을 먹은 뒤 빗발이 약해져 몇몇은 수영을 즐기고 나는 해변을 둘러보았다. 해변의 끝 지점, 갯가에는 치어 떼가 바위에 부딪혀 잦아든 파도 물결을 타며 바다를 즐기고 있었다. 발전소에서 차로 20여 분 떨어진 웨스트 누크 해변은 12월이 되면 자이언트 거북이들이 알을 낳으려고 찾는 곳이다. 27년 전 핵 발전소가 가동됐어도 바타안 반도 끝의 바다가 지금 같은 모습이었을까?

나는 아름다운 자연을 위해 바타안 핵 발전소가 가동되지 않아야 한다고 말하고 싶지는 않다. 인구의 30퍼센트가 하루 1달러 미만으로 생활하는 가난한 나라 사람들 앞에서 그것은 사치스럽고 건방진 말이다. 필리핀을 다녀온 뒤 필리핀 하면 떠오르는 것은 세부나 보라카이의 하늘빛 산호 바다가 아니다. 사설 경비가 보호하는 빌리지 밖으로 나가면 가난의 그림자가 가득한 거리, 그 모습과 대비되는 초대형 쇼핑몰의 호화로움이다. 서민들은 더 이용하지도 못할 전기를 생산하려고 또 10억 달러 이상의 외채를 지는 것. 그리고 건설비의 수십 배가 넘는 핵 발전소 폐로 비용과 핵폐기물을 미래 세대에게 물려줄 수밖에 없는 상황을 필리핀

바타안 핵 발전소 안의 해변. 리조트 시설을 갖추고 있어 관광객들을 위한 잠자리와 식사를 제공한다.

사람들이 고려한다면, 핵 발전소를 시동조차 허락하지 않은 27년 전하고 같은 선택을 하리라.

　　나는 바타안 핵 발전소에서 원자로 안만 본 게 아니다. 그곳에서 필리핀 민중 혁명의 역사를 알게 됐다. 그렇듯 필리핀의 아이들이 바타안을 통해 자신들의 부모 세대가 왜 저항했는지, 왜 지어놓은 핵 발전소를 포기하는 정치적 선택을 했는지를 배우기를 바란다. 더불어 썰물에도 딸려 가지 않는 작지만 힘찬 물고기와 해변에서 작은 알로 태어나 2미터가 넘게 자라는 자이언트 거북이를 보면서 자연과 생명에 느끼는 감수성을 키워가기를 바란다. 그렇게 바타안이 필리핀의 역사 생태 관광지의 하나로 자리잡아 가기를 바라는 희망을 가져본다.

2011년 'SONA(Sate of the Nation Address)' 랠리에서 만난 아이들. 대통령의 정기 국회 연설에 맞춰 해마다 대규모 민중 집회가 열린다. 아키노 대통령의 사진 위에 'LABANAN'이라는 글자는 '맞서 싸우겠다'는 'fight'를 의미한다. 이 아이들은 어떤 필리핀을 희망할까?

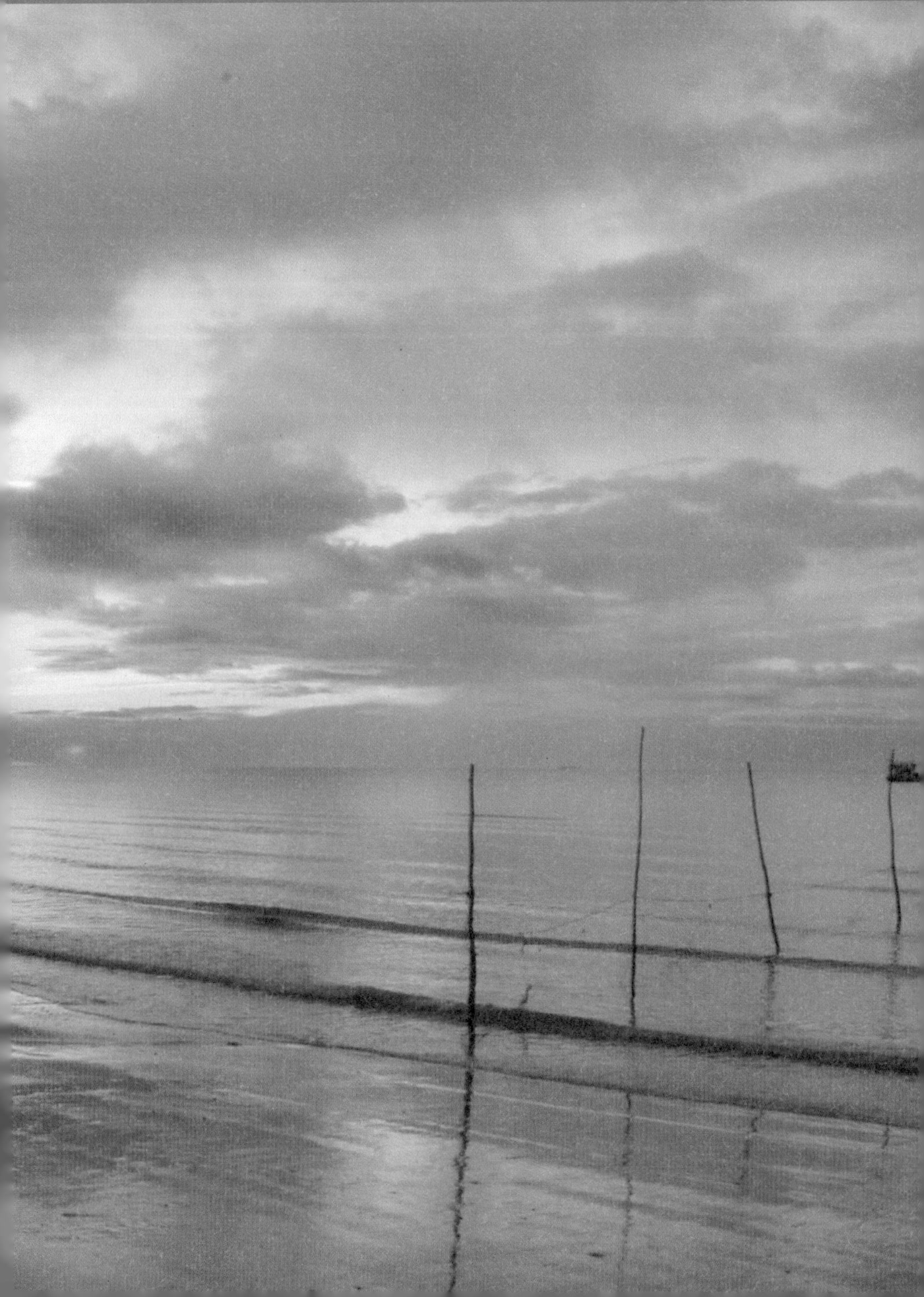

방콕, 신이 만들고
인간이 버린 도시

'천사의 도시(끄룽텝)'라고 부르며 태국 사람들이 오랫동안 애지중지하던 방콕의 모습은 온데간데없었다. 차오프라야 강의 선착장과 연결돼 있는 BRT 사판딱신 역 입구에는 더러운 모래주머니가 여기저기에 놓여 있고, 사람들은 보도블록 사이사이 화석처럼 눌어붙은 붉은 흙을 피해 조심스럽게 발걸음을 옮기고 있었다. 많은 방콕 시민이 홍수 피해 보상을 요구하며 연일 주요 도로를 점거하고 있어 교통 정체는 최악이었다. 거리의 가로등도 물에 잠긴 하반신을 흉물스럽게 드러내며 힘겹게 버티고 있었다. 물에 잠긴 큼지막한 방콕 사진과 함께 지하철은 안전하다고 홍보하는 현수막은 오히려 그때 참상을 더 강하게 환기시켰다. 차오프라야 강과 연결돼 있는 수로 근처의 마을은 빈민층이 집단으로 거주하고 있는 지역인데, 침수 때문에 사람들이 빠져나간 자리에는 을씨년스럽게 물이끼만 덕지덕지 남아 있었다. 홍수 때 집이 침수돼서 건설용 시멘트관에서 생활하던 방콕의 빈민층들은 아직도 집으로 돌아오지 못했다. 홍수 발생 4개월이 지난 방콕의 거리 풍경이었다.

1월에 환경재단의 지원을 받아 기후 피해 현장을 둘러보려고 태국에 갔다. 원래 12월에 가려고 했지만 아직 홍수 피해를 수습하고 있지 못해 부득이하게 미룰 수밖에 없었다. 치앙마이까지 둘러봐야 하는데 국내

선을 담당하고 있던 돈므앙 공항이 물
에 잠겨버린 것도 일정을 연기한 이유 중
하나였다. 그러나 1월의 방콕도 제자리
를 찾지 못한 건 마찬가지였다. 관광객이
확 줄어들면서 늘 북적이던 방콕의 모습
은 찾아볼 수 없었다. 여덟 번째 온 방콕
이지만 처음 보는 기이한 광경이었다. 한
적한 방콕이라니. 국토의 3분의 1이 홍수

BTS 사판딱신 역 출입구에 어지럽
게 놓여 있는 모래주머니들.

피해를 당했고, 사망자 373명, 이재민 11
만 3000명, 파괴된 건물 80만 채, 침수 면적 162억 제곱미터 등 50조 원에
가까운 피해가 발생한 태국의 홍수는 여전히 진행형이었다.

홍수 피해는 태국 제2의 도시 치앙마이에도 큰 생채기를 냈다. 간담
회 건으로 방문하기로 한 사오힌Saohin YMCA는 사람의 가슴 높이 수준
으로 물에 잠겼다고 했다. 건물 외벽에는 아직도 검게 물 자국이 남아 있
었다. 방콕하고 다르게 물은 완전히 빠져나갔지만 사람들은 여전히 홍수
의 기억을 완강히 부정했다. YMCA에서 기후변화와 에너지 문제를 담당
하고 있는 차는 2011년 9월을 이렇게 얘기했다.

"비가 많이 온 날은 물이 가슴까지 차올라 아예 출근할 수가 없었
어요. 물이 무릎 높이까지 빠지자 사무실에 나왔는데, 사무실은 사무실
이라고 부를 수 없을 정도로 망가져 있었습니다. 사무실 집기들은 둥둥
떠다니고 서류들은 다 물에 젖어 뭐가 뭔지 알 수 없는 상황이었죠. 그
걸 황망히 쳐다봐야만 했던 활동가들의 얼굴이 생생합니다. 그 뒤 사무실
에서 흙을 빼내는 데만 꼬박 이틀이 걸렸습니다. 우리뿐만이 아니었어요.
치앙마이 시내도 대단했죠. 사람들이 모두 두려움에 떨고 있었어요. 그때
는 정말 기억하고 싶지도 않습니다. 자꾸 묻지 마세요."

이제는 진정되고 있다는 말을 잊지는 않았지만 눈빛은 여전히 불안

사오힌 YMCA. 홍수 때 1층 장분 설만 높이까지 물이 차올랐다고 한다.

해하고 있었다. 치앙마이에서 방콕으로 돌아오는 길에 일행들과 상의해 일부러 기차를 탔다. 비행기로 1시간도 걸리지 않는 거리를 9시간이나 달려가야 했지만, 기차가 다니는 구간이 대부분 홍수로 잠기거나 큰 피해를 본 지역이어서 창밖으로라도 그 광경을 볼 수 있지 않을까 하는 생각이 들었다. 다행히 홍수 피해가 크지 않은 듯 창밖으로 풀과 나무과 끊임없이 이어졌다. 때때로 보이는 마을들도 큰 문제는 없어 보였다. 그렇게 지루하게 한참을 갔을까, 갑자기 기차가 멈춰 섰다. 그러고 나서 도무지 움직일 기색을 보이지 않았다. 객실에 있는 안내원에게 상황을 물어봤지만 누구 하나 영어를 하는 사람이 없어 왜 기차가 멈췄는지 알 수가 없었다. 괜히 내렸다가 기차가 떠나면 낭패라는 생각에 일행 중 누구 하나 밖으로 나가지도 못하고 있었다. 그렇게 1시간이 흐르자 도저히 답답함을 참을 수 없어 몇 명이 상황을 알아보러 밖으로 나갔다. 기차가 멈춰선 한참 앞에서 철로 공사를 하고 있었다. 구경하고 있는 역무원에게 물어보니 홍수 때 철로와 침목이 망가져 가끔 이런 일이 일어난다고 한다. 전혀 예상하지 못한 일이지만 기다리는 것 말고는 별 다른 도리가 없었다. 다시 1시간을 기다려 기차가 움직였다. 그러나 가다가 서너 번 더 멈춰야만 했다. 결국 저녁 8시 도착 예정이던 기차는 새벽 1시가 다 되어서야 방콕에 도착했다. 그렇게 기후변화는 자신이 어떤 의미인지 우리에게 절절히 일러주었다. 호텔에 들어가 체크인을 하고 방에 누우니 새벽 2시가 넘었다. 홍수 피해 보상을 요구하며 연일 계속되는 도로 점거 때문에 내일도 방콕 시내는 하루 종일 지옥 같은 교통 정체가 이어질 것이다. 그

악명 높은 방콕의 교통난. 차뚜짝 주말 시장 부근의 광경이다.

런 사정을 감안하면 6시에는 일어나야 한다. 그 뒤 우리 일정이 어땠는지
는 말하지 않아도 알 수 있을 것이다.

현재 태국 정부는 피해 복구에 주력하면서 홍수 재발을 막기 위한
방지 대책을 세우고 물에 태반이 잠긴 기반 시설을 재정비하는 데 몰두하
고 있다. 그러나 전문가들과 시민단체들은 정부가 근본적으로 인식을 바
꾸지 않는 한 홍수는 언제든지 다시 일어날 수 있는 일이라고 주장하고
있다. 태국의 물 정책은 기후변화에 맞춰 설계된 게 아니라 어떻게 물을
가두고 전기를 만들 것이냐 하는 댐 정책과 더 밀접하게 연결돼 있기 때
문이다. '이상 기후'가 이제는 '일상 기후'라고 불릴 정도로 심각해진 상황
에서 정부 정책은 여전히 구태의연한 방향을 유지하고 있는 게 문제의 핵
심이라는 의미다. 게다가 오랜 기간 자연 생태계가 약해지고 갑자기 도시
화되면서 태국의 기후변화 적응 능력은 더 취약해졌다. 게다가 태국의 홍
수는 하늘이 만들었지만, 그 하늘은 인간이 만들었다. 어느 시인의 말마
따나 '신은 망했다.'

소박하지만 강인한
공동체의 초대

《착한 에너지 기행》을 출간한 뒤 후속으로 태국, 라오스, 필리핀 등 몇몇 국가의 기후정의와 에너지 정의 문제에 관한 이야기를 쓰자고 했을 때, 이번에는 조금 신나고 재미있는 여행기가 되기를 바랐다. 더 많은 사람들이 쉽게 읽을 수 있으면 좋겠다는 마음도 있었지만, 무엇보다 뿌듯한 마음으로 편지와 함께 어머니에게 드린 책 위로 살포시 먼지가 내려앉은 것을 봤기에 어머니도 쉽고 재미있게 읽을 수 있는 여행기, 여운이 남는 이야기가 되기를 바랐다. 그러나 그런 다짐은 그리 오래가지 않았다. 기후 부정의 문제에 가까이 가면 갈수록 어렵고 힘들게 사는 사람들이 어떤 고통을 받고 있는지 알게 됐기 때문이다. 여기에는 인종이나 언어 따위는 장벽이 되지 않는다. 지난번 인도네시아에서 팜 플랜테이션의 여성 노동자들을 만났을 때는 한국어를 인도네시아어로, 인도네시아어를 다시 원주민 말로 바꿔가면서 제대로 소통도 되지 않는 상황인데도 알 수 없는 뜨거움을 가슴속 깊이 느꼈다. 이번 태국의 여정에서도 그랬다. 빠르게 변하고 개발되는 태국의 모습에 당황스럽고 곤혹스럽기도 했지만, 슬픔과 안타까움도 함께 느꼈다. 특히 그중에서도 태국 남부 쁘라추압키리칸 지역의 공동체들하고 함께한 시간은 또 다른 감동과 배움의 시간이었다.

어떤 사람들은 동남아시아 국가들을 자원이 많아 슬픈 국가라고 말한다. 자원은 많지만, 그 많은 자원을 자본, 거대 기업, 권력의 횡포에서 지켜낼 풀뿌리의 힘이나 시스템이 부족하기 때문에 자본주의에 가려져 보이지 않는 착취의 역사를 지금껏 써가고 있다. 그런데도 사람들은 우리가 생각한 것보다 훨씬 더 강인하고 끈끈했다.

우리는 몇 번의 인연 덕분에 서로 잘 알고 있는 '메콩 에너지 생태 네트워크Mekong Energy and Ecology Network, MEE-Net'의 위툰 소장에게서 태국 남부에서 석탄 화력 발전소 건설을 막아낸 공동체 사례를 소개받았다. 그리고 땁사캐와 반끄룻 지역의 마을 회의에서 소중한 경험을 했다.

태국에 오기 전에 위툰은 내게 한국의 에너지 상황, 후쿠시마 사태 뒤 핵 발전에 관련된 한국 국민의 활동 등에 관한 자료를 요청했다. 별로 어려울 게 없겠다 싶어 자료 몇 개와 수치가 가득한 자료를 컴퓨터에 담아 갔는데, 일정 조정과 회의를 위해 만난 첫날에 이 자료에 관한 얘기가 없어서 의아했다. 현장 조사 이틀째, 예정보다 일정이 일찍 끝났다. 그러자 위툰이 땁사캐에서 회의가 있으니 들렀다 가자고 제안했다. 지역 주민들이 모여 화력 발전소와 조선소 건설에 관한 논의를 하는 자리라고 하니 지역 조사에 도움이 될 것 같았다.

위툰과 해변을 거닐며 태국의 기후변화에 관한 낮은 인식과 현 정부의 에너지 확대 정책에 관해 길고 긴 이야기를 나누는 동안 뉘엇뉘엇 지는 해를 등지고 마을 주민들이 삼삼오오 모여들기 시작했다. 그렇게 몇 명이나 모이겠나 싶던 주민들은 금방 20명이 되고 30명이 됐다. 주민들은 누구네 집 앞과 가게 앞에 진을 치고 다 함께 음식을 준비하기 시작했다.

"오늘 특별한 손님들이 온다고 직접 음식을 준비하고 있나 보네요."

위툰이 특유의 자상한 미소를 띠고 우리를 바라봤다. 어느새 외국에서 온 특별한 손님이 돼버린 우리는 멀뚱히 앉아 동네 주민들이 음식을 준비하는 모습을 바라보고 있었다.

땁사캐 마을 회의에 참석한 우리 일행을 위해 마을 주민들이 저녁밥을 준비해줬다. 생선살과 코코넛을 으깨어 바나나 잎으로 싸고 숯불에 굽는 전통 음식.

"참! 제가 요청한 자료 있죠? 오늘 마을 사람들하고 함께 보고 이야기 나누면 좋겠어요."

위툰이 또 미소와 함께 말을 건넸다. 정말이지 위툰은 어떤 상황에서도 미소를 잃은 적 없는 매력적인 사람이다. 그러나 안타깝게도 우리는 미소로 화답할 수가 없었다. 오히려 그 순간 얼굴이 잿빛으로 변했다. 영어와 숫자들로 가득한 따분한 자료를 마을 사람들이 어떻게 받아들일까? 우리는 재빨리 일을 나눴다. 나는 위툰과 함께 어부 아저씨들을 맡았다. 아저씨들하고 대화를 나누며 분위기를 이끄는 바람잡이 역을 맡은 것이다. 그리고 다른 한 명은 음식 준비를 하는 주민들의 사진을 찍기 시작했다. 물론 생생한 기록을 담는다는 중요한 미션도 있었지만 우리에게는 시간이 필요했다. 이렇게 두 명이 충실히 미션을 수행하는 사이 마지막 한 명은 우리가 준비해온 따분한 자료들을 대체할 재미있고 이해하기 쉬운 사진들을 찾는 일을 맡았다. 그러나 1시간 동안 애써도 문제는 풀리지 않았다. 이번만큼은 태국이 그리 녹록한 곳이 아니었다. 수도인 방콕하고 다르게 남부 시골 마을에서는 인터넷이 되지 않았고, 전기는 충분하지 않았다. 자료 만들기 담당자의 이마에는 땀이 송글송글 맺히기 시작했다. 초조하게 시간은 지났고, 우리는 결국 솔직해지기로 했다.

"위툰! 미안한데 우리가 준비해온 자료로 주민들하고 얘기하기는 힘들 것 같아요. 사실 난 이게 당신을 위한 자료인 줄 알았거든요. 마을 주민들을 위한 내용으로는 맞지 않는 것 같아요."

그러자 위툰은 뭘 그런 걸 걱정하느냐는 표정으로 말했다.

"노 프라블럼No problem!"

아마 동남아 지역을 여행한 사람은 '노 프라블럼!'을 자주 들어봤을 것이다. 사람들은 이 말이 동남아 사람들의 낙천적인 성격을 보여주는 것이라고 얘기한다. 물론 성격이 급한 사람이라면 이런 낙천적이고 긍정적인 한마디가 오히려 화나고 이해하기 힘들다는 것을 잘 알고 있다. 나도 그런 성격의 사람이기 때문이다. 그러나 이 답답함과 짜증을 넘어서면 어느새 편안해진다는 것을 깨닫게 된다. 그리고 이렇게 난감한 상황에서 '노 프라블럼!'이 얼마나 위로가 되는지는 아무도 모를 것이다.

"괜찮아요. 그냥 편안하게 얘기하면 돼요."

위툰은 그렇게 안도시키고는 아무렇지 않게 저녁밥을 권했다.

"밥이나 먹읍시다. 우리를 위해 준비한 거잖아요."

주민들은 코코넛과 생선살 그리고 몇 가지 허브를 섞은 뒤 이것을 바나나 잎으로 싸서 숯불에 굽는 조금 두꺼운 어묵 같은 전통 음식을 밥과 함께 건넸다. 사실 나는 입이 무척 짧다. 특히 생선류는 회를 비롯해서 많이 즐기지 않거나 못 먹는 게 많다. 그런 내게도 태국은 예외였다. 특히 방콕은 길거리 음식이 넘치고 음식 냄새가 발걸음을 붙잡는 음식 천국이다. 그런 내게 시련이 닥친 것이다. 꽤 허기진 상태였는데도 나는 힘겹게 아주 맛있게 먹는 모습을 연출해야만 했다. 마을 주민들이 1시간 넘게 준비한 음식이 아닌가! 나뿐만 아니라 다른 일행들도 전통 음식이 쉽지 않은 눈치였다. 셋이 힘을 합해 완벽한 저녁 식사 연기를 마칠 무렵 위툰이 특유의 미소를 띠며 말했다.

"남기면 안 돼요. 우리를 위해 준비하신 거잖아요. 더 드세요."

결코 거절할 수 없는 게 친절함 아닌가. 그러나 그 친절함을 기꺼이 받기에는 내 상태가 말이 아니었다. 그것은 나뿐만 아니라 일행 모두 마찬가지였다. 자연스럽게 우리는 유일한 남자 일행을 동시에 쳐다볼 수밖에 없었다. 자료를 찾느라 정신이 쏙 빠졌던 그 남자 연구원은 결국 일행을 대표해서 밥도 한 그릇 더 먹어야 했다.

어둠이 완전히 내려앉자 주민들은 밥상을 치우고 옹기종기 모여 앉았다. 화력 발전소 건설 문제에 대응하기 위한 주민 모임을 이끌고 있는 닝이 가장 먼저 나섰다(원래 이름은 수리롯이지만 태국 사람들은 이름이 길기 때문이기도 하고 전통적으로 아이들의 장수를 빌며 한 음절의 별명을 지어 부른다).

닝은 우리가 묶었던 라차바디 반끄룻 리조트의 주인이자 마을 주민 모임의 주요 활동가다. 주민 모임은 지금껏 민간 발전 회사Independent Power Producer, IPP의 반끄룻 지역 개발을 막아냈고, 현재는 땁사캐 지역에서 태국 전력공사인 이갓Electricity Generating Authority of Thailand, EGAT의 석탄 화력 발전소 건설 반대, 방사판 지역에서 태국의 열연코일 생산 대기업인 사하비리야 철강Sahaviriya Steel Industries, SSI이 추진하고 있는 대규모 철강 산업 단지 반대 활동을 함께 하고 있다. 닝은 이 지역에서 흔히 'PNPeople's Network'이라고 부르는 엔지오는 아니지만 지역 주민이 모이고 함께 활동하는 조직의 리더 격으로, 화력 발전소 건설, 철강 산업 확대 등 쁘라추압키리칸 지역을 산업 단지로 만들려는 움직임이 일지 못하게 막는 일을 하고 있다.

청중을 사로잡는 닝의 우렁찬 목소리가 마이크를 통해 흘러 나왔다. 똑 부러진 말투였다. 왜 석탄 화력 발전소가 문제인지, 이 지역에서 일어나고 있는 다른 마을의 문제는 무엇인지, 우리는 앞으로 어떻게 힘을 모야 하는지 자세히 설명했다. 이 지역은 농업과 어업, 관광업의 사이클로 구성돼 있다. 관광업을 하는 사람들은 농민과 어민들의 도움으로 리조트와 식당을 운영하고, 농민과 어민들은 관광업에 종사하는 사람들에게 물건을 팔면서 경제적 안정을 꾀할 수 있다. 오랜 시간에 걸쳐 주민들이 찾은 커뮤니티 순환의 방식이었다. 그렇기 때문에 화력 발전소 건설이나 산업화가 일으키는 환경 파괴나 바다 오염이 이 트라이앵글의 한 부분이라도 파괴한다면 지역 공동체에 아주 큰 영향을 끼치게 된다.

1시간 넘게 설명이 계속되는데도 고된 일을 끝내고 온 마을 주민들어느 누구도 관심을 잃지 않았다. 위툰이 나를 쳐다봤다. '아! 올 게 왔구나.' 본의 아니게 귀한 손님이 돼 융숭한 대접을 받은 우리는 자리에서 일어났다. 나는 보, 다른 연구원들은 우와 숙으로 소개됐다. 외국에 나가면 아무리 두 음절이라고 해도 기억하기 쉽지 않고, 또 대부분 김, 이, 박으로 성이 겹치기 때문에 우리는 잘 겹칠 일 없는 이름의 중간이나 끝의 하나를 따서 별명을 만들었다. 그런데 이것이 의도치 않게 한국에도 태국처럼 한 글자로 별명을 지어주는 전통이 있는 것으로 착각하게 만들었다.

쁘라추압키리칸 지역은 그린피스나 지구의 벗 등 많은 국제 환경단체들이 석탄 발전 반대 싸움을 하면서 꽤 유명해졌다. 두 환경단체를 중심으로 외국의 조명도 받고 공동으로 성명서도 내면서 일반 외국 기업들이 컨소시엄으로 진행하는 민간 발전 회사 사업에 영향을 미친 지역이다. 이미 이런 활동들을 통해 국내외 단체들이 이 지역을 많이 방문했으니 주민들에게 외국에서 온 손님이 우리가 처음이 아닌 것이다. 그런데도 우리는 아주 특별한 존재였다. 한국에서 온 처음 본 사람들, 아시아에서 빠르게 산업화된 나라, 태국 정부가 최근 들어 강조하는 핵 발전을 하고 있는 나라 그리고 일본 후쿠시마 핵 사고 재앙의 영향을 받고 있는 이웃 나라이기 때문이다.

우리는 먼저 한국의 에너지 상황과 핵 발전 이야기 그리고 핵이 왜 대안이 아닌지에 관해 설명하고, 주민들이 관심 있어 할 기후변화와 경작물의 북상, 바뀌는 어종에 관해 이야기를 나눴다. 역시나 아직 생기지 않은, 그리고 잘 모르는 핵 발전보다 주민들에게 익숙하고 편안한 어종 변화와 오징어 수확량이 관심사가 됐다. 사실 내게 주어진 시간은 그리 길지 않았다. 영어를 태국어로, 태국어를 다시 영어로, 그리고 가끔 한국어

1 마을 주민 모두 진지한 표정으로 닝의 이야기를 듣고 있다.
2 길어진 마을 회의에 아이들은 가장 먼저 지쳐 잠들어버렸다. 사진 맨 오른쪽에 있는 사람은 노이.
노이는 한국 정부 관계자가 핵 발전에 관한 공청회에서 핵 발전이 안전하다고 흑색선전을 한 것에 관해 얘기해줬다.
3 맨 왼쪽에 있는 사람이 점심을 먹은 국숫집의 할머니다. 할머니도 마을 회의에 참석해서 꼼꼼히 이야기를 들은 뒤
'핵 발전은 한국에서만 하라고 한국 정부에 전해주세요'라며 우리에게 숙제를 주셨다.

도 들어갔다. 내가 할 수 있는 모든 것을 다 했다는 느낌보다 미안하고 아쉬웠다. 더 많이 이야기하고 배우고 싶었지만 어느새 완전한 어둠이 찾아왔고, 우리는 아쉬움을 남기고 마무리하기로 했다.

"오늘은 예정에 없던 건데 급하게 잡혔네요. 그러나 잘했어요."

위툰이 마무리하면서 우리를 다독였다.

"아까 밥이 조금 남았어요. 한 그릇씩 더 드세요."

우리는 위툰의 눈웃음을 애써 외면하며 또 한 번 남자 일행을 쳐다볼 수밖에 없었다. 난감한 동료의 얼굴이 잿빛으로 변했다.

다음날 아침, 라차바디 리조트 앞 바다는 조용했다. 리조트가 즐비하게 들어서 있지만 호화찬란한 건물은 어디에도 없었다. 외국인들도 이따금 보였지만 방콕 시내처럼 술집에서 나오는 노랫소리가 온 거리를 가득 메우는 곳은 아니었다. 야자수에 묶여 있는 해먹에 누워 하늘을 보고 있으면, 여기가 거센 투쟁의 공간이었다는 것을 느낄 수 없었다. 그러다 문득 마을 사람들이 이런 어려운 싸움을 하지 않았다면, 그래서 이 바다에 석탄을 운송하는 배들이 가득하고 산 너머로는 석탄 화력 발전소에서 매연이 뿜어져 나오고, 철강 산업 단지에서는 온갖 오·폐수가 나온다면 어땠을까 하는 아찔한 생각이 들었다.

우리 일행과 위툰 그리고 닝은 하루 종일 주변 철강 단지와 화력 발전소 부지 등을 돌아보고 이야기를 나눴다. 주로 통역을 맡는 나는 닝이 있는 것만으로도 피로가 풀렸다. 위툰은 세상에서 가장 아름다운 미소를 가졌을 뿐만 아니라 세상에서 가장 많은 이야기 주머니를 가진 사람 중 한 명이기 때문이다. 외국에 나가면 현지인처럼 영어를 잘하지 않는 이상 대화 시간이 길어질수록 피곤이 쌓인다. 그러나 나하고 위툰은 남부 지방으로 내려오는 내내, 그리고 짧게 이동하는 순간에도 쉴 새 없이 이야기를 나눴다. 위툰에게도 이 시간이 참 고됐을 것이다. 그리고 이것을 다 녹음해서 한국에 가서 녹취를 풀어야 하는 나한테는 더욱 고된 일이다. 게

위툰이 지도를 보며 지역 발전소 부지와 주민들이
집회를 하며 막은 도로를 가리키고 있다.

다가 함께 간 연구원이 코 골며 자기라도 한다면 정말 지옥의 맛을 보여주고 싶어진다. 이런 고난의 시간에 닝은 위툰에게는 편안한 대화 상대였다. 오랜 발전소 반대 싸움뿐 아니라 이전부터 두 사람은 에너지와 환경 문제를 함께 논의하고 투쟁해온 동지였기 때문이다. 그리고 닝도 위툰만큼 커다란 이야기 보따리를 가지고 있었다. 두 사람이 한참 태국어로 이야기하는 덕분에 나는 짧은 사색의 시간에 잠길 수 있었다. 그 짧은 사색의 시간이 꿈으로 이어지려는 찰라, 닝이 큰 소리로 웃기 시작했다. 그리곤 위툰도 따라 웃기 시작했다. 영문을 모르는 나는 두 사람을 어리둥절하게 쳐다봤다. 위툰이 입을 열었다.

"철강 산업 단지 반대가 시작될 무렵 마을 주민들이 이 땅을 점령하고 시위를 했어요. 그런데 갑자기 총소리가 나는 거예요. 그래서 막 뛰었죠. 뒤도 안 돌아보고 뛰었어요. 갈 데 없던 우리는 결국 코코넛 나무 뒤에 숨었어요. 그런데 봐요, 코코넛 나무가 몇 개나 되는지."

주민들이 점거했다던 그 지역은 하필 그 흔한 코코넛 나무조차 띄엄띄엄 열 그루 정도만 있을 뿐이었다.

"어떻게 했어요?"

"뭘 어떻게 해요. 저녁이라 어두워서 보이지는 않는데 총소리는 들리지, 무조건 숨을 수 있는 곳으로 뛰었죠. 더듬어가며 나무 뒤로 갔는데 이미 사람이 있는 거예요. 그러고 있으면 또 사람이 오고. 그래서 결국 저렇게 얇은 코코넛 줄기에 네다섯 사람이 숨겠다고 달려들어서 난리였죠."

닝은 그때 일이 다시 생각나는지 박장대소를 했다. 그러나 나는 얼마나 간담이 서늘한 일인가 싶었다. 아무것도 보이지 않고 총소리가 나는 상황에서 숨을 곳이 내 몸뚱이 반쪽보다 얇은 코코넛 줄기라니!

"태국은 총기가 자유롭지 않은 곳으로 알고 있는데요."

차 안이 울리도록 웃고 있는 두 사람에게 상기된 표정으로 물었다. 이전에 들른 보녹 지역에서도 화력 발전소 싸움을 하던 지역의 리더인 차른 왓악손이 상대편에게 매수된 사람으로 추정되는 젊은이 두 명의 총에 맞아 사망했기 때문이다. 이 사건으로 사람들이 더욱 이 문제에 관심을 가지게 됐고, 집집마다 녹색 깃발을 달고, 녹색 티셔츠를 입고 길을 막는 시위가 다른 지역까지 퍼졌다고 들었기 때문이다.

"총기가 자유롭지는 않지만, 불법으로 들어오죠. 일반인은 총기를 구하는 게 어렵기 때문에 총을 쓰는 사람들이 기업이나 이 개발로 많은 이익을 얻게 될 사람들에게 매수됐을 것이라고 생각하는 거죠."

이 평화로운 지역에 설마 총알이 오가는 치열한 싸움이 있었을까 싶었는데 쁘라추압키리칸을 비롯해 많은 지역의 주민들에게는 석탄 화력 발전소나 산업 단지 개발 문제가 목숨을 걸고 싸워서 자신의 마을을 지켜야 하는 일이었던 것이다.

일정을 마치고 숙소로 돌아오자 허기가 느껴졌다.

"닝이 오늘은 직접 일찍부터 요리를 했어요. 요리 솜씨가 정말 좋으니까 기대해도 좋아요."

위툰의 말을 듣자마자 태국의 풍부하고 아름다운 음식을 경험한 우리의 위가 반응하기 시작했다. 1시간쯤 지났을까? 눈이 휘둥그레질 만큼

닝이 대접한 만찬. 태국 음식
은 보기만 해도 먹음직스럽다.

아름답게 꾸며진 음식의 향연이 시작됐다. 파인애플 볶음밥을 시작으로 한국에서도 유명한 해산물이 들어간 똠얌꿍과 파파야로 만든 새콤한 샐러드 쏨땀, 태국에서 가장 인기가 좋다는 생선 요리 그리고 디저트까지, 다섯 명을 위한 만찬은 열 명이 먹어도 될 만큼 충분했다.

"여기에 온 첫 한국 사람이니까 먹어보고 어떤지 솔직하게 말해줘요."

어제 오늘 본 지역 투사의 모습은 사라지고 닝은 어느새 리조트 안주인의 모습으로 돌아와 있었다.

맛있는 만찬을 즐긴 뒤 마을 회의가 열릴 장소로 움직였다. 오늘 회의 장소는 우리가 점심을 먹은 국숫집과 슈퍼 사이의 조그만 가건물 안이었다. 오늘도 마을 사람들이 많이 모여 있었다.

"이런 어쩌죠. 프레젠테이션을 할 수 있는 기계가 아무것도 없네요."

위툰이 미안해하며 나를 쳐다봤다. 위툰은 미소를 잃지 않았지만 나는 조금 아쉬웠다. 어제 회의가 아쉬웠던 터라 사진 1장을 다운로드하는 데 약 30분이 걸리는 험난한 인터넷 환경을 딛고 사진 13장으로 프레젠테이션을 준비했기 때문이다.

"괜찮아요. 대신 나중에 이 사진들을 꼭 이분들에게 보여주세요."

나는 애써 덤덤한 척 위툰에게 또 다른 숙제를 남겨줬다.

오늘 회의는 닝보다도 더 건강해 보이는 노이가 진행했다. 노이도 이 지역의 리더로, 이런 지역의 리더들은 발전소 등의 개발 정보를 주민들과 공유하기 위한 마을 회의 자리를 만들고, 이 결과를 가지고 리더들이

다시 모여 서로 공유하는 방식으로 함께하고 있었다.

우리는 어제처럼 부끄럽게 소개를 받고, 한국의 상황을 이야기해줬다. 어제보다 훨씬 더 적극적이고 질문도 많았다.

"예전에 WTO 홍콩 집회에 갔는데 한국 농민들이 정말 인상적이었어요. 그때 사람들이 대부분 경찰에 잡혔는데 한국 사람들이 가장 먼저 풀려났고, 태국 대사관이 가장 늦게 와서 제가 가장 늦게 나왔어요."

한 농민이 유머를 담아가며 자신의 경험을 이야기했다.

"저는 그게 한국 농민들이 놓인 처절한 상황 때문이라고 생각해요. 한국은 계속 산업화와 경쟁력 강화에만 관심을 쏟아왔어요. 농업과 식량 안보의 중요성을 망각한 것이죠. 현재 한국의 식량 자급률은 20퍼센트 정도밖에 되지 않아요."

위툰이 내 말을 통역하자 여기저기서 탄성이 나왔다. '먹을 것의 80퍼센트를 수입하는 나라'라는 측은함에 우리를 안타깝게 쳐다봤다.

"게다가 한국에는 기업이 개발 부지의 51퍼센트만 가지고 있으면 49퍼센트의 토지를 수용할 수 있는 강제 수용법이라는 악법도 있어요."

이 말에는 더 큰 탄성이 터져나왔다. 주민들은 정부와 기업의 개발에 맞선 투쟁뿐 아니라 오랜 기간 공동체가 공동으로 사용해온 부지 반환 투쟁도 함께 해왔다. 이 사람들에게 토지는 설사 그 땅이 오랜 기간 명확한 소유권 없이 남겨져 있다고 하더라도 공동체가 함께 공유하는 것이지 정부든 기업이든 함부로 개발할 수 없는 것이기 때문이다. 주민들은 처음에는 많이 개발된 한국이 훨씬 행복하다고 생각했지만, 이런 한국의 상황과 핵 발전 위험에 관한 이야기를 들으니 자신들이 훨씬 더 행복하다고 말했다.

"얼마 전에 핵 발전에 관한 공청회가 있어서 방콕에 갔어요. 거기에 한국 대사관 사람이 발표자로 나왔는데, 핵 발전에 관해 칭찬 일색이었어요. 태국이 에너지 수요가 늘어날 테니까 핵 발전이 무척 필요할 것이고,

한국은 일본보다 훨씬 진보된 기술을 가지고 있다고 하면서 절대 안전을 강조하더군요."

노이가 한국의 핵 발전에 관한 흑색선전에 불만을 토로했다.

"핵 발전에 절대 안전은 없어요. 그리고 핵은 발전만이 문제가 아니라 폐기물 관리 문제도 무척 큽니다."

내 대답이 끝나자 현지 주민들의 질문이 쏟아져 나왔다. 아마도 핵 발전소의 방사능에 관한 질문이었는지 위툰이 자리에서 일어나 엑스레이 찍는 시늉을 하면서 열성적으로 설명했다. 그리고 방사능이 얼마나 위험한지, 방사능의 유전 가능성과 체르노빌, 방사능에 노출된 동식물의 기형 등을 이야기했다. 이 마을 주민들과 태국 사람들에게는 지금까지 대규모 댐과 수력 발전, 석탄 화력 발전소 건설에 맞서 투쟁하는 게 전부였다. 그러나 태국 정부가 핵 발전 이야기를 솔솔 풍기기 시작하면서 핵 발전이 무엇인지, 방사능이 무엇인지 전혀 알지 못하던 사람들은 벌써부터 이런 준비를 하고 있었다.

길고 긴 회의는 3시간가량 계속됐지만 사람들은 하나하나 적어가며 우리의 말을 놓치지 않았다. 이제는 한국에서 찾아보기 힘든 열정적이고 적극적인 주민들의 마을 회의는 큰 감동이었다. 회의가 끝난 뒤 맨 앞줄에 있는 할머니가 말을 걸었다. 점심을 먹은 국숫집의 주인 할머니였다. 우리가 반갑게 알아보자 할머니는 어린애 같은 웃음과 함께 한마디를 건넸다. 그러자 위툰이 따라 웃기 시작했다.

"저분이 한국에 돌아가면 제발 한국에 있는 핵은 한국에서나 잘 쓰고 여기로는 가져오지 말라고 정부에 부탁하래요."

우리도 웃음이 나왔다. 누구보다 강인하지만 따뜻함을 간직한 이 공동체들과 함께한 소중한 경험을 내 생에 다시 할 날이 올 수 있을까.

태국의 주유소 메뉴판

산유국이 아닌 태국은 수송에 들어가는 화석 연료의 부담을 줄이기 위해 디젤을 2퍼센트 함유한 'BD2'를 의무화하고, 가솔린에 에탄올을 섞은 가소홀 판매를 적극 추진하는 바이오 에너지 정책을 펴고 있다. 그래서 태국 주유소는 마치 식당 메뉴처럼 여러 종류의 연료를 판매하고 있다. 왼쪽 사진 맨 위는 디젤에 바이오 디젤 5퍼센트를 함유한 것이지만, 내가 갔을 때는 바이오 디젤 부족으로 판매를 거의 하지 않고 있었다. 그 다음은 일반 디젤. 그러나 여기에도 2퍼센트의 바이오 디젤 의무 비율이 섞여 있다. 그 밑으로는 모두 바이오 에탄올로, 'E20'은 에탄올 20퍼센트 첨가, '91'과 '95'는 옥탄가에 따라 나뉘고, 이것을 기준으로 에탄올 10퍼센트를 혼합한 것이다. 'NGV'는 천연압축가스로, 태국에는 한국처럼 가스 충전소와 일반 디젤이나 휘발유를 넣는 주유소가 나뉘어 있지 않은 곳도 있다.

미래를 위해
사람을 빌려드립니다

황무지이던 가비오타스 지역을 콜롬비아 제1의 조림 지역으로 바꾼 사람들이 있다. 가비오타스 운동에 참여한 사람들은 '이곳이 현실이 되기를 바란다. 가능한 한 모든 것을 시도해보자'며, 아무것도 없는 '무'에서 다양한 아이디어를 바탕으로 열대우림과 지속 가능한 삶의 터전을 일궈냈다. 가비오타스 지역은 현재 세계에서 가장 주목받고 있는 곳 중 하나다. 특별할 것 하나 없는 사람들이 만들어낸 특별한 결과에 바치는 경외와 존경이다. 운동을 주도한 파올로 루가리는 이렇게 말했다. "인류가 맞이한 최대 위기는 '자원의 부족'이 아니라 '상상력의 부족'이다." 결국 에너지 문제도 기후 문제도 열쇠는 사람이다. 태국에 가서 제2의 가비오타스를 꿈꾸는 사람들을 만날 수 있었다.

태국 치앙마이의 작은 시골 마을에는 '빠똥 후웨이 모'라는 낙농협동조합이 있다. 기업화된 낙농업하고 다르게 전통 사육 방식에 현대 관리 기술을 적용해 태국에서도 성공적인 낙농업 사례로 인정받고 있는 곳이다. 품질 관리가 엄격해 태국의 축산개발부가 주는 '모범 생산 과정 상'을 받기도 했다. 세간의 관심이 높아지면서 '빠똥 후웨이 모' 협동조합의 우유 수요량이 증가했다. 얼마 되지 않아 근처 78개의 농장이 참여해 일일 11.5톤의 우유를 공동으로 생산하는 중견 협동조합으로 확대됐다. 농가 소득이 높아지고, 우유의 명성은 더욱 높아졌다. 그러나 호사다마라고 했던가. 규모가 커지면서 새로운 문제가 나타나기 시작했다. 축산 폐기물의 양이 크게 늘어나면서 골칫덩이가 된 것이다. 원래 소똥을 말려서 비료로 사용했는데 양이 늘어나면서 똥을 말릴 곳도 마땅치 않고 비료로 만들기에는 벅찰 정도로 폐기물이 많이 나오기 시작한 것이다. 공식 절차를 거쳐 처리하자니 너무 많은 비용이 들었다. 농민들은 어쩔 수 없이 소똥을 근처 숲에다 버리기 시작했고, 소똥의 강한 독성 때문에 숲은 점차 파괴되기 시작했다. 결국 지역 주민 대표와 사오힌 YMCA 활동가들이 소똥 처리를 위해 머리를 맞댔다. 처음에는 비료로 만들 수 있는 양을 늘리려고 고민했지만 처리할 수 있는 양에는 한계가 분명했다. 그렇다고 매립하거나 처리 업체에 맡길 수 있는 처지도 아니었다. 고심 끝에 '플러드 업 시스템flood up system'이라는 바이오가스 시스템이 고안됐다.

'플러드 업 시스템'은 축산 폐기물을 발효시켜 나오는 가스로 주민들의 취사 연료를 만드는 것이다. 탱크에 메탄가스가 차면 가스를 보관하는 빈 통이 떠오르는 것에 착안해 이름을 붙였다고 한다. 주민들은 비싼 돈을 들여 LPG를 사거나 땔감을 연료로 사용하는 전통 방식으로 취사를 해결하고 있었다. 설비만 갖춰진다면 농가의 에너지 비용을 줄이면서 땔감 사용에 따른 벌목과 오염 물질 배출을 막을 수 있을 것이다. 또 버려진 소똥에서 나오는 메탄가스를 막아 온실가스도 줄일 수 있으니 그야말로 1석 3조의 효과를 낼 수 있었다. 빠똥 후웨이 모에 설치돼 있는 플러드 업 시스템의 구성은 의외로 간단하다. 시멘트로 돼 있는 원형 탱크를 설치하고 그 위에 쇠로 된 원형 통을 덮어놓은 게 주 구성물이다. 원통 무게를 감안해 바깥쪽 약간 높은 위치에 폐기물 주입 시설을 따로 설치했고, 원형 통 위로 가스 배관이 연결돼 있다. 주입 시설에 소똥을 넣기만 하면 알아서 모든 게 해결되기 때문에 누구나 편하게 활용하고 관리할 수 있는 그야말로 '적정기술'이었다.

그러나 모든 게 그렇듯 시작은 쉽지 않았다. 재정과 기술 등 문제가 한두 가지가 아니었다. 특히 소똥을 그냥 버리던 주민들은 적지 않은 돈을 들여 소똥 처리 시설을 왜 만들어야 하는지 도무지 이해할 수가 없었다. 지금처럼 일부는 비료로 활용할 수 있고, 안 쓰는 땅이 많아 그냥 버리면 되는데 왜 굳이 따로 관리해야 하나 하는 생각 때문이었다. 원래 처음부터 사오힌 YMCA는 주민들이 활용하고 관리할 수 있게 기술의 난이도를 조정하는 것과 바이오가스 시스템을 통해 재생 가능 에너지를 보급해 생태계를 보전하겠다는 목표를 잡고 있었다. 지역 주민들의 도움이 꼭 필요했다. 지역 이장 등 몇몇이 관심을 보였지만 대체로 관심이 높지 않았다. 결국 이장이 사재를 털겠다는 제안을 내놓아 어렵게 첫 번째 설치를 할 수 있었다. 실험은 성공이었다. 이장의 집에서는 더는 비싼 LPG를 사지 않아도 1년 내내 안정적으로 화력이 좋은 에너지를 쓸 수 있었다. 78개 조합원 중 15개 농장에서 바이오가스를 생산 중이고, 신청 가구는 점점 늘어나고 있다.

사오힌 YMCA와 빠똥 후웨이 모 협동조합은 농장마다 가스 설비 설치가 어느 정도 마무리되면 바이오가스를 활용한 가스램프를 보급해 전기 수요량도 대체할 계획을 세우고 있다. 아예 발전소를 만드는 것도 생각해봤지만 기술적 한계와 재정 문제가 있고, 협동조합 규모가 크지 않기 때문에 발전소를 운영할 규모의 원료 보급도 어려워 아직은 추진하지 않고 있다. 일단 지역 안에서 이용할 수 있는 소규모 적정기술을 활용한다는 모토를 유지하면서 취사 에너지에서 조명 에너지로 확대하는 일에 주력할 계획이다. 그러나 작은 협동조합이고, 조합원들이 전형적인 시골 농가라 전기 에너지 사용량이 적다는 점, 기후 때문에 난방 에너지가 필요없다는 점을 감안하면 곧 에너지 자립이 가능할 것으로 보인다.

'빠똥 후웨이 모' 모델이 높게 평가받고 있는 이유는 노동력을 공유하는 품앗이 방식을 이용하고 있기 때문이다. 시멘트 설비를 만들어야 하

빠똥 후웨이 모의 바이오가스 설비.

빠똥 후웨이 모 조합원들하고 바이오가스 설비와 재생 가능 에너지에 관해 얘기 나누고 있다.

기 때문에 처음에는 아무리 간단히 작업해도 1기당 100만 원 이상의 설치비가 예상됐다. 소득이 낮은 주민들이 감당할 수 있는 액수가 아니었기 때문에 처음에는 에너지 생산 효과를 본 뒤에도 선뜻 나서는 집이 없었다. 그래서 주민들은 더는 줄일 수 없는 자재비 대신 인건비를 아끼기로 했다. 지역의 대학교가 기술 자문과 교육을 자청했다. 예상은 맞아떨어져 설치비를 50만 원대로 낮출 수 있었다.

우리는 아직까지 재생 가능 에너지 하면 사막에 늘어선 태양광 발전기나 바다에 우뚝 솟아 위용을 자랑하는 풍력 발전 단지를 떠올린다. 그러나 지구가 기후변화를 통해 우리에게 요구하는 건 더 크게, 더 높이가 아니라, 미래를 위해 서로 빌려줄 수 있다는 상상력이 아닐까. 치앙마이에 간다면 과거의 옛 영화를 볼 수 있는 도이 수텝도 좋지만 빠똥 후웨이 모에도 꼭 찾아가기를 권한다. 순박한 얼굴로 우유를 건네는 주민들을 보면 우리가 생각한 미래가 얼마나 다른지를 알 수 있을 것이다.

쫓겨난 빈민의 땅, 우동

1971년 여름, 경기도 광주군(지금의 성남시)에서는 정부와 서울시의 일방적인 도시 재개발 계획에 따라 광주 판자촌 단지로 이주하는 과정에서 철거 주민들의 무력 시위가 일어났다. 사건 발생 초기에는 3만 명의 시위대가 몰렸지만 나중에는 10만 명 이상이 참여하면서 결국 박정희 대통령이 서울시장과 경기도지사를 파견해 주민들에게 사과하고 요구 조건을 수용해 사건은 마무리됐다. 건설 일용 노동직, 비정규직, 하층 판매직, 단순 임시 노동자들이 대부분이던 주민들은 서울로 나가는 차편도 없는 황량한 벌판에서 식수와 화장실 등 기본적인 생존권도 무시당한 채 판자촌으로 쫓겨난 것이다. 광주대단지 사건은 무분별한 도시 재개발과 빈민들의 생활권을 보장하지 않는 정책이 어떤 결과를 낳는지 여실히 보여준 사건이었다. 그리고 지금 캄보디아에서 똑같은 역사가 반복되고 있었다.

미국 퀘이커 봉사위원회American Friends Service Committee, AFSC의 초청을 받아 2011년 캄보디아에 갔다. AFSC의 주요 관심사는 도시 재개발 문제와 빈민들의 권리였다. AFSC의 안내로 우동 지역을 방문했다. 수도인 프놈펜 시내를 벗어나 포장도로와 비포장도로를 번갈아 2시간 정도 가면 우동 지역에 다다른다. 우동은 프놈펜 시내에 살던 빈민들을 정부가 강제로 이주시킨 지역이다. 캄보디아에 가본 사람들은 이해하겠지만 프놈펜

한국의 공구 상가처럼 생긴 이곳이 우동 주민들의 주거지다. 문 한 칸마다 한 집이 사는 아파트형 구조다.

은 대략 태국 방콕과 라오스 위양짠의 중간 정도 느낌을 주는 곳이다. 한 창 재개발 중인 1970년대 서울이 연상된다. 도시 곳곳에서 높은 건물을 올리는 공사가 한창이고, 늘 도시는 분주하다. 그러나 정리정돈이 되지 않았고, 여전히 예전 생활 방식 그대로 사는 사람들도 많다. 그 과정에서 땅을 갖지 못한 빈민들이 정부의 요구로 쫓겨난 곳이 우동 지역이다.

처음에는 2시간 가까이 걸리는 거리에 놀랐다. 자동차로 이 정도 거 리면 대중교통으로는 여행이나 마찬가지이기 때문이다. 가는 중간중간 공장 지대와 소도시 지역이 나왔는데도 프놈펜에서 쫓겨난 사람들의 자 리는 그곳이 아니었다. 그렇게 달려 찾아간 우동 지역은 충격의 연속이었 다. 우리를 가장 처음 맞이한 것은 한국의 공구 상가가 연상되는 희멀건 콘크리트 건물이었다. 철제 입구로 꽉 막힌 건물 안에는 장롱과 침대 같 은 필수 가재도구들만 덩그러니 놓여 있었다. 아직 사람들이 다 입주하지 않은 듯 빈 곳이 훨씬 더 많았는데 앞으로 얼마나 많은 빈민들이 이곳으 로 강제 이주를 당할지 생각하니 끔찍했다.

그러나 문제는 콘크리트 건물이 아니었다. 그래도 건물 안에서는 비

건물 사이에 지어진 화장실. 그러나 하수 시설이 없어 주민들은 화장실 밖 도로에다 용변을 본다. 군데군데 보이는 검은 뭉치들이 주민들이 볼일을 보고 치우지 않은 배설물이다.

를 피할 수도 있고, 자신의 집이 생긴다는 생각에 주민들도 큰 저항이 없었다고 했다. 문제는 부대시설이었다.

건물 옆으로 돌아서니 참기 힘든 냄새가 났다. 건물과 건물 사이에는 각 건물에 붙어서 화장실이 있는데, 아직 하수 시설이 없어 변기 안에 오래 묵은 대소변이 휴지들과 뒤섞여 한가득 쌓여 있기 때문이다. 화장실 사이 길 여기저기에도 대소변이 널려 있었다. 동네 개들의 소행이려니 했는데 그게 모두 주민들이 배출한 것이라고 한다. 주민들 말이 지금은 아예 화장실을 이용하지 않는다고 한다. 대변이 쌓여 치울 수가 없기 때문에 멀리까지 나가 용변을 보고 오는 일이 허다하다는 것이다.

물이 나오지 않으면 그럼 식수는 어떻게 구할까? 물론 수도 시설도 없었다. 이틀이나 사흘에 한 번꼴로 식수차가 와서 집 앞에 놓인 항아리를 채워놓는 것으로 물 문제를 해결한다고 했다. 주민이 보여준 항아리를 보니 뿌옇게 석회석 가루가 쌓여 있었다. 이 물을 식수로 활용한다고? 몇몇 집은 그나마 깨끗해 보이는 물을 가지고 있었지만 다른 물이 아

주민들이 빗물이나 식수차로 받은 물을 담아놓은 항아리. 집에서 쓰는 모든 물은 여기서 나온다. 일부 주민의 경우 어렵게 위생 처리를 하지만 대부분 따로 위생 처리 없이 먼지가 가라앉으면 식수로 쓰기도 한다.

니라 먼지를 가라앉힌 물이었다. 일부 주민은 어렵게 위생 시설을 마련해 물을 걸러 먹고 있지만, 꽤 많은 집들은 그 물을 그대로 먹고, 빨래와 세수할 때도 쓰고 있었다. 수인성 질병이 많아질 수밖에 없는 구조였다.

내 관심사였던 전기는 어떻게 하느냐고 물었더니 가이드가 조금 당황한 듯한 표정으로 얘기한다.

"먹을 물도 제대로 구하지 못하는데 전기가 무슨 말입니까? 각 가정에 전기가 공급되고 있고, 전등 한두 개와 텔레비전을 켤 수 있을 정도는 됩니다. 그러나 이 사람들의 관심사는 전기가 아닙니다."

질문이 무색해지는 답변이었다. 동남아시아 여러 군데를 가봤지만 사람들에게 전기는 여전히 부차적인 문제인 게 사실이다. 물론 나도 전기가 먹을 물이나 음식보다 중요하다고는 생각하지 않는다. 그러나 에너지 역시 기본권이고, 전기가 있으면 지금보다 훨씬 더 나은 생활을 할 수 있는데 주민들이 그런 생각을 아예 할 수 없는 상황이라는 게 너무 화가 났다. 주거 조건의 열악함을 연신 강조하는 가이드를 뒤로 하고 몰래 근처

우동 지역의 전기 설비. 집마다 계량기가 있고 전기도 공급되고 있지만 계량기가 돌아가는 집은 거의 없었다.

를 돌면서 전기 설비를 확인했다. 군데군데 서 있는 전봇대에는 각 가정의 계량기가 달려 있지만 계량기가 돌아가는 집은 거의 없었다. 즐비한 전선만이 이곳에 전기가 들어온다는 것을 보여주고 있을 뿐이었다. 뒤따라온 가이드가 전선은 들어오지만 돈이 없어서 아직 전기를 사용하는 집이 많지 않다고 설명했다.

이곳은 신 이주 지역이라 그나마 상황이 나은 편이다. 여기는 프놈펜 시내에 집을 가지고 있었거나 정부의 특혜를 받은 사람들이 살고 있기 때문에 건물도 콘크리트이고 전기도 들어온다. 그렇다면 세입자였거나 정부 혜택을 거의 받지 못한 사람들은 어떻게 됐을까? 우리는 우동 지역 깊숙이 더 오래된 지역으로 들어갔다.

황토 때문에 숨 쉬기도 힘든 비포장도로를 따라 30분 정도 더 들어가니 극빈곤층이 이주한 지역이 나타났다. 여기는 콘크리트 건물도 없었다. 서울시가 쫓아낸 주민들이 만들어낸 성남 판자촌 모습이 그대로 드러났다. 언뜻 보기에는 전통 가옥처럼 생겼지만, 가까이 가보니 근처에서 주워 온 짚과 슬레이트 지붕, 쓰다 버린 천막, 낡은 벽돌로 집을 지은 것이었다. 건물을 보수할 물품이나 돈이 없어 길에서도 집이 훤히 보일 지경이었다. 심지어 주민들이 만들어놓은 공용 화장실도 제대로 된 건물이 아니라 골조만 나무로 세우고 집에서 버린 천막으로 가슴 높이까지 막아놓은 것이었다. 물론 재래식이었다.

다른 나라의 해외 원조 단체가 만들어놓은 학교는 지붕에 구멍이 숭숭 나 있어 비 오는 날에는 수업을 할 수 없다고 한다. 전기 시설도 없어 흐린 날에는 어쩔 수 없이 칠판도 없는 야외에서 수업을 해야 하는 상황이었다. 이곳도 마을 어귀를 따라 난 도로에 전봇대가 들어서 있는데도 전기를 사용하고 있지는 못했다. 변전 시설과 전깃줄을 지원받지 못했기 때문이다. 마을에서 유일하게 전기가 들어오는 곳은 주차장과 장터로 함께 쓰는 공터 지붕이 전부였다. 전봇대가 있는데도 전기를 사용할 수 없는 이 상황을 어떻게 헤아려야 할까? 가이드를 통해 주민들에게 전기가 필요하지 않느냐고 물었더니 이런 대답이 돌아온다.

"전기가 있으면 좋죠. 저녁에는 불이 없어 밖에 나다니는 것도 힘듭니다. 흐린 날이면 집에서 아무것도 할 수가 없어요. 유일하게 전기가 들어오는 이곳도 전등이 두 개밖에 없어서 너무 불편합니다."

쫓겨난 빈민의 땅 우동. 당초 주민들은 근처에 공장을 지어 일자리를 만들어주고, 기반 시설도 곧 마련하겠다는 약속을 믿고 이 척박한 곳으로 왔다. 그러나 들어선 공장은 몇 개 되지 않아 공장에서 일하는 사람들은 이곳에서 부유한(?) 계층에 속한다. 농사짓기에는 땅이 척박해 자급자족도 힘들다. 이따금 나타나는 비옥한 땅은 이미 주인이 있어 주민들의 관심사조차 아니다. 그렇게 여기 주민들은 인간답게 살 수 있는 최소한

세입자들이 강제 이주된 우동 지역. 정부가 아무런 보상을 해주지 않아 그나마 건물도 주민들이 스스로 지은 것이다. 수도 시설은 물론이고 공공시설은 아무것도 없다.

의 대우도 보장받지 못한 채 여러 개발 사업의 피해자가 돼 황량한 벌판을 배회하고 있다. 낮에 갔는데도 젊은 사람들이 다 허물어져 가는 집 앞에서 하릴없이 앉아 있는 모습이 제3세계 개발 붐의 그늘을 보여주고 있었다. 우동을 떠나 어둑해진 길을 따라 프놈펜으로 돌아오는 길, 차를 타고 떠난 지 얼마 되지도 않았는데 벌써 마을의 불빛은 하나도 보이지 않는다. 이따금 보이는 공장 불빛 말고는 도로에 가로등도 집 불빛도 없다. 돌아오는 2시간 내내 과연 인간의 조건이 무엇인지 곱씹었다. 이 사람들의 빈곤은 누구 때문일까?

소수 민족의
눈물로 댐을 만들다

동남아의 우기는 잔인하다. 이렇게 한꺼번에 많은 비가 오는 게 가능할까 하는 의심이 들 정도로 비가 한번 오기 시작하면 가차 없이 모든 것을 때린다. 사정없이 내리는 비를 맞으면서 야외 활동을 하는 것은 불가능하기 때문에 비 오는 날이면 그냥 실내에서 조용히 비가 그치기를 기다릴 뿐이다. 억세게도 운이 없었는지 이런 날 나는 라오스의 수도 위양짠에서 캄보디아 동북부의 라타나키리까지 가야 했다. 수력 발전 댐 예정지의 원주민들을 만나야 하기 때문이다. 약속 날짜에 맞추려면 이틀 동안 달려가야 했다. 800킬로미터가 넘는 거리이기 때문에 각오는 했다. 대중교통 체계가 열악한 동남아시아에서 이런 외딴 지역으로 가려면 다양한 교통수단을 활용해야 한다. 버스 시간도 정해져 있지 않아서 자칫 잘못하다가는 한 지역에서 반나절 정도 하염없이 기다려야 한다. 예상대로 나는 내부를 침대로 개조한 2층짜리 국제 버스부터, 연식이 30년은 된 듯한 냄새나고 낡은 중고 버스, 택시라고 부르기 민망한 2인용 오토바이 택시, 지저분하고 소음이 많이 나는 승합차까지 모두 대여섯 번을 갈아탔다. 도착까지 걸린 시간은 26시간. 오후 5시에 출발해서 그 다음날 저녁 7시에 도착했다. 몸은 고생스럽지만 머리는 냉철해야 했다. 가는 길에 계속해서 비가 내리다 그치다 반복했다. 비를 보고 있자니 꼭 이곳에 사는 모든 생명들이 나를 향해 울부짖는 것처럼 느껴졌다.

라타나키리로 들어선 뒤 반룽으로 이동했다. 라타나키리는 주, 반룽은 시에 해당한다. 반룽에 도착한 뒤 게스트하우스에서 짐을 풀고 먼저 도착해 있는 한국, 중국, 베트남 기자들과 합류했다. 기자들은 게스트하우스에 딸려 있는 조그만 식당에서 밥을 먹고 있었다. 기자들과 나는 이곳에서 활동하고 있는 '3SPN 3S Rivers Protection Network'이라는 국제 환경단체의 초청을 받았다. 캄보디아 지역의 댐 문제를 널리 알려 날라는 게 3SPN의 요청이었다. '3S'라는 이름은 동남아의 젖줄인 메콩 강으로 흘러 들어가는 상류 강인 세산 Sesan 강, 스레폭 Srepok 강, 세콩 Sekong 강의 앞자리 'S'를 딴 세 강을 의미한다. 3SPN은 2001년에 만들어진 환경단체로, 라타나키리 지역의 강의 생태를 보존하고 지역 주민의 권리를 대변하기 위해 설립됐다. 처음에는 베트남 정부의 댐 공사가 세산 강 주변의 캄보디아 원주민에게 피해를 주는 것을 국제 사회에 알리고 피해 예방을 위해 설립됐지만, 최근 댐 공사 계획이 라오스와 베트남 지역에서 갑자기 많아지자 강 세 곳으로 활동이 확장됐다. 3SPN은 댐 건설에 관한 사회적·경제적 측면을 분석하고, 원주민의 권리를 보호하며, 정보 개방과 대화를 통해서 지속 가능한 개발을 위한 최선의 대안을 만드는 것을 목표로 하고 있다. 밥을 먹고 3SPN에서 활동하는 민 미치, 폴, 샘 마오 등하고 인사를 나눴다. 이렇게 캄보디아 메콩 강 유역에서의 여정이 시작됐다.

강에서 태어나 강에서 죽다

메콩 강은 황토빛이다. 한국 사람들은 누렇고 불투명한 강을 깨끗하지 않다고 생각하지만, 메콩 강은 누렇기 때문에 오히려 아름답고 신비롭다. 메콩 강에서 배를 타고 붉게 타는 석양을 한 번이라도 바라본 적 있는 사람들은 알 것이다. 메콩 강이 가지고 있는 태초의 생명력의 기운

캄보디아 원주민들이 메콩 강에서 평화롭게 물고기를 잡고 있다.

을 말이다. 세계자연보호기금World Wide Fund for Nature, WWF이 2008년에 발표한 보고서 〈메콩 강에서의 첫 만남〉에 따르면, 메콩 강 유역에서 1997년부터 2007년 사이에 1100만 년 전 멸종한 것으로 알려진 라오스 바위쥐를 비롯해 동식물 1068종이 새로 발견됐다고 한다. 새로 발견된 종에는 세계에서 가장 큰 민물고기인 메콩 자이언트 메기, 청산가리를 만들어내는 진분홍 용노래기, 다리 길이가 30센티미터에 이르는 세계에서 가장 큰 거미로 알려진 사냥꾼 거미, 새를 먹고 살고 엄니가 있는 별종 개구리도 포함돼 있었다. 지구상에서 새로운 포유류가 발견되는 것은 이제는 아주 드문 일이지만, 메콩 강에서는 쥐를 닮은 사향뒤지, 튜브 같은 코를 가진 박쥐가 발견됐다는 보고가 종종 나온다. 메콩 강이야말로 생물다양성의 보고이자 원시 생명력이 유지되고 있는 곳이다. 메콩 강 유역은 단일 면적상 생물다양성을 기준으로 하면 아마존 강 유역보다 더욱더 우수하다는 평가를 받고 있다. 강에 사는 생명들은 그렇게 강물을 따라 또는 강빛을 따라 수백만 년을 살아왔다. 그 많은 생명들 중에는 강을 토대로 살아가는 사람들도 당연히 포함돼 있다.

특히 라타나키리 지역은 메콩 강에게는 아주 소중한 곳이다. 라타나키리를 휘감아 도는 세산 강, 스레폭 강, 세콩 강에서 메콩 강 본류로 흘러 들어가는 수량이 메콩 강 연간 유입량의 무려 19퍼센트에 이르기 때문이다. 특히 세 강이 만나는 스텅 트랭(캄보디아 동북부에 있는 주) 지역은 다양한 유기 영양분과 퇴적물이 혼합되는 곳으로, 생태적 가치가 아주 높아 어종이 풍부하다. 어업은 원주민의 가장 중요한 삶의 수단이다. 또한 원주민들은 풍부한 수량을 이용해 강 주위에서 농사를 짓는다. 세 강에 의존해 살고 있는 원주민은 350만 명에 이르며, 조그만 마을 공동체는 수만 개가 넘는다. 이 사람들은 대부분 강에 의존해서 어업이나 농업을 하고 있기 때문에 강 없는 삶은 생각하지도 못한다. 강에서 태어나 강에서 죽는 사람들이기 때문이다.

스텅 트랭 일대에 사는 어종 중에서 가장 특이한 것은 이라와디 돌고래다. 메콩 강에서 서식하는 민물 돌고래인 이라와디 돌고래는 세계적으로 무척 희귀한 종으로, 세계자연보호기금에 따르면 현재 전세계에 약 6000마리밖에 없다. 익살스럽게 웃는 얼굴을 하고 있는 이라와디 돌고래는 오래전부터 원주민들 사이에서 신비한 동물로 추앙받아왔다. 메콩 강을 유유히 유영하는 이라와디 돌고래의 웃는 모습을 보고 있으면 누구라도 신비한 기운에 사로잡힐 것이다. 원래 이라와디 돌고래는 1970년대까지만 해도 캄보디아 최대의 호수인 톤레삽 호수에서도 쉽게 발견될 정도로 많이 서식했다. 그러나 지금은 발견되지 않고 있으며, 캄보디아에서는 유일하게 스텅 트랭 지역과 크라티 시 일부 지역에서만 발견되고 있다. 몸길이는 약 180~275센티미터 정도이며, 몸무게는 180킬로그램으로, 무리지어 생활하며, 수명은 40년이다. 캄보디아 스텅 트랭 지역에는 약 60~70마리가 살고 있는 것으로 알려지고 있다. 이라와디 돌고래는 현재 어업망 때문에 일어나는 사고사, 서식지 감소, 개발에 따른 수질 악화가 원인이 돼 개체수가 빠르게 감소하고 있다. 2000년 국제자연보호연맹 International Union for Conservation of Nature, IUCN은 이라와디 돌고래를 '심각한 멸종 위기' 상태라고 판단해 레드 리스트에 등록했다. 그러나 이라와디 돌고래에게 가장 심각한 위협은 따로 있다. 바로 댐이다.

수력 발전, 정말 유일한 선택일까

전력난이 심각한 캄보디아 정부는 자국의 풍부한 수자원을 이용해 에너지 문제를 해결하려고 하고 있다. 실제로 캄보디아의 전력난은 무척 심각한데, 캄보디아 전체 가구 중 전기 혜택을 받는 가구는 20퍼센트도 되지 않는다. 수도 프놈펜의 일부 지역과 최대 관광지인 앙코르와트가 있는 씨엠립 지역을 제외한 국토 대부분이 어둡다. 중앙 전력망의 전력 공급도 불안정해 정전도 자주 된다. 캄보디아 정부는 이런 상황에서 2020년까지 댐 13개를 추가로 건설하면 현재 승인이 완료된 댐 7개와 더불어 모두 5000메가와트의 전력을 확보할 수 있으며, 그중 2000메가와트는 베트남과 태국으로 수출하는 것까지 고려하고 있다. 그러나 신비로운 생명의 강 메콩은 이런 무차별적인 댐 개발 정책 때문에 시름시름 앓고 있는 중이다. 정부가 계획 중인 댐은 대부분 서부와 동북부 지역에 집중돼 있는데, 라타나키리 지역을 흐르는 세산 강과 스레폭 강에 계획돼 있는 댐만 해도 모두 9개다. 댐 건설에 큰 기대를 걸고 있는 곳은 캄보디아뿐만이 아니다. 동남아 전역에 걸쳐 개발 붐이 일고 있다. 베트남 영토를 흐르는 세산 강과 스레폭 강에 현재 건설됐거나 예정된 댐은 모두 14개다. 라오스 영토를 흐르는 세콩 강과 메콩 강 본류에 건설됐거나 예정 중인 댐은 15개다. 이 지역의 모든 강이 수술 중인 것이다. 이라와디 돌고래가 발견되는 스팅 트랭 지역에는 980메가와트 용량의 댐이 지어지고 있고, 크라티 지역에도 2600메가와트 용량의 삼보르 댐 건설이 추진되고 있다.

이런 상황에서 캄보디아 정부는 이 대형 수술의 메스를 외국 기업에 넘기고 있다. 그중에는 한국 기업도 있다. 캄보디아에서 전선 사업을 주로 하고 있는 한국 기업 'KTC Cable'은 본격적으로 댐 공사에 뛰어들어, 현재 캄보디아 세산 강을 따라서 3개의 댐 건설을 진두지휘하고 있다. 그러나 안타깝게도 이 한국 기업이 담당하고 있는 댐 예정지는 비라키 국립 공원 안에 있다. 더욱 안타까운 사실은 이 지역이 캄보디아에서 오직 두 곳밖에 없는 아세안 문화유산ASEAN Heritage Parks 중 하나로 동남아시아에서 가장 먼저 보호돼야 할 보호구역이라는 점이다. 댐은 현재 타당성 조사 중이다. 자연공원 구역은 어느 무엇보다도 보호와 보존의 가치가 우선돼야 하는 것을 목적으로 지정된 곳이다. 이 지역에 한국 기업이 개발을 시작하면 국제적인 비난을 피할 수는 없을 것이다. 베트남 전력Electrictity of Vientnams, EVN과 중국 최대의 댐 건설 회사인 광시 구이관 전력Guangxi Guiguan Power 역시 캄보디아에서 대형 댐 건설 수주를 맡았다. 자금과 기술이 없는 캄보디아 정부는 외국 기업의 투자를 받아 자금을 확보하고, 건설과 관리 운영을 맡긴 뒤 20년에서 30년 정도 뒤에 자국으로 돌려받는 방식을 택하고 있다.

문제는 댐 건설을 위해서 감수해야 하는 피해를 고스란히 원주민들이 받는다는 것이다. 원주민들의 희생을 바탕으로 생산된 전기가 다시 원주민들에게 돌아간다는 보장 또한 전혀 없다. 베트남 전력이 51퍼센트의 지분을 투자한 라우 세산 2 댐이 건설되면 댐 상류에 저수지가 만들어지면서 상류 지역의 마을 86곳에 사는 원주민 3만 8000여 명이 강제로 이전해야 한다. 생산된 전력은 모두 베트남으로 보낼 예정이다. 프놈펜 같은 도시 지역으로 전기를 끌어올 인프라가 갖춰져 있지 않기 때문이다. 당연하게도 원주민들 몫 또한 없다. 중국 남부 발전 회사China Southern Power Grid

Company가 개발 중인 삼보르 댐이 지어지면 약 620제곱킬로미터의 저수지가 만들어지면서 마찬가지로 원주민 1만 9000여 명이 강제로 이전해야 한다. 이렇게 만들어진 전력의 70퍼센트가 역시 베트남으로 갈 예정이다.

수력 발전에만 의존하는 캄보디아의 에너지 정책은 무척 위험하다. 수자원은 무한한 에너지원이 아니기 때문이다. 특히 건설 과정에서 주민 피해 대책의 부재, 환경 훼손과 관광 자원 소실, 관리 소홀로 발생하는 범람 피해, 기술 낙후 때문에 발생하는 저수지 유역의 부영양화, 메탄 발생에 따른 환경 피해 등 저개발 국가 안에서 대형 수력 발전소 건설은 무척 신중을 기해야 한다. 특히 어업에 의존해 살고 있는 주민들에게 댐 건설은 아주 치명적이다. 어류의 이동 통로와 산란 장소가 사라지기 때문에 어획량이 빠르게 감소하면서 큰 피해가 예상되고 있다. 실제로 몇몇 댐이 건설된 지역은 어획량이 눈에 띄게 줄어들고 있다.

그렇다면 이쯤 되면 나오는 질문이 있다. "캄보디아 같은 국가들은 전기를 쓰지 말라는 말인가?" 아니다. 그렇지 않다. 캄보디아의 경우 인구 밀집도가 높고 수자원이 풍부하다는 점을 활용해 소규모 단위의 소수력 발전 방식을 늘리거나 잠재력이 풍부한 태양광이나 지열 등 재생 에너지를 통해 에너지 자원의 다양화를 추진해야 한다. 라오스에서 시도하는 것처럼 자파르타 같은 식물성 연료를 가지고 지역 단위로 필요한 양만큼 전기를 만들 수도 있다. 화력 발전과 수력 발전을 뛰어넘는 새로운 실험들이 저개발 국가에서 가능한 것이다. 기존 전력 인프라 망이 없는 국가일수록 독립형 재생 에너지 발전 방식의 새로운 모델을 만들어내기에 유리하다. 그러나 현재 캄보디아의 에너지 정책의 문제는 오로지 수력 발전 방식의 댐 건설에 온전히 의존하고 있다는 점에 있다. 그 방식 또한 매우 폭력적이다. 침수 지역 보상이나 주민 피해 대책이 전혀 없다. 환경 영향 평가나 사전 환경성 조사도 제대로 진행되지 않거나 진행된다고 하더라도 공사 시공 업체인 해외 건설 기업과 비밀리에 추진되며 중요한 환경

1 캄보디아 댐 반대 원주민 시위 행진. 2 댐 홍수로 물에 잠긴 파도르 마을. 3 수력 발전 예정지의 아이들.

피해 예측들은 누락되고 있다.

캄보디아는 이미 댐 건설로 주민들이 피해를 본 안 좋은 선례가 있다. 2006년 캄보디아 최초의 대형 댐인 캄차이 댐이 승인될 때 주민들은 어떤 이전 대책이나 피해 보상을 받지 못했다. 특히 댐이 들어설 캄보디아 서남부에 있는 보코르 국립공원은 생물다양성이 우수하며 환경 보존의 가치가 높은 지역이었다. 또한 댐이 완공되면 약 2000헥타르에 해당하는 하류 지역 원주민들이 강제로 이전해야 하는 상황이었다. 그러나 정부는 피해 대책에 관련된 어떤 약속도 하지 않았고, 원주민들은 아무런 보상도 받지 못하고 조상 대대로 살아온 터전을 버리고 떠날 수밖에 없었다. 말 그대로 '강제로 쫓겨난 것'이다. 캄보디아 정부는 원주민들의 권리나 환경 훼손에는 전혀 관심이 없다. 이런 상황에서 다른 지역으로 강제로 쫓겨난 원주민들은 생활 환경이 갑자기 바뀌면서 삶의 질이 크게 낙후되고 있다.

국경을 넘나드는 강, 국경에 갇힌 삶

또 다른 문제는 메콩 강을 중심으로 한 강들이 가지고 있는 국제적인 특성에 있다. 동남아 지역의 강들은 대부분 국경을 넘나들면서 흐른다. 세산 강과 스레폭 강은 베트남의 중부 고지대에서 발원해 캄보디아 라타나키리 지역으로, 동에서 서로 흐른다. 세콩 강은 베트남의 북서부에서 발원해 라오스 남부를 거쳐 북에서 남으로 흐른다. 세 강은 모두 캄보디아 스텅 트렝에서 만나서 메콩 강으로 흘러 들어간다. 이렇게 국경을 넘나들며 넘실대는 강 때문에 댐이 건설되면 모두 함께 피해를 받는 상황이다. 특히 메콩 강은 중국의 란창 강과 라오스, 태국, 캄보디아, 베트남을 거쳐 바다로 흘러가기 때문에 메콩 강 본류에 댐을 짓는 것은 이 나라들에게는 아주 민감한 사안이다. 최근 라오스가 '아시아의 배터리'를 선포하며 댐 건설 계획을 발표했지만 추진이 잘 되지 않는 것도 이런 국제적인 민감성 때문이다. 강의 상류 국가에서 우기 때 댐을 방류하면 하류 국가의 원주민들이 홍수와 범람의 피해를 당한다. 마찬가지로 상류 국가에서 건기 때 댐 수문을 닫으면 하류 국가 원주민들은 가뭄 피해를 당한다. 그러나 캄보디아는 이런 상황에서 언제나 피해자다. 나라가 피해자이니, 그 나라 국민은 어쩌겠는가. 또한 그 국민이 자기 나라에서도 대접받지 못하는 소수 민족이라면 더 심각하다.

소수 민족을 위한 나라는 없다

3일째 되는 날, 3SPN 간부들과 우리는 라타나키리 지역의 댐 건설 최대 피해자인 소수 민족들을 만나기 위해 사륜구동 지프차 두 대에 나눠 탄 뒤 4시간가량 비포장도로를 달렸다. 거의 몸을 구겨 넣었다는 표현이 맞을 정도로 꽉 채워서 갔기 때문에 조금만 흔들려도 '억' 소리가 절로 나왔다. 다행히 나는 앞좌석에 앉았지만 짐칸에 탄 베트남 신문사 기자와 네덜란드 출신의 캄보디아 신문사 기자는 조금 과장을 보태면 몸을 'ㄹ'자로 꺾어서 가야 했다. 안내를 맡은 3SPN의 활동가 폴이 가는 길에 이런저런 설명을 보탠다. 폴은 오스트레일리아 출신으로 대학에서 환경정책학 학위를 수료한 뒤 캄보디아에서 무급으로 3년째 환경 운동가로 자원 활동을 하고 있다. 활동 2년차에는 마음씨 좋은 캄보디아 여성하고 결혼도 했다. 원주민 통역은 3SPN의 지역 출신 활동가인 샘 마오가 맡았다. 샘 마오는 원주민과 소통하려고 지역 원주민의 언어를 배웠고, 영어에 능통한 활동가였다.

캄보디아에는 12개 이상의 소수 민족이 살고 있다. 소수 민족은 모두 언어도 다르고 생김새도 다르며 공동체 안에서 독특한 문화적 특성을 공유하고 있다. 캄보디아는 95퍼센트의 크메르족과 5퍼센트의 소수 민족으로 구성돼 있다. 그러나 이곳 라타나키리는 인구 10만 명에 크메르족은 20퍼센트뿐이며, 80퍼센트가 소수 민족이다. 라타나키리 부근에는 9개의 소수 민족이 살고 있는데, 라오족, 자라이족, 카촉족, 탐푼족, 브라오족, 크뤄잉족, 카벳족, 라 데웅족, 프농족이다. 댐 건설 과정에서 가장 큰 문제는 이런 소수 민족을 전혀 고려하지 않는다는 사실이다. 공사를 진행하는 기업이나 정부는 소수 민족의 언어를 이해하려고 하지도 않고, 댐 계획을 설명하려고 하지도 않는다. 캄보디아 국경 지대에서 살고 있는 소수 민족은 정부의 보호도 받지 못하고 국제적으로도 보호받지 못하고 있다. 소수 민족의 권익과 보호를 위해 옥스팜과 3SPN 같은 몇몇 국제단체들이 활동하고 있지만, 정작 이 사람들을 위한 나라는 없어 보인다.

차 안에서 나는 우리가 가는 위치를 다시 한 번 확인했다. 우리가 가려는 곳은 캄보디아와 베트남의 국경 근처에 있는 파도르라는 마을로, 제라이족 원주민 103가구가 살고 있다. 파도르 마을은 아이와 여성을 빼면 대부분 어부들이다. 세산 강 바로 옆 자락에 터를 잡아서 조상 대대로 살아온 소수 민족이다. 이 사람들에게는 어느 날 갑자기 찾아온 '댐'이라는 존재가 큰 재앙이다.

최초의 재앙은 얄리 댐에서 시작됐다. 얄리 댐은 베트남에서 두 번째로 큰 720메가와트 규모의 대형 댐으로, 캄보디아와 베트남 국경에서 베트남 쪽으로 약 70킬로미터 떨어져 있다. 1996년 댐을 건설하다가 댐 일부가 무너지면서 엄청난 물이 댐 하류 지역을 덮쳤다. 이 사고로 주민 32명이 물에 휩쓸려 사망했다. 그때 사고로 마을 지표면에서 2미터 높이까지 물이 차올라 강 주변 마을을 전부 휩쓸어 갔다고 한다. 사고 뒤 주민들은 집을 받치는 기둥을 2미터 이상 높였다. 그때 사고의 영향인지 곳곳에는 아직도 기울어진 집들이 보였다. 그 사고가 일어난 뒤에도 시시때때로 댐이 범람해 마을이 침수됐고, 건기에는 댐에 물을 저장하느라 강이 말라버렸다.

중요한 것은 지금도 댐이 언제 방류를 하는지, 왜 하는지 원주민들에게 알려주지 않는다는 사실이다. 엔지오 활동가들이 가끔씩 와서 댐 방류 사실을 알려주기 전에는 주민들은 방류 사실을 알 길이 없다. 공사가 착수되기 전에 진행돼야 하는 환경 영향 평가나 주민 공청회 같은 합의도 없었다. 베트남 쪽에서 일방적으로 댐을 방류하면 주민들은 영문도 모르고 피해를 당해야 했다. 2009년에는 설상가상 대홍수가 발생해 마을에서 기르던 가축들이 모두 떠내려갔다. 우기 때는 도저히 마을에서 살 수가 없기 때문에 주민들은 새로운 삶의 방식을 터득해야 했다. 우기 때 마을 전체를 비우고 마을에서 약 12킬로미터 떨어진 산악 지대로 대이동을 시작하는 것이다. 그것이 2005년의 일이다. 농남아의 우기는 1년 중 거의 절반가량 지속되기 때문에 사실상 1년의 반을 왔다 갔다 하는 삶을 살고 있는 것이다. 이런 아픈 역사가 있는 이곳에 또다시 캄보디아 정부는 90메가와트의 세산 5 댐 건설을 강행하고 있다. 사람들은 끊임없이 울부짖는다. 무엇을 원하는지 물었다. 들려오는 대답은 한결같다.

영어를 잘 못하지만 또렷한 억양으로 외치는 한마디. "스탑 더 댐 STOP the DAM!" 이 사람들과 직간접적으로 같은 처지에 놓여 있는 원주민 350만 명의 울림이 느껴졌다. 그 댐들은 과연 누구를 위한 것인가.

소수 민족인 세 두인 인터뷰

➡ 자기 소개와 마을 소개를 해주세요.

제 이름은 세 두인(59세)입니다. 마을에서
태어나서 자랐고, 직업은 어부입니다. 이
마을은 제라이족이 사는 곳으로, 임시 마
을입니다. 마을이라고 할 수도 없어요. 댐 때문에 1년 중 반은 다른 곳으
로 옮겨 다니고 있습니다. 현재 103가구가 살고 있습니다.

➡ 얄리 댐 건설로 어떤 피해를 당했나요?

1996년부터 계속되고 있어요. 해마다 쉴 새 없이 범람합니다. 언제 범람
할지도 모릅니다. 2009년에 큰 범람이 있었어요. 기르던 닭, 버펄로, 돼지
들을 다 잃어버렸어요. 다 떠내려갔죠. 예전에는 사람들이 모두 자기 농
장을 가지고 있었는데 지금은 마을에 오직 두 집만 농장을 가지고 있어
요. 가축들을 다시 사야 하는데 그럴 여력이 없어요. 농사도 다른 곳에서
지어야 합니다. 강에서 멀기 때문에 먹는 물을 옮기기가 어려워요. 우기
에는 여기서 12킬로미터 떨어진 산악 지대로 이동합니다. 원래는 아무것
도 없던 곳을 우리가 일궜어요. 지금도 범람이 너무 무섭습니다. 그래도
마을을 떠날 수 없어요. 고향이거든요.

➡ 얄리 댐이 건설된 이전과 이후의 어획량은 어떤가요?

예전에는 하루에 물고기가 12킬로그램 정도 잡혔는데, 지금은 3킬로그
램 정도밖에 잡히지 않아요.

➡ 얄리 댐이 건설될 때 어떤 통보나 보상이 없었나요?

없었어요. 우리는 마을 주변에 대형 장비들이 왔다 갔다 해서 댐 공사를
알았어요. 어떤 보상이나 대책도 없었습니다. 큰 범람이 1999년과 2009
년에 있었어요. 물론 크고 작은 범람은 해마다 있어요. 살 수가 없습니
다. 범람으로 마을이 다 잠겨도 정부에서는 보러 오지도 않았어요. 정말

처참했습니다. 그때를 잊을 수 없어요.

➡ 캄보디아 정부에서 계획 중인 세산 5 댐은 마을에서 10킬로미터밖에 떨어져 있지 않습니다. 이 댐이 건설되면 보상을 해주지 않을까요?

기대하지 않아요. 보상은커녕 통보도 없었습니다.

➡ 가장 원하는 게 무엇인가요?

댐 건설 중지입니다. 보상은 바라지 않아요. 돈을 준다고 해도 거부할 겁니다. 그것이 마을 사람들의 의견입니다. 우리는 예전처럼 살고 싶어요. 예진에는 강이 범람하지 않았습니다. 그냥 모는 게 좋았어요. 평화로웠습니다. 우리는 우리대로 살기를 원합니다.

3SPN 활동가 폴 인터뷰

➡ 캄보디아 댐 건설에서 가장 문제가 되는 게 무엇인가요?

심각한 환경 훼손과 원주민 피해입니다. 어업과 농업에 의존하고 있는 사람들에게 강은 꼭 필요합니다. 이 사람들을 위한 대책이 전혀 없어요.

➡ 라우 세산 2 댐에서는 일부 보상 얘기가 나오는 걸로 알고 있습니다.

가장 진행이 빠른 라우 세산 2 댐의 경우만 오직 일부 보상 얘기가 있습니다. 그러나 내용이나 형식에 관해서 문서로 약속된 것은 없습니다. 이 댐이 건설되면 지금은 원주민에게 돌아가는 혜택이 전혀 없고, 피해만 있을 뿐입니다. 우리는 원주민들이 안전하고 정당하게 살아갈 권리를 지지합니다. 원주민들의 안전하고 건강한 삶을 위해서 보상과 이전 대책이 철저히 세워져야 합니다. 사실 댐을 짓지 않는다면 보상할 필요도 없습니다. 보상이 필요한 원주민들이 너무 많습니다. 결코 그 사람들 모두 보상해줄 수는 없을 겁니다.

➡ 활동하면서 가장 어려운 점이 무엇인가요?

시민사회 통제가 너무 심합니다. 캄보디아 정부는 아무것도 공개하려고 하지 않습니다. 지금 돌아가는 상황은 거의 밀실 협상에 가깝습니다. 한국 기업인 KTC Cable이 추진 중인 라우 세산 3 댐 건설도 예비 타당성 조사 단계에 있어서 우리가 조사 내용에 관한 협력을 위해 공개 문서를 보냈지만 아직 답을 받지 못하고 있어요. 다른 곳도 거의 비슷합니다. 문제는 사업자가 외국 기업이기 때문에 해당 주민들하고 소통이 힘들다는 겁니다. 외국 기업들은 오직 중앙 정부나 지역 정부하고만 협력합니다.

➡ 한국 기업이 진행하고 있는 라우 세산 3 댐이나 프랙 리앙 1, 2 댐은 어떻습니까?

라우 세산 3 댐은 말씀드렸듯이 우리가 공개 문서를 보냈습니다. 그러나 아직은 처음 단계이기 때문에 불확실합니다. 프랙 리앙 1, 2 댐 지역은 국립공원입니다. 보존돼야 할 곳입니다. 댐 건설에 관해서 어떻게 조사하고 있는지, 또 기업이 환경 보호 방안에 어떤 의견을 가지고 있는지 공개되기를 바랍니다.

➡ 3SPN이 원하는 것은 무엇입니까?

정당한 절차와 충분한 자료에 근거한 환경 영향 평가의 실행을 원합니다. 환경 영향 평가가 실행됐다고 해도 주민 대책이 빠져 있거나 댐 건설이 끼치는 부정적인 영향이나 간접적인 피해에 관한 예측이 전혀 없습니다. 또한 환경영향평가법과 캄보디아 헌법에 명시된 대로 정부와 댐 건설자, 지역 공동체가 함께 서로 협의하기를 바랍니다. 현재 방식은 결코 지속 가능하지 않습니다. 궁극적으로는 댐 건설이 아니라 지속 가능한 발전을 위한 합리적인 대안을 함께 모색하는 게 저희의 목표입니다.

초소수력 발전기를
만나러 가다

메콩을 따라가는 '마지막' 여행 계획

'생태적 회복과 지역 연대를 위한 지향Towards Ecological Recovery and Regional Alliance, TERRA'이라는 태국 환경단체의 공동대표인 쁘렘루디를 처음 만난 것은 2009년 5월의 일이었다. 쁘렘루디는 '한국 공적개발원조Official Development Assistance, ODA의 새로운 지평을 열기 위한 시민사회의 도전'이라는 주제로 열린 광주국제평화포럼에서 메콩 강 보호에 힘쓰는 지역 연대 활동 사례를 발표했다. 쉬운 영어로 메콩 강 유역 실태를 꼭꼭 짚어가며 하는 이야기는 프로그램 중 가장 호소력 있고 친근한 순서였다. 발표를 마치고 쁘렘루디는 메콩 보호 운동을 위한 엽서를 나눠 줬다. 현재 진행 중인 메콩 본류의 대규모 댐 건설 계획 철회를 위해 베트남, 캄보디아, 라오스 등 인접국 총리들에게 보내는 것이었다. 엽서를 보니 라오스 영내의 메콩에만도 댐 건설 예정지가 9개나 표시돼 있었다. 충격적인 것은 여행자들이 가장 좋아하는 경로인 태국 접경 마을인 후와이싸이Huay Xai에서 중간 기착지 빡뱅Pakbeng을 거쳐 루앙파방에 이르는 메콩 물줄기에 댐이 건설돼 여행을 막게 될 것이라는 사실이었다. 게다가 내 라오스 고향 싸이냐부리(라오스 북서부의 태국 접경 지역)에도 댐 표시가 찍혀 있었다.

나는 한국국제협력단KOICA 해외봉사단원으로 라오스 싸이냐부리에

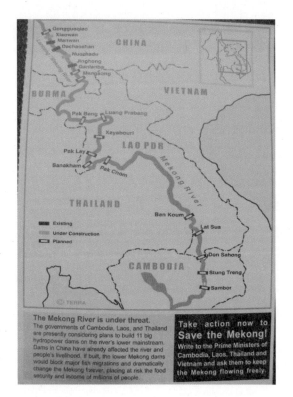

메콩 댐 건설 예정지가 표시된 엽서. 메콩 강 살리기 연대(Save the Mekong Coalition)는 11개 댐 건설 계획으로부터 메콩 전역을 보호하기 위해 세계 시민들에게 댐 반대 청원서에 서명을 받고 있다(www.savethemekong.org).

있는 학교에서 2년간 활동했다. 라오스는 경제협력개발기구^{OECD} 개발원조위원회가 규정한 세계 최빈개도국이다. 싸이냐부리 도 같은 산간 농촌지역은 연소득이 368달러(2007년)에 불과한, 하루 1달러를 버는 게 고작인 동네다. 그 싸이냐부리에 댐이 들어선다니……. 가슴이 덜컹 내려앉았다. 다시는 메콩의 배를 타고 루앙파방을 오갈 수 없게 된다는 것인가? 몇 달 전 코이카 생활을 마치고 한국으로 돌아오는 길에 마주한 메콩의 풍경들이 머릿속 가득히 피어올랐다. 깊고 푸른 강물 위 시리게 하얀 장막처럼 드리워져 있던 강 안개. 배 한가득 흙냄새, 연기냄새 가득 밴 쌀자루와 옥수수 자루, 시장에서 산 알록달록 과자 봉지들. 산비탈 화전에서, 강 모래톱에서 까맣게 그을렸어도 천진하게 웃을 줄 아는 아저씨와 아주머니들. 그 품으로 얼굴을 반쯤 묻은 아직은 수줍은 아이들. 뱃전에 묶인 새끼 염소가 밧줄과 씨름하면 덩달아 푸드덕거리던 닭들⋯⋯.

메콩은 라오스를 풍요롭게 하는 모든 것의 원천이다. 세계 최빈국이지만 굶어죽는 사람이 없는 것도, 라오스의 최대 수출품인 전기도 메콩이 있어 가능한 것이다. 또한 메콩은 생태 여행의 보고이기도 하다. 그런데 이런 곳에 대규모 댐 건설이라니. 대규모 댐은 지역 주민의 삶과 환경을 파괴하고 큰 영향을 끼친다. 또한 중앙 집중식 대전력大電力 중심의 발전은 지역의 다양성과 자율성을 죽일 뿐만 아니라 전력 낭비와 비효율(전기의 이동 거리가 멀면 멀수록 전기가 손실되는 양은 커질 수밖에 없다)도 가져온다. 이런 방식이 아니어도 에너지를 만드는 것은 충분히 가능하다. 다른 방식, 그 증거가 필요했다.

그래서 나는 남편 재각과 함께 어쩌면 마지막이 될지도 모르는 메콩을 따라가는 여행 계획을 세웠다. 고향을 그리워하는 씰리펀(행운 또는 상서롭다는 뜻으로, 라오스에서 살 때 내 이름이다)으로서 말이다.

댐 건설은 환경 문제가 아니다?

2011년 1월 17일 방콕. 태국의 북부 도시들로 갈 수 있는 버스 터미널에 도착했다. 북동쪽의 끄트머리 치앙콩까지 가는 버스는 하루에 두어 번으로 뜸했다. 저녁을 먹으며 버스를 기다리기로 했다.

터미널에 오기 전에 테라 사무실에서 쁘렘루디를 만나 메콩 강 본류에 세워질 대형 댐 계획들에 관한 얘기를 들었다. 쁘렘루디는 메콩강위원회Mekong River Commission, MRC가 공개하는 자료나 태국 환경단체가 발굴해 공개하는 당국의 공식 자료 말고는 댐 건설 계획이 어느 정도 진척됐는지, 정확히 어느 지역인지, 실제 공사에 들어간 곳은 있는지, 지역 주민들의 대응은 어떤지 등 구체적으로 알 수 있는 게 없다고 했다. 중국은 정부가 모든 활동과 접근을 금지하는 상황이고, 라오스나 캄보디아도 쉽게 현장에 접근할 수 없다고 했다. 중국처럼 정부가 공공연하게 금지하지 않더라도 정보의 차단이나 사회 분위기 그리고 물리적 접근의 어려움 때문이었다.

그러면서 메콩강위원회의 문제점, 특히 환경 영향 평가의 문제점을 지적했다. 쁘렘루디는 개별 국가 차원의 논의 과정과 지역 수준의 (메콩강위원회의) 논의 과정이 서로 상관없이 돌아가고 있는 게 문제라고 얘기했다. 메콩 강 환경 영향 평가는 완전히 '정치'라고 말했다. 메콩강위원회의 이런 정치적 성격은 아주 복잡한 운영 방식에서 비롯된 것이기도 하고, 위원회가 공동의 명분으로 내세우고 있는 환경 가치를 회원국 중 어느 하나만 동의하지 않아도 지속적으로 연기돼 버리는 의사 결정 방식 때문이기도 했다. 그런데 이렇게 해서라도 댐 건설이 연기되면 좋은 게 아닐까? 꼭 그렇지도 않다. 메콩 강 유역 국가들이 각각 자기 영토를 통과하는 메콩 강에 댐을 건설할 계획을 세우고 있기 때문이다. 이미 메콩 강 본류를 막고 있는 댐을 3개 이상 가지고 있는 중국(중국은 메콩강위원회에 들어와 있지 않아서 그나마 알려진 정보도 정확하지 않다)은 중국대로, 라오스는 라오스대로, 캄보디아는 캄보디아대로. 각국 정부는 댐 건설을 전혀 환경 '문제'로 보지 않는다. 메콩강위원회의 환경 영향 평가 과정을 거쳐야 하지만, 쓰레기 소각장을 경계 지역에 세울 테니 양해를 바란다가 아니라, 너와 내 강에다 발전소를 지을 텐데 거기에서 나오는 경제적 이익을 어떻게 나눌지 그게 문제다. '아예 나누고 싶지 않다'가 속내일지도 모른다.

태국 전기? 라오스 전기?

밤새 달려 새벽에 치앙콩에 도착했다. 하루 방 값은 아꼈지만 몸 상태가 말이 아니다. 게다가 건기의 한가운데인데 부슬비까지 내린다. 한기도 피하고 아침도 해결할 겸 가까이 있는 식당으로 들어갔다. 나이가 지

태국에서 바라본 라오스 국경 마을 후와이싸이.

긋한 아주머니가 솥 앞에 앉아 계셨다. 일단 밥부터 시켜서 먹었다. 그리고 차를 마시며 아주머니에게 슬금슬금 질문을 시작했다.

"여기 전기는 어디서 와요?" 치앙마이 근처에 있는 람빵에서 온단다. "라오스에서 전기가 온다는데 아닌가요?" 아주머니는 귀찮아하는 내색도 없이, 그것은 위앙짠에서 태국으로 수출하는 전기이고 여기는 아니라고 대답했다. 이어서 '라오스 정부가 이 근처에 댐을 건설해서 전기를 수출한다는 이야기가 있던데' 하고 물으니 못 들어봤단다.

전력이 충분하지 않고 상태가 불안정해 인터넷 여건이 좋지 않은 라오스로 건너가기 전에 잠시 인터넷 카페에 들렀다. 새로 단장한 카페는 여행자 숙소를 겸하고 있었는데 자기 노트북을 가져와 쓰고 있는 손님들이 있을 정도로 통신 환경이 좋아 보였다. 그 옆에는 24시간 편의점 세븐일레븐이 개점을 준비하고 있었다. 강 건너 바라보이는 라오스의 국경 마을하고 너무도 다른 세상이었다.

후와이싸이 고등학교 안에 솟아 있는 송전탑.

전선을 따라 나선 아침 산책

라오스 북서부에 있는 후와이싸이는 겉으로는 강 건너편의 태국 도시 치앙콩하고 크게 다르지 않았다. 조금 소박해 보이기는 하지만 여기에도 전기가 있고, 주유소도 보였다. 그리고 우리가 밥을 먹은 식당도 가스를 쓰고 있었고, 메콩 강을 운송로로 해 거대한 가스탱크를 실은 차들이 바지선을 타고 이곳에 도착하는 광경도 볼 수 있었다. 그러나 한 가지 분명한 차이가 있었다. 재각은 이른 아침 그 차이의 현장을 찾아 나섰다.

태국에서 라오스로 메콩 강을 건너며 본 거대한 송전탑과 치렁치렁 늘어진 전선들을 보며 재각은 아침 산책을 계획했을 것이다. 도로를 따라서 세워진 작은 전신주와 전선을 따라가다 보면, 이 전기가 어디에서 오는지 알 수 있을 것이라는 생각! 한국에서는 그렇게 생각하더라도 실행에 옮기지 못하겠지만 여기 라오스에서라면 가능할지도 모른다.

여행자들이 많이 다니지 않는 길을 전선을 올려다보면서 걷다가 문득 고개를 돌려 오른쪽을 보니, 울창한 나뭇잎 사이로 멀리 빨간색으로 칠해진 거대한 송전탑이 보였다. 송전탑을 따라가니 커다란 학교 운동장이 먼저 보이고, 운동장 귀퉁이의 커다란 나무둥치에는 알록달록 판자들

라오스의 중등 학교 운동장에 어김없이 붙어 있는 과학과 수학 공식이 적힌 나무판들.

이 붙어 있고, 거기에 과학과 수학 공식들이 써 있었다. 재각은 귀여운 느낌에 빙그레 웃었다고 했다.

그러다 멈칫했다. 여기가 학교인데 이 건물에 붙어 서 있는 저 거대한 송전탑은 무엇인가! 한국에서라면 불가능한 일이다. 그러나 라오스에서 송전탑은 학교의 오래된 풍경의 일부인 양 자연스럽게 서 있었다.

전기가 어디서 오는지 찾으려고 한 재각의 아침 산책은 거기서 중단됐다. 그 송전탑이 태국으로 연결돼 있던 것이다. 전선을 따라가는 산책을 이어가려면 재각은 다시 여권을 챙겨서 강을 건너고 태국 출입국 사무소의 도장을 받아야 하기 때문이다. 재각은 어쩔 수 없이 발길을 돌렸다.

우리가 묶은 숙소 직원인 뚜이는 야간 전문대에서 영어를 배우고 있단다. 뚜이는 후와이싸이의 전기가 태국에서 오는데, 그 전기는 실은 라오스 것이라고 말했다. 라오스가 수도 위양짠에서 태국으로 수출한 전기를 다시 이 마을에서 받아 쓴다는 얘기였다. 라오스는 북부와 동부가 험준한 산악 지대다. 도로로 연결되는 마을만큼이나 오로지 메콩 강을 오르내리는 배로만 갈 수 있는 마을도 꽤 많고, 길이 있다 하더라도 오토바이까지는 몰라도 자동차로 갈 수 없는 마을도 많다. 그러니 중부에 있는 위양짠 부근 댐에서 생산한 전기를 북부의 산간 지역까지 보내는 일은 결코 만만한 일이 아닌 것이다. 그래서 라오스는 태국의 발전된 전력망을 이용해 후와이싸이로 전기를 보낼 수밖에 없을 것이다.

뚜이는 후와이싸이 근처 메콩 강의 지류인 남타에 세워진다는 작은 수력 발전 댐을 기대하고 있었다. 그 댐이 건설되면 후와이싸이는 더는 태국에서 전기를 공급받지 않아도 될 것이라고 했다. 웃으며 그 꿈이 빨리 이루어지기를 바란다고 말해주었다. 뚜이처럼 근처 마을 사람들이 그 과정과 결과를 모두 아는 것이라면, 더군다나 그것이 지류의 작은 댐이라면, 나도 뚜이처럼 기대를 걸어도 되지 않을까?

메콩과 운명을 함께할 중간 기착지, 빡뱅

아침에 후와이싸이 선착장에서 올라탄 배는 강에 푸른빛이 내려앉고 창문마다 황금빛 불이 켜질 때쯤 중간 기착지 마을 빡뱅에 도착했다. 소년들이 '짐을 들어준다, 여관을 안내해준다' 하면서 배에서 내린 여행객들하고 흥정을 하느라 법석이다. 여기에서는 이 소년들을 믿어보는 게 좋다. 빡뱅 선착장은 60도 이상의 경사를 보이는 가파른 바위다. 성인도 무거운 가방을 메고 오르기가 쉽지 않다. 불빛이 닿지 않는 어두운 곳에서는 자칫 미끄러지거나 강으로 떨어질 수도 있다. 그러나 이 소년들은 허술한 슬리퍼를 신고 제 몸보다 더 큰 짐을 들어도 다람쥐 같기만 하다. 소년들의 수고비는 여관에서 줄 것이고, 지금은 학교가 여는 시간도 아니

메콩을 오르내리는 배. 주민이든 여행자이든 화물이든 메콩을 타고 멀리 이동하려면 이런 배가 필요하디.

메콩을 따라 후와이싸이에서 루앙파방으로 가는 뱃길에 펼쳐지는 풍경들.

니 이 아이들이 생업을 계속할 수 있게 일을 맡기는 것도 나쁘지는 않을 것이다. 나도 한 소년에게 후와이싸이에서 예약하고 받아온 명함을 건네주며 숙소까지 안내해 달라고 부탁했다.

멀리 가지 않아 숙소에 도착했다. 2년 전 묵은 숙소하고 다르게 강에 접한 멋진 전망을 가진 식당을 겸하는 집이었다. 강변 테라스에는 그리 환하지는 않아도 노란색과 주황색 갓을 쓴 전등들이 달려 운치를 더했다. 그렇지만 화장실에 온수는 나오지 않고, 방에도 전구만 달랑 하나. 노트북과 카메라를 충전할 수가 없어 주인에게 얘기하니 숙소의 계산대부터 길게 전선을 연결해 콘센트를 새로 놓아주었다. 짐을 풀고 늦은 저녁을 먹으려고 식당 테라스로 나갔다. 그리고 밥을 먹으면서 종업원 청년과 주인아저씨에게 이 동네 전기와 관련된 자세한 이야기를 들을 수 있었다.

2009년 1월쯤, 빡뱅에 전기가 들어왔다고 한다. 그전에는 장사하는 집과 좀 사는 집들은 디젤 발전기를 썼다. 빡뱅에 댐이 지어진다는 소식은 우리가 만난 빡뱅 사람들 중에는 이 둘만 알고 있는 듯했다. 청년은 여기로 파견된 라오스전력공사 직원에게 들었고, 아저씨는 (댐 건설을 위해 예비 조사를 나온 듯한) 중국 건설 업체 기술자들에게서 들었단다.

나는 좀더 중요한 것을 물었다. "댐이 세워지면 배를 타고 여행자들이 여기 못 오지 않겠어요?" 아저씨도 청년도 모두 괜찮단다. 댐 이야기를 해준 사람들이 배가 다닐 수 있다고 했다는 것이다. 아마도 댐까지 배를 타고 와서 내려 다시 배를 갈아타면 되지 않겠느냐고 한다. 여러 마을이 물에 잠기지 않겠느냐고 물어도 별 문제 없다는 투다. 장정 스무 명이면 하룻밤 사이에 들어서 옮길 수 있는 라오스의 집들이니 그럴 수도 있지만, 대규모 댐 건설이 끼칠 영향에 관해 전혀 모르기 때문일 것이다.

다음 날 아침, 여전히 서늘한 안개를 가르며 빡뱅을 떠났다. 올려다보이는 마을을 메콩의 푸른 기운이 감싸고 있었다.

라오스 북부의 중심 도시 루앙파방에서 메콩을 거슬러 배를 타고 4 시간을 더 가야 하는 산골 마을 반여이하이는 라오스 교육부 공무원 훔 판의 고향이다. 훔판은 2009년 주한라오스학생회 회장이었다. 그해 11월 에너지기후정책연구소에서 라오스 산골 학교에 태양광 발전기를 지원하 는 사업을 추진할 때 도움을 받으면서 처음 알게 됐다. 훔판은 반여이하 이에서 '다이남'(10킬로와트 이하 용량의 수력 발전기인 초소수력 발전기 를 가리키는 라오스 시골 말)을 볼 수 있다고 알려줬다. 고작 전등 하나 켤 수 있고, 건기에 물이 너무 없어도 우기에 물이 너무 불어도 쓰기 힘들 고, 감전 사고 때문에 위험하지만, 다이남 한 대 가지고 있으면 마을에서 큰 부자라고 했다. 루앙파방에 도착해 훔판에게 전화를 걸어 내일 아침 반여이하이로 간다고 말하고, 거기 살고 있는 친척 완에게 연락을 부탁 했다.

아침 8시 30분에 떠난다는 배는 9시가 돼서야 엔진에 시동을 걸었 다. 어제 탄 배하고 같은 종류의 배를 타고 내려온 강을 거꾸로 되짚어갈 예정이다. 이 배는 여행자들은 탈 일이 없는 진짜 '로컬 보트'였다. 우리의 목적지처럼 메콩 강변의 작은 마을을 들르는 배였다. 뭍에서 배로 이어진 좁고 긴 널판을 딛고 오르니, 배에 탄 모든 사람들의 시선이 우리에게 쏠 렸다. 탁자를 사이에 두고 마주 보고 앉는 의자에 자리를 잡았다. 건너편 에 소년이 앉아 있었다. '싸바이디(안녕하세요)!'라고 인사하자 소년이 기 어 들어가는 목소리로 '싸바이디'라고 대답한다. 좀 있다가 청년이 그 옆 에 앉는다. 두 사람은 어디로 가는 것일까?

소년의 이름은 웡. 열다섯 살, 중학교 2학년이다. 1월에서 2월로 넘 어가는 1주일 방학 동안 집으로 가는 중이다. 루앙파방에서는 할아버지 와 할머니 집에서 학교를 다닌다. 루앙파방에서 배를 타고 3시간 걸리는 웡의 고향 마을에는 170가구가 산다. 대략 20가구를 제외하고 대부분 초

루앙파방에서 사가는 초소수력 발전기 작은 다이남.
한자 딱지로 중국제인 것을 알 수 있다.

초소수력 발전기를 찾아가는 배 안에서 인터
뷰한 윙(위)과 리흐(아래).

소수력 발전기를 돌려 전기를 쓴다. 용량이 부족해 냉장고는 쓸 수 없지
만 조금 용량이 큰 발전기를 돌리거나 발전기를 두 대 살 수 있는 집은
텔레비전도 볼 수 있다. 윙의 집에도 전등이 세 개, 물 끓이는 통, 밥솥,
텔레비전이 있단다. 그러나 밥할 때는 나무와 숯을 쓴다. 가장 가까운 도
시는 우돔싸이지만 차는 다니지 못하고 오토바이만 다닐 수 있는
길이다. 따라서 (송전선을 통해서 오는) '진짜' 전기는 2013년이나 2014년
에 들어온다고 들었다.

외국인들과 어린 소년이 아무렇지 않게 이야기하는 것을 신기해하
며 바라보고 있던 청년도 끼어들었다. 청년의 이름은 리흐. 스무 살로 교
육전문대 3학년에 다니고 있다. 역시 루앙파방에서 공부하고 방학이라
윙보다 1시간 반을 더 가야 나오는 마을로 돌아가는 중이었다. 리흐의 마
을에는 70가구가 산다. 역시 전기는 안 들어오고, 70가구 대부분 초소수
력 발전기를 쓴다. 리흐 집에는 전구 네 개, 라디오, 텔레비전, 다리미, 전

기밥솥이 있다. 다이남은 작은 게 60만 낍(9만 원 정도), 큰 것은 80~90만 낍 정도 한다. 라오스에서 생산하는 것은 없고, 대부분 중국제다. 소수력 발전기를 쓴다고 정부에서 도와주는 것은 없고, 그저 부모님들이 물소를 팔아서 사는 것이다. 그래서 가난한 사람은 살 수 없고 닭, 오리, 돼지, 옥수수를 키워 팔아야 한단다. 그렇게 산 소수력 발전기도 누가 설치해주는 게 아니라 마을에서 아는 사람에게 물어봐 직접 설치해야 한다.

소수력 발전기 탐사를 도와준 어린 안내자들

2시간쯤 걸릴 것이라는 배 여행은 3시간을 넘어 또 얼마를 더 지나고서야 끝이 났다. 가파른 모래 언덕으로 이어지는 좁은 강변에 우리 둘만 덜렁 내려놓고는 배는 무슨 일이 있었냐는 듯이 빠르게 강 중앙으로 뱃머리를 돌려 나아갔다. 저만치 몇몇 아이들만이 갑작스러운 우리의 등장에 경계 어린 눈빛으로 쳐다보고 있을 뿐, 마중 나와 있을 줄 알았던 홈판의 친척 완은 보이지 않았다. 염려하던 최악의 상황이다. 아이들에게 완을 아는지 물어봤지만 아이들은 그저 눈만 깜빡거릴 뿐이었다.

마을로 들어가 보이는 사람들에게 완이 어디에 사는지 물었다. 낯선 사람들의 등장에 호기심 어린 눈빛을 한 주민들이 가리키는 손끝을 따라 모퉁이를 돌았다. 진열된 물건 종류를 모두 합해도 스무 가지가 안 될 것 같은 초라한 가게가 나타났다. 그 가게의 주인이 완이었다. 그러나 우리가 만나려고 한 완은 아니었다. 몰려든 사람들이 또 다른 완이 있다는 사실을 알려주며 마을 위쪽을 가리켰다.

또 다른 완을 찾아 나서는 그 짧은 시간에 동네 아이들이 우리를 따라 나서 작은 행렬을 이뤘다. 이런저런 동네 사람들의 참견 끝에 또 다른 완의 집에 도착했지만, 정작 완은 집에 없었다. 근처에서 놀던 아이들 말로는 나무를 하러 가러 갔다는 것이다. 금방 온다고는 하지만 마냥 기다릴 수는 없었다. 두서너 시간 뒤에 있다는 루앙파방으로 돌아가는 배를 타지 않으면, 이곳에서 하룻밤을 지내야 할지도 모르기 때문이다.

어찌 할까 고민하는 동안, 우리를 따라온 한 사내가 쳐다보고 있는 것을 알았다. 그 사람의 이름은 넛, 스물아홉 살이다. 마을에 전기가 있는지 물어보니 넛은 위쪽을 가리키면서 다이남똑('똑'은 '물이 떨어지다'라는 뜻이다)'으로 만드는 전기가 있다고 대답한다. 볼 수 있느냐고 물으니 그렇다고 답하고 주위 꼬마들을 쳐다봤다. 안내는 이 꼬마들의 몫인가 보다. 열한 살 쏨락이 앞장서더니 어느덧 아이들 네 명이 더 합류해 안내단이 만들어졌다. 마을을 가로질러 시냇물

냇물에 설치된 초소수력 발전기 다이남똑.

이 흐르는 곳으로 나와, 그 물을 따라 거슬러 올라갔다. 아이들은 안내자이자 훌륭한 보호자였다. 냇물을 건너야 할 때는 즉석에서 돌다리를 만들어주고, 미끄럽고 건너뛰기 힘든 구간에서는 손도 잡아줬다.

얼마 뒤 물 떨어지는 소리가 들리더니, 곧 물을 유도하는 파란색 관 두 개가 위쪽에서 아래로 설치돼 있는 게 보였다. 아래쪽 끝에서 아주 큰 기계 회전음이 물과 함께 뿜어져 나오고 있었다. 이게 다이남똑인 모양이다. 수량이 그리 많지 않은 냇물 위쪽에 둑을 쌓고 물을 모아, 큰 낙차를 만들어낼 수 있는 아래쪽까지 관을 이용해서 물을 떨어뜨리는 방식이다. 관 끝에는 전기를 만들 수 있는 수력 터빈이 설치돼 있고, 거기에서 만들어진 전기를 옮기는 전선이 마을 쪽으로 이어져 있었다. 설치돼 있는 다이남똑은 두 개, 그리 큰 용량은 아닌 것 같았다. 우리를 안내한 다섯 아이들 중에서 이 전기를 쓰는 집의 아이는 한 명뿐이었다.

1 반여이하이로 들어가는 길,
우리를 낯설게 쳐다보고 있는 아이들.
2 초소수력 발전기 탐사를 도와준 훌륭한 안내자들.
3 마을 입구에 서 있는 표지판.
4 마을에 초소수력 발전기가 있다고 말해준 넛.

　다이남똑을 보고 돌아오니 완이 집에 돌아와 있었다. 초등학교 선생님인 완은 스물여덟 살. 임신 7개월의 몸이었고, 얼마 뒤에 루앙파방으로 아기를 낳으러 갈 예정이라고 했다. 완은 라오스어와 수학 그리고 강이나 숲, 채소 키우는 법, 밥 짓는 법 등을 가르치는 '우리를 둘러싼 환경' 과목을 가르치고 있다고 했다. 그사이 온 동네 아이들이 다 모여들었다.

　완은 학교 선생님답게 마을의 전기 사정에 관해 비교적 잘 알고 있었다. 도로로 연결돼 있지 않은 이 마을에 전기가 들어올 계획은 없는 것으로 알고 있단다. 그리고 120와트 용량의 다이남똑 두 개 설치된 게 전부라고 했다. 우리가 본 것이었다. 급히 필요한 경우 배 엔진을 돌려서 전기를 쓰기도 한다고 덧붙였다. 이 마을에는 모두 72가구가 살고 있는데, 전기를 사용하는 집은 두 집뿐이며, 한 집은 우리가 처음 갔던 또 다른 완의 집이었다. 자기 집에도 전기가 없고, 초등학교에도 전기가 없다고 했다. 예쁜 아기를 무사히 낳기를 바라며 또 다른 완을 만나러 다시 가겟집으로 갔다.

　가겟집 완은 우리가 다시 오자 무슨 일인가 싶은 표정이다. 그런데 우리는 인터뷰보다 더 급한 일이 있었다. 오후 2시가 다 됐는데 아직 점심을 먹지 못했기 때문이다. 빵이나 비스킷이 있는지 물어봤는데, 이 가난한 마을의 가게에서 요기할 거리는 팩으로 멸균 포장된 두유뿐이었다. 겸연쩍어하는 완에게서 두유를 받아 마시니 급한 대로 허기가 누그러졌다. 그리고 가게에 있는 마지막 또는 유일한 사탕 한 봉지를 사서 우리를 쫓아온 아이들과 다이남똑을 안내해준 아이들에게 나눠 줬다.

　완은 마흔 살, 4년 전에 이 마을로 왔다고 한다. 완이 이 가게를 보고, 남편은 고기를 잡고 농사를 짓는단다. 냇물에서 본 소수력 발전기 두 대 모두 완이 설치한 것이라고 한다. 설치한 지 이제 막 한 달 됐고, 한 개당 250만 낍씩 모두 500만 낍이 들었단다. 우리 돈으로 70만 원 정도. 라

1 완의 기계에 있는 물건들

2 반여이하이 초등학교 선생님인 완. 완 선생님과 인터뷰하는 집안이 마치 학당이 된 것 같다.

3 반여이하이에서 유일하게 '다이남뚝'을 설치해 전기를 쓰고 있는 가겟집 완.

완의 집에서 쓰는 전기 제품들.

오스에서 학교 선생님의 월급이 6만 원쯤 되니 제법 큰돈이다.

"당신은 부자인가 보다. 그렇게 큰돈이 있는 것을 보니." 우리가 감탄하자 완이 손사래를 친다. 자신들은 100만 낍 정도를 썼고, 나머지는 친척들이 빌려줬단다. 소수력 발전기는 루앙파방에 있는 시장에서 구했고, 설치는 남편과 열세 살 아들이 함께 했단다. 완은 전구를 모두 여덟 개 쓰는데, 그중 하나는 마을에 있는 절에 달아줬다고 한다. 그밖에 어떤 전기 제품을 쓰고 있는지 물으니, 완은 집 안을 보여줬다. 안에 들어가 보니 전기를 모아두는 커다란 축전기가 있고, 거기에 연결돼 있는 텔레비전과 오디오 시스템이 보였다. 가난한 동네에서는 조금 낯선 모습이었다. 한편 외딴 마을의 귀한 통신 수단인 휴대전화를 충전하는 데도 소수력 발전기로 만든 전기가 소중하게 쓰이고 있었다.

메콩의 외딴 마을 사람들이 전기를 쓰는 법

인터뷰를 마친 뒤 아랫동네 반꼭푸에 가보기로 했다. 걸어서 30분

1 반여이하이에서 반꼭푸로 가는 메콩 강변 풍경. 2 반꼭푸 가┤바나 붙어 있는 번호표. 3 반꼭푸 시냇물에 설치된 초소수력 발전기들

정도면 갈 수 있단다. 반여이하이 마을을 빠져나오다 보니, 화장실이 없어서 숲속에서 볼일을 본다는 완 선생님의 말대로 분뇨 냄새가 얼핏 났다. 그래도 바위와 모래를 꼭꼭 밟으며 걷는 강변길은 여유로운 트레킹 같았다. 가끔 마주치는 소떼가 경계하는 눈빛으로 쳐다보기도 해 우리는 되도록 소떼의 식사와 휴식을 방해하지 않으려고 멀리멀리 돌아가기도 했다.

강렬한 햇볕으로 피부가 따가워지고 등이 땀에 젖을 때쯤 반꼭푸에 도착했다. 마을로 들어서기 전에 비교적 수량이 많은 냇물이 메콩으로 흘러 들어가고 있는 게 보였다. 시냇물은 아래쪽에 소수력 발전기 여러 대를 돌리고 있었다. 반여이하이에서 본 것하고 좀 다르게 생겼다. 배에서 본 중국제 소수력 발전기였는데, 그것을 어떻게 설치하는지도 곧 알 수 있었다. 둑을 막고 한쪽에 나무판으로 수로를 설치해 물을 유도한 뒤 긴 회전축을 따라 물을 떨어뜨린다. 그 물이 터빈을 돌려 전기를 만든다. 나뭇잎이나 쓰레기가 터빈에 들어가지 않게 수로 입구에는 대나무로 망을 설치해뒀다.

마을로 좀더 들어가니 아이들이 보였다. 반여이하이하고 다르게 아이들이 입고 있는 옷부터 사정이 훨씬 나아 보였다. 시냇물에서 만든 전기를 나르는 선들도 여러 집을 연결하고 있었고, 커다란 텔레비전 수신 안테나도 보였다. 윗마을하고 다르게 이 동네는 제법 사는 것 같았다. 마을 안쪽에 있는 집 앞에 부부로 보이는 할아버지와 할머니가 그늘에 앉아 있었다. 윗마을하고 다르게 낯선 사람의 등장에도 그리 놀라지 않는 눈치다.

"이 마을에는 몇 가구나 사세요?" 70가구쯤 살고 있는데 대략 30가구만 '다이남'을 쓰고, 40가구는 돈이 없어서 사용하지 못한단다. 부부는 집 바닥을 파란색 타일로 깔고 제법 물건들도 갖춘 가게를 하고 있었다. 언제쯤부터 전기를 쓰기 시작했느냐고 물었다. "한 20년 전쯤부터 쓴 것 같아. 내가 지금 팔십인데, 예순 살쯤에 처음 사다가 설치했으니까."

이 가게에는 먹을 게 있었다. 비스킷 한 봉지, 새우깡 닮은 과자 한

봉지를 사서 다시 강변으로 나왔다. 이제 과제는 돌아가는 배를 타는 일이다. 여기서 루앙파방으로 정기 운행하는 배는 없다. 그래서 내려가는 배는 무조건 불러 세워 타고 가야 한다. 멀리서 배가 보이면 큰 소리로 '루앙파방!'을 외치며 손수건이나 모자를 머리 높이 돌려야 하는 것이다. 그렇다고 다 서는 것도 아니다.

강변 모래 위에서 난파선의 조난객처럼 널브러져 기다리다가 시멘트를 싣고 내려가는 배를 겨우 얻어 탈 수 있었다. 해가 떨어지기 시작한 메콩 위로 부는 쌀쌀한 바람을 맞으며 두어 시간을 달리니, 완전히 어둠이 내린 루앙파방이 멀리 보이기 시작했다. 반여이하이에서는 단지 두 가구만 쓸 수 있는 전깃불이 강변을 따라 휘황찬란하게 반짝이고 있었다. 이것이 문명인가!

태양광 발전기, 안녕하신가

산골 학교로 가는 길

싸이냐부리에 도착하자마자 아짠(교수, 선생님이라는 뜻) 완팅을 찾았다. 싸이냐부리 읍내에서 차를 타고 4시간이 넘게 걸리는 두메산골 반싸멧에 가야 하기 때문이다. 반싸멧으로 가는 길은 완전 '어드벤처 오프 로드.' 대중교통은 당연히 없고 웬만한 군용차 아니면 움직일 엄두도 낼 수 없는 곳이다.

반싸멧에 처음 간 건 코이카 단원으로 싸이냐부리에 있던 시절인 2009년 1월. 한국해외봉사단원연합회의 지원금을 반싸멧 중학교를 위해 쓰기로 결정하고 나서 처음 다녀왔다. 추운 고산 지대에서 지내야 하는 기숙사 학생들을 위해 이불과 학용품을 사고, 먹을거리 등을 장만해 학교에 찾아가서 아이들에게 나눠 줬다. 선생님들하고 얘기를 나누며 학교에서 가장 필요한 게 무엇인지 물으니 교장 선생님이 발전기를 가장 먼저 꼽았다. 그때는 책임질 수 없을 것 같던 약속이 에너지기후정책연구소 덕분에 현실이 됐고, 2009년에 설치된 발전기의 상태가 어떤지 살펴보려고 반싸멧에 가려는 것이다.

싸이냐부리에 도착한 다음 날, 아짠 완팅의 소개로 반싸멧 지나서 있는 마을들까지 짐을 옮겨다 주는 일을 하는 캔 아저씨의 차를 얻어 타

1 반싸멧 가는 길에 본 산골 초등학교. 2 신작로 때문에 건기에 온통 황토색이 돼버린 집과 아이들.

태양광 발전기를 지원한 중학교가 있는 반싸멧 전경.

게 됐다. 맨 처음 반싸멧에 갈 때는 가는 길이 얼마나 험한지, 반싸멧이 얼마나 높은 곳에 꽁꽁 숨어 있는지를 여실히 보여주는 풍경들에 넋을 놓았다. 두 번째 갈 때는 산골 마을에 사는 사람들 형편이 어떤지, 특히 학교들은 어떤지에 신경이 쓰였다. 이번에는 사람들이 어떻게 에너지를 쓰고 있는지, 전기를 쓰고 있는지가 관심사다. 그래서 그런가 지난번에는 전혀 보이지 않던 초소수력 발전기를 사용하는 마을들이 눈에 들어왔다. 싸이냐부리 읍내에서 반싸멧으로 가는 길에는 전봇대가 없다. 당연히 거기 사람들은 '큰 전기'를 쓰지 못한다. 그래도 읍내에서 가까운 마을들에서는 기름을 쓰는 발전기들을 볼 수 있었다. 읍내에서 멀어질수록 어떻게 해서든 전기를 쓰고 있다는 것을 알 수 있는 텔레비전 안테나나 전선 등은 보이지 않았다. 그러나 작더라도 냇물이 있는 마을은 달랐다. 읍내에서 가깝거나 멀거나 계곡이 있는 마을들은 초소수력 발전기를 쓰고 있었다. 일부러 차를 세워 물어볼 수는 없었지만 오고가며 사진 찍을 수 있는

1

2

3

1 학교에서 전기를 쓸 수 있어 행복하다는 아짠 쌤.
2 산골 마을에서는 아주 귀한 닭을 안주로 굽고 있다.
3 우리가 사 간 반찬 두 개가 보태 차려진 점심상.

아짠 쌩과 함께 둘러본 태양광 발전기가 있는 학교 모습.

기회를 몇 번 만났다. 역시 아는 만큼, 관심이 있는 만큼 보이는 것인가.

태양광 발전기, 안녕하신가

한쪽 엉덩이가 마비될 무렵이 돼서야 반싸멧 마을회관 앞에 내렸다. 높은 산꼭대기, 하루에 지나가는 차도 몇 대 없지만 내리는 사람은 더욱 없는 반싸멧. 마을회관 옆 가게에서 한 여자가 나오더니 아는 척을 한다. 처음 왔을 때 만난 초등학교 선생님 '레'다. 레는 중학교에 아짠들이 몇 명 남아 있다고 학교로 올라가 보라고 알려줬다.

언덕을 오르니 학교 기숙사에서 점심을 지으려고 불을 피우는 듯한 남자가 보였다. 이름은 쌩 쑤린냐, 나이는 스물아홉, 체육을 가르치는 아짠이다. 여기 온 지 석 달 됐다고 한다. 태양광 발전기의 안부를 물으니 아무 문제없고 밝고 좋다며 싱글벙글이다. 실제 불은 얼마나 쓸 수 있는지 물어보니, 정확하지는 않지만 12시간을 켜도 된단다. 오후 5시부터 새벽 5시까지. 애초 일곱 개 교실에 2시간씩, 기숙사 세 채에는 서너 시간씩 사용할 수 있게 설계한 것하고 다른 결과다. 예상보다 훨씬 더 전기 사용량이 적었다. 텔레비전은 없고, 라디오는 건전지로 사용하고 있기 때문이기도 하다. 교실에서는 쓸 일이 없고 교무실에서만 전기를 사용한단다.

아짠 쌩과 이야기를 하고 있는데, 역시 이곳에 온 지 석 달 됐다는 스물한 살 아짠 또와 2009년에 나를 본 기억이 난다는 스물세 살 아짠 하싸디가 밖으로 나왔다. 반갑게 인사한 뒤 태양광 발전기에 관해 물으니 아짠 하싸디가 문제없이 잘 쓰고 있다고 하면서도 한 가지 '문제'를 얘기해줬다. 기숙사 지붕이 바람에 파손돼서 전구 3개가 깨졌는데, 여기에 맞는 전구를 싸이냐부리 읍내에서도 팔지 않아서 교실에 있는 전구를 빼서 사용하고 있단다.

아짠 쌩이 준비하던 점심밥을 아짠 또와 하싸디에게 넘기고 태양광 발전기 현장 안내에 나섰다. 방학 동안 학교 귀중품(?)들의 창고가 된 교무실이며, 전구를 뺀 교실, 나무 지붕이 날아가 새로 반짝이는 양철 지붕을 얹은 기숙사, 학생들이 놀다가 걸려 넘어지거나 가축들이 훼손하지 못하게 울타리를 세워 보호하고 있는 태양광 패널들을 보여줬다. 지금은 방학이라 자기가 하고 있지만 매일 이 집광판을 닦아주는 담당 아짠도 있다면서, 학교가 얼마나 태양광 발전기를 아껴서 잘 쓰고 있는지 말해줬다. 방학이라 학생들을 만나지 못해 섭섭했지만 준비한 것도 없이 얼굴만 내밀고 가는 길이니 한편 다행스럽기도 했다.

태양광 발전기를 보고 내려와서 아짠들과 함께 점심을 먹었다. 싸이냐부리 읍내에서 사 온 찹쌀밥과 닭구이, 막끼양(라오스 굴) 등 우리 도시락이 아주 요긴했다. 특히 비야라오(라오스의 맥주)를 꺼내놓자 아짠들이 환호했다. 아짠들은 라오카오(찹쌀로 만든 안동소주 같은 라오스의 독한 술)를 내고 기르던 닭 한 마리까지 잡아 구웠다. 점심이 잔치가 됐다.

메콩에 세워지는 최초의 댐, 싸이냐부리 댐 현장 탐사

버스 기사가 얘기하는 메콩의 댐이란?

아직까지 우리가 메콩에 세워지는 댐을 보지 못한 것은 여행의 실패일까, 행운일까? 우리 여정대로 후와이싸이에서 메콩을 따라 위앙짠까지 내려가게 되면 만날 수 있는 댐 건설 예정지는 빡뱅, 루앙파방, 싸이냐부리, 빡라이Paklay, 싸나캄Sanakham, 이렇게 다섯 곳이나 된다. 평야 지대에 가까워 강 유역이 넓어지는 빡라이나 싸나캄보다 산이 높고 계곡이 좁아 효율적으로 강물을 가둘 수 있는 북부 지역에 먼저 댐이 생길 것이다. 빡뱅과 루앙파방에서는 그런 움직임을 전혀 볼 수 없었으니, 그러면 남은 곳은 싸이냐부리다.

태국과 붙어 있는 싸이냐부리는 라오스에서 유일하게 모든 지역이 메콩 강 건너편에 있다. 메콩을 건너지 않고 육로로는 싸이냐부리에 갈 수 없다. 그래서 한국에서 싸이냐부리까지 가려면 정말 많은 교통수단을 거쳐야 한다. 인천에서 방콕까지 비행기, 방콕에서 라오스 국경까지 기차나 버스, 국경 마을 후와이싸이부터 루앙파방까지 배, 루앙파방에서 싸이냐부리까지 버스, 그 중간에 메콩을 건너기 위해 버스를 통째로 실어 나르는 배까지.

루앙파방에서 싸이냐부리로 가는 버스를 타고 메콩을 건너는 '타드

루앙파방에서 싸이냐부리로 가는 길. 강나루에서 버스를 태워 메콩을 건너는 배와 그 배 위에서 본 메콩 강 풍경. 모두 마지막 풍경이 될지도 모른다.

아'(강나루)에 도착했다. 배가 막 이쪽 나루에서 건너편으로 출발했다. 배가 돌아올 동안 승객들은 버스에서 내려 강물에 손을 씻고 간단히 요기도 하고 용무를 본다. 버스 운전기사도 내려서 강을 바라보며 담배 한 대를 피워 물었다. 이때를 놓칠 수 없다.

"여기 다리가 생길 거라는데 아직 안 보이네요?" 운전기사 이름은 카오, 세른네 살이다. 루앙파방 사람답게 라오스 말을 할 줄 아는 외국인을 많이 본 듯 갑작스러운 질문에 놀라지도 않고 대답한다. 다리는 지금 한국 회사가 건설 중이며, 2015년에 완공 예정이라고.

"싸이냐부리에 댐이 생긴다는 말도 있던데요?" 이 문제에 관해서도 술술 얘기해준다. 여기 나루 아래쪽에 생기는데, 2011년 공사를 시작했고, 2015년에 완공될 예정이며, 공사는 태국 사람들이 하고 있고, 라오스 사람은 한 명도 없단다.

"거기서 전기가 생산되면 싸이냐부리 사람들이 전기를 싸게 쓸 수 있는 건가요?" 지금 싸이냐부리에는 전기가 충분하기 때문에 댐에서 만들어진 전기는 모두 태국으로 가져간단다. 그러면서 다리가 생기고 댐이 건설되면 싸이냐부리가 발전할 것이라고 얘기한다.

"여기 다리가 생기면 이런 배나 가게, 집들은 어떻게 하나요?" 바지선은 다리가 없는 곳으로 옮겨가고, 가게들은 저 위쪽(다리가 이어지는 산 중턱)으로 이사할 것이라고 아무렇지 않게 말한다. 댐도 마찬가지, 이쪽 편에 16가구가 잠겨서 높은 곳으로 옮긴단다. 집을 옮기는 데 문제는 없느냐, 라오스 정부가 도와주느냐 물으니, 그렇게 들었다고 답이 짧다. 댐이 생기면 강을 오르내리는 배는 어떻게 하는지 묻자 배가 올 수 있단다. 어떻게 올 수 있는지는 모르겠고.

메콩 최초의 댐, 싸이냐부리 댐 현장을 가다

아짠 완텅은 올해 쉰셋. 내가 교장 선생님으로 부르는 것처럼 작은 학교 살림부터 국가 정책까지 모르는 게 없는 싸이냐부리의 주요 인사다. 아짠 완텅하고 이런저런 이야기를 하다가 싸이냐부리의 전기 사정에 관해 물었다. "전기 요금 얼마나 나와요?" 아짠네 집은 한 달에 4만 낍(5달러, 6000원 정도지만 라오스 사람들 체감 물가로는 4만 원 정도 된다), 보통 집들은 2만 낍 정도. 지난달 한국 단기 자원봉사 대학생들이 들어와 학교 컴퓨터실을 쓰는 바람에 보통 때는 10만 낍이던 학교 전기 요금이 70만 낍이나 나왔단다. 라오스의 전기 요금은 사람들이 쓰는 양에 견줘 무척 비싸다. 더군다나 전기를 수출한다는 나라에서.

싸이냐부리 댐에 관한 일은 아짠 쏨마이의 도움을 많이 받았다. 아짠 쏨마이는 싸이냐부리 고등학교 선생님이었는데, 라오스 국립대학교에 편입해 학위를 받고 와서(라오스에서 교사들은 아직 대부분 학위가 없다. 주로 교육전문대를 졸업하고 바로 교사 발령을 받는다) 싸이냐부리 도교육청에서 근무하고 있다. 아짠 쏨마이는 과학 선생님이자 도교육청 직원답게 많은 정보를 갖고 있었다. 그리고 벌써 싸이냐부리 읍내에서 댐이 생기는 산 너머 메콩까지 길이 뚫린 것도 알고 있었다. '아, 드디어 갈 수 있게 됐구나. 진짜 이곳에 댐이 생기는구나!' 가슴이 두근거리기 시작했다.

1 가까스로 몇 장 찍을 수 있었던 싸이나부리 댐 건설 기지와 그 주변 모습. 2 댐 구조물로 이동하기 위한 교두보 건설 현장.

댐 건설 기지를 찾아가는 길에는 오랜만에 만난 가족 같은 아짠들이 오토바이를 여러 대 끌고 와서 동행해줬다. 읍내 익숙한 북쪽 길에서 오른쪽으로 꺾으니 반싸멧 가는 길보다 넓고 평평하게 다져진 새 길이 나타났다. 그러나 산맥 하나를 거의 직선으로 넘어가야 하는 것이라서 울창한 숲을 밀어버린 새 길의 경사는 반싸멧보다 심했다. 오토바이에서 쏟아질 지경이다. 가까스로 산 정상에 다가가니 넓은 공터가 나왔다. 군데군데 시커먼 기름이 흐르고 터를 더 넓히려는지 가장자리로 나무들이 쓰러져 있는 게 보였다. 길 바로 옆 공터에는 엄청나게 큰 탱크로리 두 대가, 한 층 올라간 공터에는 컨테이너가 많이 있었고, 가까이는 사무실로 쓰이는 듯한 2층으로 쌓여 있는 컨테이너가 보였다. 공장처럼 큰 양철 건물이 길게 자리잡고 있고, 밖에 빨래가 걸려 있는 작은 양철 지붕 집들도 보였다. 관리자나 노동자들 숙소 같았다.

그런데 분위기가 심상치 않았다. 얼굴은 라오스 사람들하고 똑같이 생겼는데, 태국 사람들 표정은 좀 무서웠다. 오토바이 속도를 늦춰 다가가는 우리에게 함부로 손짓하며 내쫓았다. 현장에 접근하기가 절대 쉽지 않을 것이라고 한 태국 환경 운동가들의 말이 머리를 스쳤다. 아짠들도 전혀 예상하지 못한 무서운 상황이었던 모양이다. 카메라를 숨기고 그냥 그대로 강 구경 가는 사람들처럼 지나칠 수밖에 없었다.

산꼭대기에 있는 댐 건설 기지에서 메콩까지 내려가는 길도 급했다. 그런 경사에도 메콩은 울창한 숲에 가려 가까이 가기까지 그 모습을 보여주지 않았다. 마지막 마을 반따란을 지나니 그때야 생전 처음 보는 싸이냐부리 메콩의 장관이 눈앞에 펼쳐졌다. 아짠들도 처음 와보는 이곳이 멋진가 보다. 40여 분 넘게 걸린 아슬아슬한 오토바이 여행이 느긋한 소풍이 됐다. 강변 모래밭을 서성이며 막끼양을 까먹고, 사진도 찍고, 강 건너 오고 가는 사람들하고 아는 척도 하고.

이 아름답고 신비한 풍경 속에 메콩을 막을 공사에 필요한 자재들이 함께 들어 있었다. 실제 댐 구조물은 여기서 1킬로미터 정도 아래쪽에 세워질 것이라고 했다. 일단 거기까지 사람들이 이동하고 자재를 옮길 교두보가 만들어지고 있는 것 같았다. 거기에도 몇 사람이 지키고 있었다. 건설 기지에서부터 가져온 두려움을 이기려고 나는 아짠들과 정말 소풍 나온 사람들처럼 수다를 떨고 놀았다. 그래도 사진은 찍어야 하니, 재각에게는 관광객처럼 메콩 풍경을 찍는 것처럼 슬슬 돌아다니며 사진을 찍어보라고 했다.

우리가 있는 쪽은 행정구역상 싸이냐부리 도, 강 건너편은 루앙파방 도다. 아짠 쏨마이는 강 건너 마을들 이름, 가구 수까지 자세하게 이야기하며 댐이 생기면 수몰될 지역들을 멀리 손가락으로 가리켜 짚어줬다. 유치원까지 포함해 교사가 6명, 학생이 60명인 반따란 초등학교도 산꼭대기로 옮겨 가야 한단다. 오기가 생겼다. 다시 오토바이 넉 대를 나눠 타고 댐 건설 기지가 있는 꼭대기로 올라갔다. 눈치 빠르고 담대한 아짠 팟따니가 나섰다. 가게에서 음료수나 먹고 가자고 오토바이에서 우르르 내렸다. 내게 여기 사람들하고 이야기할 시간을 벌어주고 재각에게 사진 찍을 기회를 만들어주려는 아짠의 고마운 꾀였다.

아짠들이 건설 기지 앞 가게에 앉아 천연덕스럽게 연기를 하는 동안 나는 가게 주인아주머니와 이야기를 나눌 수 있었다. 아주머니는 현재 태국 사람들이 1000명 정도 들어와 있는데, 공사가 본격화하면 그 수가 1만 명에 이를 것이라고 얘기했다(싸이냐부리 군의 인구가 7만이다). 얘기를 나누면서도 내 눈은 주변을 훑고 있었는데, 아직 그 많은 사람들을 모두 수용할 정도로는 보이지 않았다. 아니면 노동자들은 여기서 안 보이는 반대편 숲속에 원두막 같은 작은 집을 짓고 있는지도 모를 일이다. 내가 얼핏 본 것하고 다르게 탱크로리도 세 개를 쓰고 있다니 그럴 공산이 크다. 또 여기 건설 기지에 태국의 세 회사가 들어와 있는데, 모두 태국 사람들이 일하고 있다고 한다. 태국 사람들은 음식 재료도 직접 사다가 밥을 해

싸이냐부리 댐 건설 기지 앞의 가게 주인아주머니와 아짠 쏨마이.

먹기 때문에 가게에 전혀 도움이 안 된다고 얘기했다. 라오스 땅에 완전한 태국의 산업 단지가 생긴 셈이었다.

그렇게 라오스의 비경, 싸이냐부리를 흐르는 메콩의 마지막 모습을 봤다. 돌아와서 먹는 저녁이, 그 맛있는 비야라오가 목에 메었다.

산골 공무원의 야무진 꿈

아짠 짠쑥의 남편 분빤은 반싸멧이 있는 싸이싸탄 군청의 총무국장이다. 분빤은 싸이싸탄 군의 사정에 관해 아주 자세히 말해줬다. 지금 싸이싸탄에서는 군청 소재지에 시장을 짓고 있는데 기둥까지 올라갔단다. 또 홍싸로 가는 길도 만들고 있는데, 길이 완성되면 홍싸에서 전기를 끌어올 것이라고 한다. 홍싸에 짓고 있는 갈탄 화력 발전소에서 전기를 가

1 냇물에 설치된 초소수력 발전기가 두 대 보인다.
2 썬라봅에서 설치한 '문제'의 태양광 발전기 전용 전구.
3 라오스 산골의 에너지 상황을 자세히 설명해준 싸이싸탄 군청의 총무국장 분빤.
4 태양광 발전기를 쓰고 있는 학교 상황과 '문제'를 진지하게 얘기해준 아짠 깜딴.

져올 것이라는 얘기다. 싸이싸탄 군청이 있는 중심 마을로 향하는 길은 모두 세 개가 있는데 각각 태국, 홍싸, 싸이냐부리에서 오는 것이다. 이 길들을 따라 전봇대를 세워서 전기를 끌어올 것이라고 한다. 2013년 싸이냐부리를 시작으로 홍싸, 그 다음은 태국에서 차례대로 전기가 들어온다. 세 곳에서 모두 전기를 끌어다 쓴다는 게 아니고, 싸이냐부리에서 가까운 길은 싸이냐부리 전기가, 홍싸에서 가까운 길은 홍싸 전기가 들어온다는 의미인 것 같았다. 그렇다면 우리가 태양광 발전기를 지원한 학교에도 전기가 들어오는지 물었다. 전기가 들어갈 수는 있는데 돈을 누가 내겠느냐고 반문하며 학교가 내야 하는데 거기 학부모들은 돈을 못 낸단다. 돈이 없어서 전기가 있어도 쓸 수 없을 것이라고 했다. 싸이싸탄 군의 재생 가능 에너지 사용 현황도 물었다.

"싸이싸탄 군에는 21개 마을이 있고, 2645가구, 1만 2441명(여자 7429명)이 살고 있다. 산 아래 마을들에서는 초소수력 발전기를 사용하는데, 위쪽 마을들에서는 초소수력 발전기를 사용하지 못한다. 위쪽 마을은 마시고 씻는 물 정도를 쓰는 형편이다. 물 가까이 있는 빡렁, 싸탄, 씨싸이텅, 미싸이 네 개 마을만 디젤 발전기와 초소수력 발전기를 함께 쓰고 있을 뿐이다. 초소수력 발전기도 집마다 알아서 사서 설치해 쓴다. 그 기계들은 모두 싸이냐부리 읍내에서 사고, 중국제다. 2006~2007년부터 사용하기 시작했다."

재생 가능 에너지를 이용한, 특히 소수력 발전을 지원할 군청의 계획은 없느냐고 물었다.

"싸탄, 씨싸이텅 마을 냇물에 조그만 댐을 지을 계획이 있지만, 2020년에나 할 수 있다. 다른 마을들에는 전봇대로 전기를 보낼 예정인데, 이 계획은 2015년까지 완료할 것이다. 이 사업은 기존 '큰 전기'의 전력망을 확대한다는 것이지 재생 가능 에너지나 전기 요금 낼 돈이 없는 사람들을 생각한 '지원'하고는 상관없는 것이다."

2020년까지 짓겠다는 작은 댐에 관해서 더 물어봤다. 분빤은 일단 군청에서는 2020년이라고 했지만 어디서 도움을 받으면 더 빨리 지을 수도 있지 않겠느냐며 우리를 쳐다봤다. 전봇대로 전기가 들어오면 작은 댐을 지을 필요가 있느냐고 다시 물어봤다. 그 두 마을은 길에서 너무 멀어서 걸어가면 8시간이 걸린단다. 700명이 사는 싸탄, 600명이 사는 씨싸이텅은 차가 다닐 수 있는, 그러니까 전봇대가 세워지는 길이 들어가지 않는다는 말이다. 가까이 있는 두 마을에 댐을 하나 세워서 마을로 전기를 보낼 계획을 가지고 있다고 하기에 그 댐의 규모나 용량, 비용 그리고 그 계획에 관심을 가진 국가나 지원 단체가 있는지 물었다. 발전 용량은 600킬로와트 이상이고, 비용은 10만 달러 정도가 들 것으로 봤다. 우리 돈으로 1억 2000만 원.

한편 이 자리에는 아짠 짠쑥과 함께 온 반싸멧 중학교 선생님이 있었다. 이름은 깜딴, 스물다섯 살이고 라오스어를 가르친단다. 우리 얘기를 들으며 두 아짠이 내내 심각한 표정이었다. 아짠 깜딴도 자세한 얘기를 들려줬다. 특히 바람에 날아간 지붕 때문에 파손된 전구 문제를 잘 알고 있었다. 전구가 고장 나거나 태양광 발전기가 원인이 아니어서 보증 기간이기는 하지만 썬라봅Sunlabob. 태양광 발전기 설치를 맡아준 라오스의 재생 에너지 회사에 청구할 수 있는 문제가 아니고, 보통 전구는 15와트인데 썬라봅 전구는 5와트여서 아무 곳에서나 살 수 없고 위양짠이나 루아파방에서만 구할 수 있단다. 가격도 10만 낍(12달러 정도지만 라오스 사람들에게는 10만 원 정도로 느껴지는 금액이다) 정도로 비싸다. 또 배터리가 작아서 하루에 두세 시간 사용한다고 분명하게 얘기했다. 썬라봅에서는 2시간만 쓰라고 했다면서 보통 3시간 지나면 스위치를 끈단다. 전구를 한두 개만 켜면 5시간 정도를 쓸 수 있다고 했다. 반싸멧에서 만난 아짠 쌩 얘기하고 조금 다르다. 아짠 쌩은 방학 동안 쓰는 전구 하나를 가지고 얘기한 것인가?

눈부시게 이글거리는 싸이냐부리의 명동 거리를 걸어 에너지광산국에 도착했다. 그런데 아직 근무 시간일 텐데 사람이 하나도 보이지 않는다. 여기저기 기웃거리고 있는데 2층에서 소리가 들렸다. 계단을 올라가 보니 작은 회의실에 사람들이 모여 있다. 안을 기웃거리니 사람이 나온다. 반싸멧 중학교에 태양광 발전기를 설치하면서 알게 된 담당자 명함을 내밀면서 자리에 있는지 물어보니, 홍싸에 회의가 있어서 갔단다. 내 명함을 내밀며 한국에서 왔는데 에너지광산국 사람을 꼭 만나야 한다고 사정 설명을 했더니 책상이 넓은 개인 사무실로 안내해준다. 잠시 기다리니 나이가 꽤 있는 사람이 나타났다. 시원스럽게 웃으며 자기소개를 한다. 싸오 캄짠, 에너지광산국 대표다.

"2005년부터 싸이냐부리 도의 빡라이, 싸이냐부리, 홍싸, 피양 군 사람들이 전기를 이용할 수 있게 중앙 정부의 전력 개발 사업을 진행하고 있다. 40퍼센트는 중앙 정부 지원이고, 60퍼센트를 각 가정에서 부담하고, 5년에 걸쳐서 상환한다. 해마다 에너지광산국이 중앙 정부에 제안서를 내는데, 작년에는 400가구가 지원을 받았다. 싸이냐부리 도 전체로는 6000가구가 원하고 있는데, 지금까지 4000가구를 지원해서 2000가구가 남아 있다. 지원 조건은 전력망에서 5킬로미터 이내 지역의 저소득층이다. 5년 안에 전력망을 다 연결할 계획을 가지고 있다. 그리고 2013년까지 마을 다섯 곳에 태양광 발전기를 공급할 예정이다."

태양광 발전기 설비는 주로 중국과 태국에서 오는데, 싸오 캄짠 대표는 대구에서 태양광 발전기 공장을 구경한 적도 있단다. 그러나 한국에서 오는 것은 운송비가 비싸지 않겠냐고 한다. 설비는 라오스 무역 회사에서 수입하고, 설치는 에너지광산국에서 직접 하는데, 기술자 다섯 명이 설치와 수리를 다 한단다. 설치와 수리하는 법은 라오스나 외국에서 배우는데, 요즘은 라오스 국립대학교에서 배운단다. 대표는 1983년 헝가리에

싸이냐부리의 명동 거리라고 할 수 있는 읍내 최고 번화가, 아짠 완텅 집 건너편 이발소 모습.

서 재생 에너지 분야 석사 학위를 받았다고 한다.

재각이 소수력에 관해서 물었다.

"600개 이상의 초소수력 발전기가 설치돼 있는 것으로 파악하고 있지만 지원은 없다. 그런데 초소수력 발전기는 오히려 우기에는 사용할 수가 없다. 비가 많이 오면 발전기가 떠내려가거나 망가져서 거둬내야 하기 때문이다. 그래서 태양광 발전기를 더 선호한다. 안전하고 오래 쓸 수 있기 때문이다. 태양광 발전기는 20년 이상 사용할 수 있는데, 초소수력 발전기는 고작 2~3년 쓸 수 있다."

그러나 이건 단순히 기술 문제라기보다 정부나 국제단체의 지원 없이 주민들이 직접 사서 쓸 수밖에 없는 초소수력 발전기가 값싼 중국제일 수밖에 없는, 경제적인 문제가 작용해서인 것 같았다. 어느 정도 이야기가 깊어지자 재각이 싸이냐부리 댐에 관해서 물었다. 대표도 중요한 문제라고 생각했는지 그 배경부터 먼저 말한다.

"라오스는 수자원을 많이 가지고 있다. 라오스 정부는 '새로운 생각'(찐따나깐 마이. 1980년대 후반 시장개방경제로 이행하기 위한 종합계획)으로 '아시아의 배터리'를 천명했다. 그러나 많은 사람들이 여기에 동의하지 않는다. 환경과 사회에 끼치는 영향을 고려하기 때문이다. 싸이냐부리 댐 때문에 마을 한 곳이 이주해야 한다(나중에 나온 말로 확인해보니 이주하기로 되어 있는 마을은 실제 댐 건설지 주민들이 알고 있는 것하고 다르게 루앙파방에 속한 마을들 네댓과 싸이냐부리 쪽 하나로, 그것도 지금 교두보가 건설 중인 반따란이 아니라 그 아래 마을 반후와이수이였다). 이것은 중앙 정부의 계획이고, 싸이냐부리 도 정부는 일부를 도와주고 있다. 지역 정보만 중앙 정부에 알려준다."

댐이 생기면 싸이냐부리에 도움이 되는지 물었다. 댐에서 생산되는 전기의 10퍼센트를 사용하고, 90퍼센트는 수출한다고 한다. 현물 말고 재정 수입을 물었다. 잘 모르겠단다. 이런, 싸이냐부리 에너지광산국 대표가 모르겠다니! 그러면서 대표는 댐을 좋게 생각한다고 말했다.

재각이 기술적인 것들을 물었다. 댐 수위를 우기 때 차지하는 정도로만 만들어서 댐이 높지 않고, 배도 다니고 물고기도 다니고 관광객도 다닐 수 있단다. 이 댐이 정치적으로는 문제가 있을 수 있지만 기술적으로는 문제가 없다고 답했다. 대표는 싸이냐부리 댐을 맡은 태국 건설 회사가 제출한 보고서를 보여줬다. 재각이 눈을 반짝였다. 사진 찍어도 되느냐고 물으니까 괜찮단다. 의외였다.

마지막으로, 우리가 위양짠에서 중앙 정부 에너지광산부에도 갈 예정인데, 앞에서 얘기한 전력 개발 사업을 좀더 자세히 설명해 달라고 부탁했다. 이 사업은 대규모 수력 발전 계획하고는 다른, 시골 지역 전력화

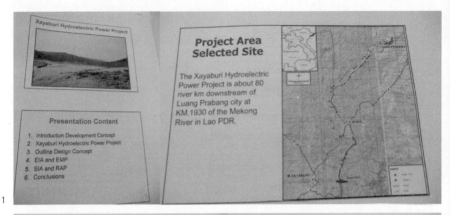

1

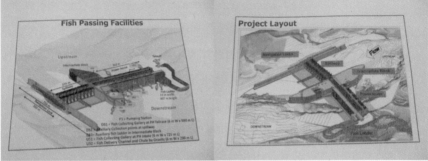

2

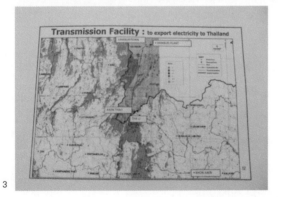

3

1 태국 회사가 제출한 싸이냐부리 댐 건설 계획서의 차례와 댐 건설 예정지 소개.
2 물고기와 선박의 이동을 설명하기 위한 설계 그림.
3 싸이냐부리 댐에서 생산한 전기를 태국으로 수출하기 위한 송전탑 경로.

프로그램인 것 같았다. 싸이냐부리 전력화율은 전력망, 태양광, 디젤, 초소수력 발전기를 포함해 72퍼센트. 78퍼센트가 접근할 수 있지만 6퍼센트는 소득이 적어서, 주전력선에서 집으로 오는 전선을 연결할 돈이 없어서 전기를 사용하지 못하는 사람들이 있단다. 아예 전력망이 없는 지역에 사는 사람들 말고 전봇대를 바로 옆에 두고도 전기를 쓸 수 없는 에너지 빈곤층인 것이다. 이 6퍼센트를 지원하는 사업이라고 설명해줬다.

일어나려는 우리에게 대표가 마지막으로 말했다. "썬라봅은 무척 비싸고, 에너지광산국이 직접 하면 20퍼센트 정도 싸다. 인건비와 물건 값이 싸다." 내가 다짐받듯 물었다. "에너지광산국에서 직접 견적서를 만들어 줄 수 있나?" "그렇다." 그러고 나서 증거처럼 이야기 하나를 덧붙였다. 다음 주 빡라이 근처 반후아이우라는 마을에 작은 댐을 건설한단다. 냇물을 막아 저수지를 만들고 관을 이용해서 물을 흘려 전기를 생산하는 방식이다. 반여이하이와 반꼭푸에서 본 초소수력 발전기하고 같은 원리다. 단 그 규모가 마을 전체에 전기를 공급할 정도가 된다는 것. 여기에 네덜란드 환경단체가 4만 달러를 댔고, 에너지광산국에서 계획을 세우고 기술자를 보낸다고.

'아시아의 배터리' 정책
그리고 5퍼센트의 희망

에너지광산부를 방문하다

라오스 시골에서 2년을 살았어도 건기면 어김없이 먼지 구덩이가 되는 버스 여행은 여전히 낭만보다는 고역이다. 하얀 마스크가 안쪽까지 황토색이 되고 입안이 버석거릴 때쯤 위양짠에 닿게 된다. 위양짠에 도착하면 무조건 씻고 잠시라도 쉬고 시작해야 한다. 몸도 마음도 차림도 위양짠에 맞추고 가다듬어야 하니까 말이다.

라오스 에너지광산부는 아주 '산업적'인 중앙 정부 부처인데도 길 앞으로 키 큰 나무가 늘어선 넓은 정원을 가지고 있었다. 건물로 들어가 미리 약속한 담당자들을 찾았다. 안내를 받고 기다리고 있으니 또래로 보이는 남자 두 명이 들어왔다. 총무과장인 캄쏘 꾸포캄, 농촌전력화 과장 아누싹 퐁싸왓.

라오스 인구는 아직 700만 명이 안 되고 성인 문맹률이 30퍼센트에 이른다. 하루 1달러 정도로 생활하는 극빈층이 30퍼센트를 넘고, 40퍼센트 이상이 깨끗한 물을 공급받지 못하고 있다. 1인당 국내총생산은 370달러, 국제 사회의 지원금이 연간 2억 달러. 라오스는 2020년까지 최빈개도국 지위에서 벗어나는 게 목표다.

또한 라오스 정부는 2020년까지 전가구의 90퍼센트까지 전기를 공급할 계획을 가지고 있다고 한다. 여기서 가장 중요한 에너지원은 수력. '수출용' 대규모 수력 발전소 말고도 싸이냐부리 공무원들이 소개한 대로 북부 산악 지역에는 소수력 발전소 20여 개가 있어 중앙 전력망에 접근할 수 없는 지역에 전기를 공급하고 있다(아시아개발은행의 2010년 통계에 따르면 라오스의 소수력 발전 가능성은 800메가와트로 추산된다. 이 양은 현재 600메가와트의 대수력 발전량을 웃도는 엄청난 잠재량이다). 그러나 농촌 지역의 전력화율은 아직 40퍼센트에도 미치지 못한 실정이다.

라오스는 한반도와 비슷하게 전 국토의 70퍼센트 정도가 산악 지역이므로 산림 자원도 풍부하다. 싸이냐부리 읍내 중심지는 물론 수도 위양짠에서도 아직 숯이 일반적인 조리 연료다. 전국적으로 봐도 가스보다는 장작이 훨씬 더 보편적일 것이다. 실제 캄쏘가 제출한 자료를 토대로 한 라오스 최종 에너지 소비 통계를 봐도 숯과 장작 같은 바이오매스가 60퍼센트 이상으로 비중이 가장 높다.

라오스 정부는 2015년까지의 국가사회경제개발계획에서도 '아시아의 배터리' 정책으로 대수력 발전소를 강조하고 있다. 동시에 재생 가능 에너지 개발도 목표로 하고 있다. 특히 세계 최빈국으로서 일반적인 원조 말고 기후변화 적응 부문에서도 국제 지원을 적극 받아내려는 전략을 갖고 있는 것으로 보였다.

이런 전략은 원죄 없이 기후변화의 최대 피해자가 되어버린 저개발 국가들에게는 당연한 것이다. 그러나 양날의 검이다. 우리가 '녹색성장'으로 핵 발전을 내세우는 것처럼, 산골 오지까지 전기를 보급하겠다면서 '수출용' 대수력 발전소를 건설하며 국제 금융 기구들의 대출 원조에 의지해야 하기 때문이다.

캄쏘는 우리가 싸이냐부리의 댐 이야기를 하며 대규모 수력 발전소의 문제점을 좀 거론해보려고 하자 세계은행의 보고서를 내밀었다. 세계은행이 라오스 중부에 댐을 건설하면서 제출한 보고서였다. 라오스의 댐들은 이렇게 국제 기준에 맞춰 환경 문제와 사회 문제 없이 진행되고 있단다. 너희 선진국들이 정한 기준에 맞춰 너희 회사들이 잘하고 있는 일인데 웬 시비냐는 의미가 입에서 읽히는 것 같았다.

아누싹도 반싸맷의 태양광 발전기나 반여이하이의 초소수력 발전기 같은 방식에는 그다지 관심이 없었다. 국제단체가 지원해준다면 몰라도 일단 대수력 발전을 통한 전력망의 확산이 우선인 듯했다. 그나마 소수력 발전소를 중요하게 여기고 있다는 게 희망이라면 희망일까.

리에와 헬베타스의 차이?

사람들은 라오스에 시민단체나 엔지오가 있는지 묻는다. 나는 그럼 없다고 단언한다. 국제 협력이나 개발 원조 단체가 있느냐고도 묻는다. 그러면 라오스가 그 종합 전시장이라고 대답한다.

이건 환경이나 생태 부문도 마찬가지다. 라오스 정부를 비판하거나 맞서서 저항하는 환경단체는 없다. 세계 시민들이 단체의 재정은 후원할지 모르지만 단체의 활동은 라오스 정부의 인허가를 받아야 함은 물론 그 집행까지도 의존할 수밖에 없기 때문이다. 이런 상황은 현장에 밀착해서 활동해야 하는 이 단체들이 부딪치는 지역 현장의 한계에서 나온다. 라오스의 현장들은 대부분 농촌이나 산간벽지다. 거기에서 최소한의 지식을 가지고 근대적인 방식으로 행동할 수 있는 사람들은 공무원 아니면 없다. 아주 초보적인 측정이나 자료 수집이라고 하더라도 지역 정부의 협조 없이는 불가능한 것이다.

이런 조건을 오히려 잘 활용하고 있는 단체가 리에The Lao Institute for Renewable Energy, LIRE다. 리에는 비영리 민간 연구 단체지만 재생 에너지 관련 국가 통계 사업을 진행하는 등 라오스 국무총리실 소속 기구이기도 하다. 따라서 에너지광산부의 주력 사업인 농촌 지역 전력화 사업에도 다양한 형태로 관련돼 있다.

리디아 마테오는 소통 담당자답게 쉽고 명확하게 리에의 활동들을 소개해줬다. 특히 리에가 집중하고 있는 사업이기도 하고 우리의 방문 목적이기도 한 초소수력과 소수력 분야에 관해서는 담당 연구원에게 자세히 설명해주라고 배려하기도 했다.

우리가 지금까지 살펴본 대로, 라오스는 정부 지원이 없더라도 초소수력 발전기를 사용할 만큼 활용도가 높은 실정이다. 그런데도 정부와 국제단체는 초소수력과 소수력 발전에 관심이 별로 없다. 그래서 리에는 북부의 씨양쿠왕Xiengkhouang, 퐁쌀리Phongsaly 등지에서 지역 조사를 했다. 그리고 소수 민족과 문맹자들을 위한 초소수력 발전기 설치와 사용에 관한 설명, 운영과 보수를 할 수 있는 지역 출신의 기술자 발굴을 위한 훈련 등 교육 활동을 진행했다. 소수력 발전 사업

리에의 소통 담당자 리디아 마테오.

은 마을 단위로 기금을 조성하게 되는데 경제적 부담을 덜 뿐만 아니라 마을의 공동체성을 유지하기 위한 방법이다.

리에는 그밖에도 라오스 현장 조건에 맞는 다양한 재생 가능 에너지 활용 방법들을 보급하고 있었다. 라오스에 흔한 자트로파 씨앗의 기름으로 발전기를 돌려 한 마을이 전기를 자급자족할 수 있게 하는 사업부터 마을 단위 폐수 위생 처리 시스템과 태양광 정수 처리 시스템까지 모두 작은 마을 단위의 에너지 자립을 돕기 위한 흥미로운 대안들이었다.

반싸멧 중학교에 태양광 발전기를 설치해준 썬라봅은 재생 에너지 설비와 에너지 서비스를 제공하는 사회적 기업이다. 2001년 설립된 썬라봅은 리에와 마찬가지로 농촌 전력화를 위한 보급과 교육 사업을 해오고 있다. 사실 리에는 좀더 적은 비용으로 재생 에너지를 공급하고 라오스 정부에 재생 에너지 관련 정책 제안 역량과 네트워크를 강화할 목적으로 썬라봅이 만든 새로운 통로라고 볼 수 있다.

썬라봅의 판매
와 마케팅 담당
자 엑나린 씨파
싸이.

썬라봅의 판매와 마케팅 부책임자 엑나린 씨파싸이하고는 벌써 세 번째 만남이다. 그다지 큰 고객은 아니지만 반싸멧 중학교에 설치한 발전기에 문제가 생겼다니까 썬라봅의 최고 책임자까지 나왔다. 그런데 전구가 파손된 뒤 똑같은 전구를 동네에서 구할 수 없다는 게 '문제'였다는 우리 설명을 듣고 나서 보인 최고 책임자의 표정은 너무나 시큰둥했다. 그럼 소규모 태양광 발전 설비에만 쓸 수 있는 특수한 전구를 몰랐느냐고, 가격이 비싼 것은 당연한 것이고, 그 전구를 싸이냐부리에서 구할 수 없는 것은 우리 문제가 아니지 않느냐는 투다. 틀린 말은 아니었다. 집안에 안 좋은 일이 있어 눈썹까지 삭발한 엑나린이 중간에서 더 당황스러워하며 이것저것 설명하며 우리 맘을 풀어주려고 애썼다. 우리도 일을 제대로 분별하지 못해서 이런 상황을 만든 게 미안했다.

방콕에서 만난 활동가 위툰은 썬라봅과 리에는 옹호 주창 운동에 적극적인 단체가 아니라고 평가했다. 썬라봅이야 기업을 표방하고 있으니 그렇게 볼 수도 있지만, 라오스에서 거의 완벽하게 활동하고 있는 것으로(인터넷 사이트의 정보를 통해서) 보이는 리에는 의외였다. 그러면서 위툰이 리에와 대조해 소개해준 단체가 헬베타스HELVETAS였다.

사무엘 마틴은 헬베타스의 기술 자문으로 마침 북동부 씨양쿠왕에서 수도 위양짠으로 내려온 길이었다. 헬베타스의 사업 현장도 리에, 썬라봅하고 마찬가지로 북부 산간 지역에 있다. 사업 내용도 거의 비슷하다. 헬베타스의 중심 사업도 '재생 가능 에너지를 통한 농촌 소득 증대Rural Income through Sustainable Energy, RISE Project'다. 단 개발 협력 단체인 만큼 초점은 그야말로 농촌 개발, 시골 산간 지역의 소득 증대다. '큰 전기'에 접속할 수 있게 하거나 전기를 쓸 수 있게 하는 게 목적이 아니라 시골 산간 지역의 필요를 충족시키는 것, 새천년개발목표[MDGs]의 충족이 최종 목표라고 한다. 앞의 단체들보다 내 관심사에 더 가깝다.

한편 사무엘이 지금 가장 고민하고 있는 지점은 두 가지 패러다임의 충돌이다. 어디까지 대규모 발전 시설로 전력을 공급할 것인가, 그래서 어디부터는 소규모 발전을 지원할 것인가 하는 문제다. 인구가 희박한 지역, 외딴 마을에 어느 정도까지 전력망을 연결할 것인가에 관한 구체적인 기준 만들기의 문제이기도 하다. 재각이 크게 동감한다. 재각의 주요 관심사다.

사무엘은 마지막에 도저히 이해할 수 없다는 표정으로, 라오스 정부는 농촌 지역에 전기를 공급하는 일에 깊은 고민과 구체적인 계획이 없는 것 같다고 얘기한다. 외딴 지역 마을의 에너지 수요를 정확히 파악하기 어렵다고 인상을 찌푸린다. 전등이 필요한지, 전화기 충전 정도만 해도 되는지, 텔레비전인지 냉장고까지인지, 그 수요를 충족시킬 경제적 능력은 되는지 등 필요한 정보가 많은데, 라오스 정부와 고위 공무원들이 그런 정보를 제대로 제공하고 있지 않다고 강하게 비판했다. 바로 이런 자세가 태국 환경단체 활동가들이 중요하게 생각한 라오스 파트너로서의 자격인 것 같았다.

한국인이 만든 라오스 국립대학교 재생에너지학과

라오스 국립대학교는 라오스 유일의 종합 대학으로 라오스의 최고 교육 기관이다. 최근 이 대학의 대학원 과정에 재생 가능 에너지를 개발하고 보급하는 방법을 배우는 학과가 신설됐다. 흥미롭게도 이 과는 한국인 교수들이 만든 것이다.

대부분 정부 공무원과 엔지오 활동가, 심지어 현직 교수인 학생들을 위해 수업은 주로 토요일 오후에 있다. 몸은 피곤해도 오랜 이동 중에 생각을 정리할 여유를 가질 수 있던 메콩 강 여정하고 다르게 하루에 두세

군데 기관을 방문해야 하는 위양짠 일정은 오히려 긴장의 연속이었다. 오랜만에 늦잠을 자는 호사를 누리고, 영어와 초등학교 2학년 수준의 라오스어가 아니라 한국말로 중요한 얘기를 맘껏 할 수 있겠다는 편안한 마음으로 학교에 들어섰다.

강의는 이과대 건물, 자그마하게 한국연구재단 표시가 붙어 있는 이 과정의 책임자 송영주 교수 연구실로 이어지는 방에서 시작했다. 오늘 우리가 참관하는 시간의 강사는 역시 이 과정을 만드는 데 중요한 구실을 한 오정수 교수. 오정수 교수는 2007년 국제기술협력단(지금 한국연구재단) 봉사단원으로 라오스에 왔다가 2010년 여름 다시 지원해 올 만큼 라오스에 애정이 각별한 분으로, 내게 이 과정이 신설됐다는 것을 처음 알려준 사람이기도 하다.

들은 대로 학생들은 각양각색이었다. 막 학부를 마친 것처럼 보이는 어린 학생부터 그 학생의 어머니뻘은 되어 보이는 현직 교수까지. 라오스는 현직 교수여도 석사 학위가 없는 경우가 많다. 학위를 소지한 비율이 점점 늘고 있지만 아직은 이런 상황이다. 또 공무원들이 외국에 나가면 재생 에너지 얘기를 많이 듣게 되니 관련 내용을 잘 알아야 하는 필요가 생겼고, 마찬가지로 정부 차원에서도 기후변화에 대응해야 하는데 방법은 모르겠고……. 그래서 재생 에너지 과정 설립 요구가 높았던 것이다. 현재 총리실 산하 수자원 환경 관련 기관과 농림부, 에너지광산부 등이 기후변화 관련 문제를 다루고 있기는 하지만 라오스에는 재생 에너지 전문가가 많이 없단다. 총리실 산하 기관의 담당자 두 명도 강의를 듣고 있다. 앞으로 에너지광산부에 재생에너지과를 만들 예정이라고 한다.

이런 라오스의 상황은 재생에너지학과의 교육 목표에도 영향을 미쳤다. 정규 대학원 과정인 만큼 처음에는 순수하게 학문 수준을 높이는 데 초점을 뒀다. 그러나 실제로 진행하다 보니 정부 정책과 관리 측면의 필요가 높고, 실제 과정을 졸업하면 관계 분야 공무원이 되거나 리에 같은 단체에서 일하거나 응용 분야의 활동을 하게 되는 경우가 많아서 조금 변경될 것이라고 했다. 아직 초기여서 정부 부처, 기업, 엔지오들과 협력이 긴밀하지 않지만, 라오스 내부 전문가를 세미나에 초청하는 등 라오스의 영향력 있는 집단과 관계를 맺는 데도 신경 쓰고 있었다.

그러나 원래 목적에도 충실할 수 있게 두 교수는 자신들의 예산을 조정해 어린 학생들의 학비를 면제하고, 상위 5등까지 한 달에 50달러씩 장학금을 주고 있었다. 또 계속 공부를 잘하는 사람은 한국에서 박사 과정을 밟을 수 있게 한국 정부 장학금을 연계시키려고 애쓰고 있었다. 두 교수가 특히 눈여겨보는 학생은 통싼띠. 리에의 직원이다. 통싼띠는 오스트레일리아에서 경제학을 전공했고, 라오스 빈곤감소기금에서 2년, 에너지광산부에서 우리에게 내민 세계은행 보고서의 대상인 남튼Nam Theun 2 댐 프로젝트 쪽에서도 4년 동안 일한 경력이 있다.

라오스 탓루앙의 파란 하늘처럼

대규모 댐 프로젝트 관련 일을 하다가 환경단체인 리에로 온 통싼띠가 이상하게 보였지만 이런 현상은 라오스 재생 에너지 정책에서도 그대로 나타난다. 라오스 정부는 대수력 발전소 6개에서 나오는 수입으로 재생 에너지에 투자하겠다고 말하고 있다. 재생 에너지로 도농 간 에너지 불균형을 바로잡겠다는 것이다. 통싼띠는 댐 프로젝트 경험을 통해 가치관이 바뀌었거나, 단순히 라오스의 부족한 전문 인력 상황으로 그럴 수 있다 치더라도, 정부 정책은 여전히 모순적이거나 아니면 금융 기구들의 속셈을 모르는 양 너무 순진해 보인다.

오정수 교수는 라오스 환경에 관련된 내밀한 문제들도 알고 있었다. 헬베타스의 사무엘이 지적한 대로 정부와 엔지오의 협력이 잘 되지 않고 있고, 특히 정부가 정보를 공개하지 않는 게 문제라고 했다. 깊은 산골에서는 군대가 금을 캐고 제련을 하는데 여기에 수은을 쓴다. 대

1 라오스의 상징 탓루앙의 하늘이 눈부시다. 2 외국인이 많은 위양짠 중심지 남푸(분수대) 주변에서 본 중국 기업의 댐 건설 사무소 간판.

규모 벌목도 아주 심각한 문제라고 이야기했다.

마지막으로 우리는 한국 정부의 라오스 지원 상황이 어떤지 물었다. 한국의 공적개발원조는 유상 원조인 한국수출입은행의 대외경제협력기 금Economic Development Cooperation Fund, EDCF과 한국국제협력단의 무상원조 양쪽에서 꽤 많이 들어오고 있단다. 그러나 재생 가능 에너지에 주목해 지원하는 사업은 아직 없는 것으로 알고 있단다. 원조라고 보기 어려운 유상 원조의 경제성 논리와 외교부 산하로 국제 협력 일반을 담당하고 있는 국제협력단의 전문성 문제인 것으로 보였다.

재생에너지학과 수업 참관을 마치고 두 교수 그리고 가족들과 탓루앙 근처 카페에서 오랫동안 이야기를 나눴다. 오정수 교수는 라오스 국립대학교에 재생에너지학과가 생긴 더 중요한 이유를 말해줬다.

라오스 사람들은 자연과 함께 살기 때문에 날씨에 관심이 많다. 특히 물 사용에 민감한데 요즘 물이 많이 부족해졌다. 2010년 여름에는 우기인데도 물 공급과 (수력 발전으로 생산되는) 전기가 자주 끊겼다. 라오스 사람들도 이렇게 기후변화 문제를 민감하게 받아들이고 있는 것이다. 기후변화는 시간이 멈추는 곳, 라오스하고도 절대 동떨어진 문제가 아니었다. 재생에너지학과를 책임지는 두 교수의 헤아림이 황금빛 탓루앙이 솟은 하늘처럼 맑았다.

Mexico

Japan

Germany

Republic of South Africa

Mexico
Republic of South Africa
Germany
Japan

평등한 에너지,
정의로운 기후를 위해

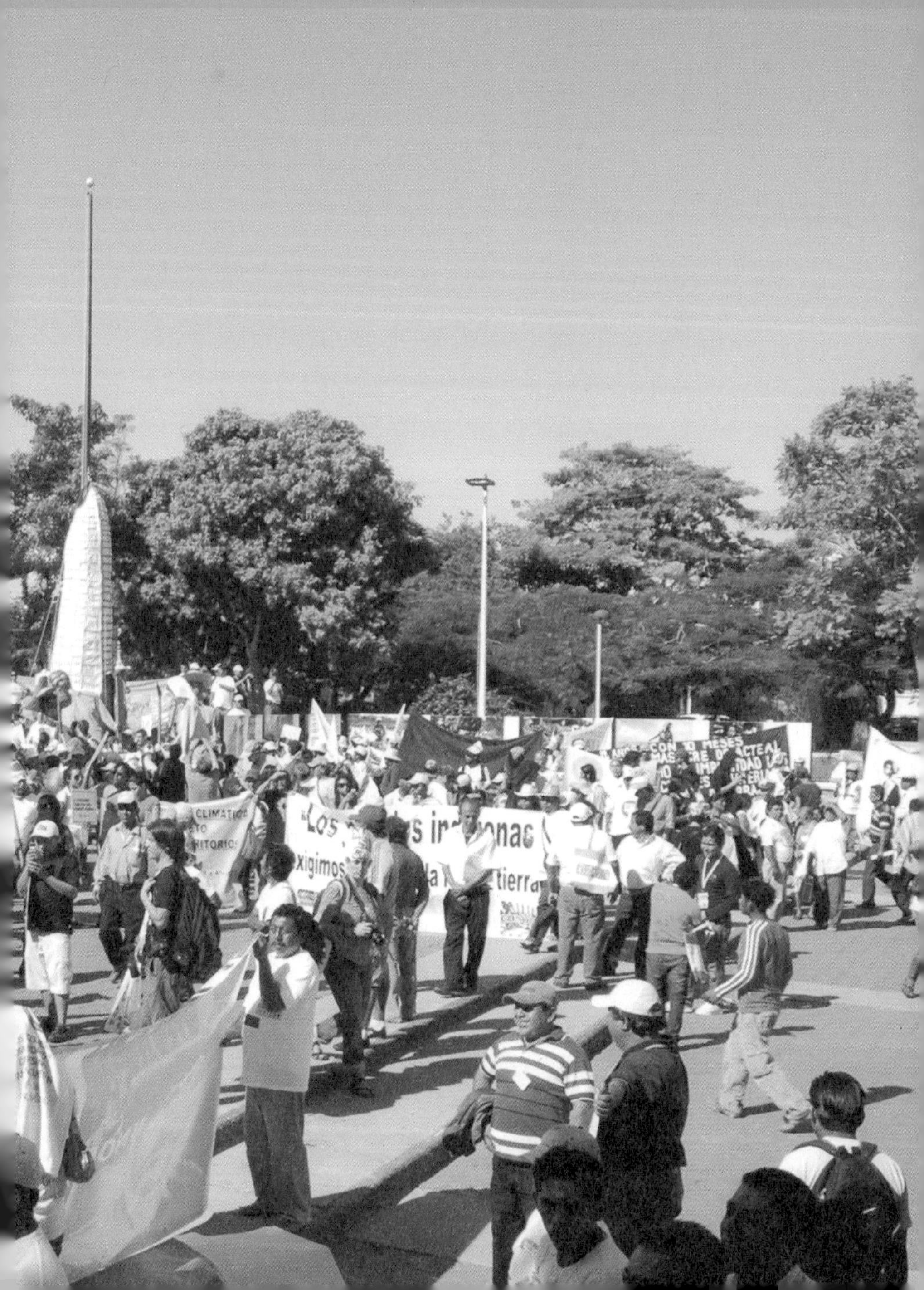

익스첼도 유엔을
구원할 수 없었다

《착한 에너지 기행》에서 떠났던 캐나다, 케냐, 인도네시아, 폴란드, 덴마크. 이 나라들은 모두 '유엔 기후변화 협약 당사국 총회'라는 공통점으로 묶인다. 뒤이어 우리는 두 번의 총회를 더 여행했는데 이번 이야기가 펼쳐지는 장소는 멕시코 칸쿤이다. 그런데 우리에게 칸쿤은 마야 문명, 카리브 해, 테킬라, 그 어느 것으로도 남아 있지 않다. 이경해 열사와 기후정의로 남아 있을 뿐. 시간을 거슬러 2010년 그곳으로 떠나보자.

칸쿤에 드리운 먹구름

해마다 12월에 2주 동안 이어지는 유엔 기후변화 협약 당사국 총회는 2008년 포즈난, 2009년 코펜하겐을 지나 정체를 거듭하면서 교착 상태에 빠졌다. 수십 차례의 공식, 비공식 회의에도 협상은 거의 진전되지 않았으며, 세계 곳곳에 울려퍼진 기후정의 목소리는 기후 협상에 반영되지 않았다. 특히 호펜하겐Hopenhagen이라고 부를 정도로 2009년 협상은 희망으로 시작했지만, 사실상 거의 아무것도 결정되지 않은 채 '코펜하겐 디스코드Copenhagen Discord'라는 절망으로 마감했다.

2010년 들어 미국과 유럽은 그 의정서를 부활시키려고 재정 지원으로 협박하고 회유해 결국 139개국이 서명하게 했는데, 현재 70개국 이상

카리브 해를 독차지한 고급 호텔. 푸르디 푸른 하늘에 먹구름이 잔뜩 몰려오고 있다.

이 감축 공약을 세웠다. 그런데 그 감축 공약들을 계산해보면 6~16퍼센트(좋은 공약~나쁜 공약) 감축에 지나지 않는다. 평균 온도 2도 상승 제한을 위해서 권고되는 2020년까지 25~40퍼센트 감축하는 안하고 비교하면 턱없이 부족한 것으로, 유엔환경계획은 이런 공약이 지켜지더라도 파국적인 시나리오가 예상되는 섭씨 2.5~5도 상승을 초래할 것이라고 예측한다. 섭씨 1~1.5도로 제한해야 한다는 주장이 거세지는 요즘 기준으로는 그 격차는 더욱 커진다.

이번 칸쿤 총회는 절망에서 시작해서 절망으로 끝날 것이라는 비관론이 1년 내내 지배적이었다. 환경부 장관 회의인데도 작년 130명의 정상들이 참여한 것에 견줘 올해는 25명만이 참가한다는 사실은 이런 상황하

일반인이 칸쿤 메세에서 문 팰리스로 들어갈 수 있는 유일한 교통수단인 바이오 디젤 버스. 사파티스타로 유명한 치아파스 주에서 재배하는 팜과 자트로파로 바이오 디젤을 생산하고 있다.

고 상관없지 않을 것이다. 국제 현실 정치의 전형인 책임 회피인 셈이다. 그런 칸쿤으로 우리는 떠났다. 2007년 인도네시아 발리 총회 때부터 환상의 팀이라고 자칭하던 이진우 연구원이 이런저런 사정으로 함께 가지 못하게 돼 조보영 연구원하고 비행기를 탔다.

인천을 출발한 지 대략 48시간 만에 16차 기후변화 총회가 열리는 멕시코 칸쿤에 도착했다. 없는 연구소 살림 탓에 중국과 일본을 경유해 비행기를 무려 네 번이나 갈아탄 보람도 없이, 이곳에서 총회가 열리나 싶을 정도로 그 흔하던 알림판도 찾아보기 어려웠다. 예전에 총회가 개최된 곳마다 의장 국가와 엔지오들이 요란하게 설치한 다양한 상징물과 문구들을 떠올려보니, 이런 낯선 풍경에 처음에는 놀랐지만 시간이 지나면서 이번 총회 분위기를 고스란히 반영하고 있다는 생각에 수긍이 갔다.

2010년 11월 29일 개막식 날, 회의장 등록을 위해 버스를 타고 달리다 보니 곳곳에 회의를 알리는 광경이 펼쳐져 있기는 했다. 국제회의답게 주요 시설에 진을 치고 있는 무장 경찰들, 기후변화 총회답게 정해진 구간을 달리는 바이오 연료 버스, 전기 자동차, 하이브리드 자동차 그리고 반쪽짜리 비공식 행사장인 칸쿤 메세Cancun Messe에 전기를 공급하기 위해 난데없이 홀로 서 있는 풍력 타워, 또 주민 동원인지 임시직 창출인지 모를 하얀 물결의 안내원과 진행 요원들.

나머지 반쪽 행사장인 공식 장소는 공항과 시내 사이 허허벌판에 새로 지어진 칸쿤 메세에서 무려 8킬로미터가 떨어진 호화로운 리조트 요새에 숨어 있다. 고위급 회의를 비롯한 공식 회의장으로 사용하는 문 팰리스. 이 초호화 리조트는 칸쿤 메세의 유엔 센터로부터 출입은 자유로운 편이지만 시공간적 제약이 심했다. 기후 협상 역사에서 이런 분리 정책은 없었을 것이다. 두 공간을 이어주는 무료 셔틀버스가 1등 세계 시민과 2등 세계 시민을 분리하는 공간 배치를 정당화하지는 않는다. 유엔 기후변화 협약 역시 점차 세계무역기구WTO의 분할 통치 방식을 수용하고 있는 게 아닐까. 이런 방식을 WTO와 마찬가지로 정의롭지 못한 협약을 만들기 위한 의도로 생각하면 지나친 해석일까.

신의 가호가 있기를

개막식이 열리는 본회의장에 들어간 지 채 5분도 지나지 않아 반바지 차림의 나는 드레스코드에 걸려 경비원의 친절한 안내로 조용히 쫓겨났다. 웬 형식은 이리 잘 갖추는지……. 사람들 옷차림을 보니, 이 더운 나라에서 에어컨 빵빵 틀고 외투까지 갖춰 입어야 하는지 의문이다. 먼 걸음한 손님들이 감기에 걸릴지나 않을까 걱정한 배려인지 모르겠지만 한숨이 절로 나온다. 많은 온실가스를 배출하면서 이곳까지 온 것은 좋은 협상 결과가 나온다면 넘어갈 수도 있는 문제다. 그러나 총회가 열리는 12월이 겨울인 추운 나라의 회의장은 너무 더워 반소매 옷을 입고 다녀야 하고, 반대로 칸쿤처럼 더운 곳이면 쓸데없이 지나친 냉방으로 너무 추워서 긴바지를 입고 다녀야 한다. 이것이 기후변화 회의에 임하는 유엔과 협상가들의 자세인 것이다.

　본회의장 밖 텔레비전 화면으로 지켜보니 총회 의장국인 멕시코 칼데론 대통령은 '대기는 국가 주권과 상관없고 개인, 그룹과 국가의 이익을 초월하지 못한다면 비극이 될 것'이라고 의장국다운 인사말을 전했다. 유엔 기후변화 협약 사무총장 피구에레스는 고대 마야 문명의 상징을 총동원해 협상 당사자들에게 영감을 불어넣었다. 맞다. 이곳 유카탄 반도는 마야 문명이 꽃핀 곳으로 유명하지 않은가. 치첸이트사, 툴룸 등 유적지가 많아 관광객들이 많이 찾는 곳이다. 이런 사실을 의식해서인지 피구에레스는 마야 문명의 달의 신이자 이성과 창조 그리고 직조의 신이라는 익스첼Ixchel로 상징되는 이곳에서 협상하는 만큼 이번 총회 임무는 쉽지 않겠지만 성공할 수 있다는 포부를 밝혔다. 여러 실을 직조해 태피스트리

tapestry. 여러 색실로 그림을 짜넣은 직물를 제작하는 데 '정치적 타협'이면 충분하다는 공허한 말도 잊지 않았다. 1995년 오존층 연구로 노벨 화학상을 받은 마리오 몰리나의 개막 연설에 탄력을 받았는지, '실용적인 결과'를 기대하는 사무총장은 비극을 희극으로 바꾸는 묘한 재주를 가지고 있었다.

　사실 칸쿤 총회를 향한 비관적 전망은 시작부터 불가능을 전제로 한 상식이 돼버렸다. 코펜하겐 협상 결렬 뒤 주요 국가들의 치킨게임을 영구 평화의 결정체가 아닌 유엔의 힘으로는 통제 불가능했다. 그런데 비관의 다른 이름은 기후협상에 거는 기대치를 낮추는 것이었다. 애초에 희망 없던 협상에 별 진전이 없어도 실망이 크지 않는 법이고, 성공하지 못하더라도 성공을 재정의하면 성공이 될 수 있기 때문이다.

　피구에레스도 협상 전부터 이런 기대치 낮추기의 전도사 구실을 하

고 다녔다. 기후변화의 파국을 막으려고 기온 상승을 몇 도로 제한하고, 2050년까지 온실 기체를 누가 얼마나 감축하며, 2012년에 만료가 되는 교토 의정서를 연장해 선진국들이 얼마나 감축해야 하는지, 이런 주요 의제는 현실적으로 합의가 불가능하다는 주술을 걸어, 세계 시민들의 기대치를 최선과 차선도 아닌 최악과 차악에 맞추고 다녔다. 단지 코펜하겐 협정문에 언급된 몇몇 사안을 가지고 1년이 지난 지금에 와서 정식화하자는 식으로. 예컨대 '개발도상국에 지원하는 기후변화 긴급 재정 300억 달러를 조성하기로 한 게 이제 1년 지났으니 이제 조성해봅시다'라고.

이런 프레임 재설정은 '세계의 이목이 집중된다'는 수식어가 붙곤 하는 기후변화 총회의 존재 이유를 다시 생각하게 만든다. 파블로 솔론 볼리비아 유엔 대사는 선진국의 이런 태도가 자신의 책임을 은폐하려는 수작에 지나지 않는다고 비난했다. 기후변화로 피해를 보는 많은 사람들과 전세계 민중은 정치인들에게 협상의 기대치를 높일 것을 요구하고 있는데, 정작 선진국들은 지구의 미래를 가지고서 정치를 하고 있다고 직격탄을 날린 것이다.

더구나 칸쿤 협상 결렬은 기대치 낮추기와 상관없이 이미 예견된 측면이 있었다. 최근 국제 온실 레짐이 더 심하게 틀어지고 있었다. 미국에서는 민주당의 하원 과반 상실로 기후 법안은 요원해졌고, 캐나다의 기후 법안도 부결됐다. 이런 불길한 기운은 협상장에서 최고점에 달했다. 러시아와 일본이 선진국들이 의무 감축하는 교토 체제의 유지와 연장을 공개적으로 반대하고 나섰다. 오스트레일리아, 뉴질랜드, 캐나다도 소극적인 태도를 보이거나 꺼렸다. 교토 의정서를 비준도 하지 않은 미국은 말할 것도 없다. 아, 이 기후 깡패 국가들을 어찌해야 하는가.

이 국가들은 경제 성장과 함께 온실 기체 배출도 급증하고 있는 중국, 브라질, 인도, 남아프리카공화국 등 신흥 개발도상국을 의무 감축에 포함시키는, 이른바 단일 트랙을 주장하고 있다. 개발도상국 감축 의제는 2007년 발리 총회 이후 꾸준히 논란의 중심에 있으면서 몇 가지 제안들이 오가고 있는데, 개발도상국이 제기하는 선진국의 역사적 책임론과 변화된 현재 배출량을 근거로 삼는 개발도상국의 현재적 책임론이 팽팽히 맞서고 있다. 그런데 기후변화에 일차 책임이 있는 선진국이 의무 감축에 소극적인데, 왜 개발도상국이 적극적으로 나서야 할까. 트랙 일원화 등 모든 이슈에 앞서 가장 먼저 선결돼야 하는 것은 선진국의 의무 감축 확대다. 그 전제 아래 신흥 개발도상국의 의무 감축 동참과 그 노력에 대한 선진국의 지원이 이어져야 한다.

하루 이틀 지나면서 기후 협상의 비관과 기후정의의 낙관을 모두 경험했다. 왜 이 먼 곳까지 기를 쓰고 와야 했는지, 그러면서도 기후정의 주체들의 역능을 직접 체험하고 싶은 생각을 지울 수 없다. 고대 문명지에서 새로운 문명의 청사진이 탄생할 것인가, 아니면 흔적만 남고 사라진 문명처럼 칸쿤은 아무런 희망도 절망도 품을 수 없는 'Can'tCun'이 될 것인가.

정부의 '저탄소 녹색성장' 마케팅

한국 정부의 독선과 아집에 가까운 녹색 외교전은 단연 압권이어서 꼭 짚고 넘어가야겠다. 세계 9위의 온실가스 배출국인 한국 정부 대표단 참가자는 100명을 넘겨 이번 총회 참석 규모로 4위를 찍었다고 한다. 기후변화 취약국의 절절한 피해를 전하는 부스들 사이 명당에 자리잡은 한국 정부의 부스는 대한민국의 국력을 상징하듯 최첨단을 달린다. 그런데 그 내용이 국내에서 그렇게나 말 많고 탈 많은 '녹색성장' 홍보인 것이다. 한국 정부가 제안해 설립한 '국제녹색성장연구소[GGGI]'를 홍보하는 자리다.

화려한 그래픽으로 연출된 4대강 사업과 핵 발전소 사진들, 그 사업들을

한국 정부 국제녹색성장연구소의 홍보 부스.

진두지휘하는 이명박 대통령의 얼굴. 2012년 기후변화 총회를 유치하는
데 총력전을 펼치고 있는 정부 대표단이 이곳 칸쿤에 있기에, 한국의 녹
색성장이 전세계 기후변화 대응에 앞장서고 있음을 '녹색 분칠'하는 데
부족함이 없어 보인다. 부스 앞에는 연일 사람으로 가득한데, 언뜻 보면
한국의 녹색성장을 향한 관심이 높다고 착각할 수도 있겠다. 옆에 있는
조보영 연구원의 설명이 재미있다. "폐현수막으로 만든 가방과 USB 때
문에 찾아오는 게 아닐까?" 방명록에 이름, 이메일, 소속을 기재하면 바
로 받을 수 있으니 그럴 수도 있겠다는 생각이 든다. 사실 이런 국제회의
장에서는 주최국과 일부 선진국들이 뿌려대는 기념품들이 제법 된다. 국
가의 위상을 드높이고 국력을 뽐내는 자리니까. 그중에서도 한국의 기념
품은 외국인들 사이에서 인기가 높은 편이다. 잘 디자인되어 있어 고급
스러운 것도 있고, 삼색의 태극 문양 부채처럼 실용적인 것까지 한국을
잘 알리기는 하는 것 같다. 물론 조보영 연구원의 걱정처럼, 방명록에 오

른 사람들이 나중에 한국의 녹색성장에 관심을 갖는 외국인들로 홍보될 수도 있겠다.

선진국이 먼저 보여야 할 책임과 보상 문제는 차치하고, 국내에서는 4대 강을 비롯한 녹색성장 논란으로 신뢰와 리더십을 입에 담는 것도 어불성설인 정부가, 하물며 어찌 선진국과 개발도상국의 차이를 줄여주는 중재자가 될 수 있겠는가. 한국 참가단의 또 다른 관심은 월드컵 개최 경쟁에서 한국에 패배를 안긴 카타르를 꺾고 2012년 18차 총회를 유치하는 것이었다. 우리는 연구소에서 제작한 〈한국의 녹색성장의 진실〉 영문 보고서를 회의장 곳곳에서 나눠 주고 통로 주변 게시판에 붙여서, 한국 정부의 '녹색 분칠'과 한국이 기후변화 총회 의장국으로서 '자격 미달'이라는 점을 알리는 데 힘을 쏟았다. 4대강 사업 중단 없는 기후변화 총회 유치에 반대한다는 견해를 밝힌 한국 칸쿤 총회 민간 대응단의 성명서 내용과 우리 보고서의 내용 덕분에 국제 엔지오들의 많은 지지를 받았다.

12월 4일에는 국제녹색성장연구소가 부대 행사를 열었다. 토요일인데도 의외로 많은 사람들이 참석한 것을 보니 무척 놀라웠다. 150석 정도 되는 회의실을 가득 채울 정도로 국제적으로 관심이 뜨거운 것처럼 보였다. 그런데 우습게도 어림잡아 80퍼센트가 한국 사람들이었다. 우리는 영문 보고서를 돌리면서 그 사람들의 표정을 지켜볼 수밖에 없었다. 방청객 중 누군가가 의례적인 질문에 의례적으로 답하는 룰을 깨고, 4대강 사업이 기후변화와 어떤 상관이 있느냐고 따져 물었다. 한승수 소장은 우리 문화인 소중한 강을 잘 살려서 삶의 질을 높여야 한다고 현문우답 신공을 발휘했다.

진심으로 한국 녹색성장에 관심이 있는 외국 참석자들도 있겠지만, 니콜라스 스턴을 보러 왔나 싶을 정도로 니콜라스 스턴의 연설 도중에 카메라 플래시가 많이 터졌다. 그 유명한 〈기후변화의 경제학The Economics of Climate Change〉 저자니까 말이다. 칸쿤 총회를 부정적으로 예측하던 대

〈한국의 녹색성장의 진실〉 보고서를 분해해 방에 붙이고 있다. 여러 곳에 붙였지만 날이 지날수록
하나둘 사라졌다.

부분의 전문가들하고 다르게, 스턴은 각국이 적극 노력해 '균형'을 맞춘
다면 긍정적인 성과를 기대할 수 있다는 낙관적 전망을 펼친 몇 안 되는
인물 중 한 명이다. 니콜라스 스턴은 국제녹색성장연구소의 부소장으
로 영입됐는데, 이번 행사의 사회자로 나왔다. 기조연설에 나선 니콜라
스 스턴은 행사장에 모인 사람들에게는 상식인 기후변화의 심각성을 강
조하며, 그 해결책으로 녹색성장을 설파했다. 니콜라스 스턴의 직책으로
미루어 예상할 수 있는 것처럼, 한국이 국제 녹색성장의 모범 사례임을
잊지 않고 알렸다.

그 뒤 2년이 훌쩍 지나 새 정부가 들어섰다. 그때의 녹색성장은 우리에게
무엇으로 기억되고 있을까?

코차밤바가 희망이다

첫째 주가 지날 무렵 후발대가 도착했다. 김현우 연구원과 민주노총 공공운수노조 국제국장인 장영배 에너지기후정책연구소 이사. 그리고 칸쿤 총회 민간 대응단도 만날 수 있었다. 반가운 사람들하고 회의장 분위기와 그때까지 협상 내용에 관해 얘기를 나눴다. 둘째 주는 국제 엔지오들의 활동이 더욱 거세지는 주간이라 잔뜩 기대에 부풀기도 했다. 2009년 코펜하겐에서 본 기후정의 물결의 감동을 기억하고 있기에.

코차밤바에서 칸쿤까지

코펜하겐의 실패를 '위로부터의 기후 협상이 초래한 바닥을 향한 경주의 결과'로 인식한 기후정의 진영이 2010년에 만든 대안적인 기후변화 총회인 '코차밤바Cochabamba 민중 총회'의 정신과 주장에 관한 공감대가 넓어지고 있다. 총회의 하이라이트는 협상 국가들이 본격적으로 이합집산하는 시기에 맞춰서 부상하는 기후정의 주체들의 직접 행동이다.

2009년 코펜하겐에서 있었던 10만 명의 기후정의 랠리와 '클리마포럼09' 행사 이후, 유엔 중심으로 진행되는 지리멸렬한 사전 협상 와중에 기후정의 운동의 전환점을 만든 사건이 기획됐다. 2010년 4월 20일부터 22일까지 3일간 볼리비아 코차밤바에서 열린 '기후변화와 지구 대지의 권리를 위한 세계 민중 총회CMPCC'는 세계 곳곳의 운동을 결집해 역사적인 기후정의 전선을 탄생시켰다. 코차밤바 총회는 정치인과 관료들 중심의 '공식' 협상 과정을 비판하면서, 대안적 총회를 '공식' 개최했다는 점에서 의의를 찾을 수 있다. 그리고 그동안 기후정의 진영이 원칙과 방향을 중심으로 담론화하고 개입하던 방식에서 벗어나 좀더 구체화된 정책과 프로그램을 제시했다는 점에서 진일보한 측면이 있다.

다양한 기후정의 흐름들

국제 공동 행동의 날이 12월 7일에 열렸다. 서로 다른 두 곳에서 행진이 진행된 점 말고도 국가—시민사회 연대를 보여주는 기후정의 전선이 특히 눈에 띄었다. 이미 올해 4월 볼리비아 정부의 적극적인 지원에 힘입은 코차밤바 민중 총회의 성과를 반영하듯, 비아캄페시나La Via Campesina, 원주민 환경 네트워크Indigenous Environmental Network, 지구의 벗 인터내셔널 Friends of the Earth International 등 많은 사회단체 대표들과 라틴아메리카 좌파 국가의 네트워크인 알바Bolivarian Alliance for the Americas, ALBA 소속 국가 고위직들이 함께 기자회견을 열었다. 그리고 이 자리에서 잘못된 협상 과정과 내용을 비판하고, 진정한 협상을 위해 기후정의 운동과 행동이 필요하다고 역설했다. 기자 회견 뒤 행진은 '기후정의를 위한 국제 행동의 날, 천개의 칸쿤'이라는 이름으로 전세계 곳곳에서 함께했다.

칸쿤 총회장 밖에서는 전세계에서 모인 민중들이 움직이기 시작했다. 가장 선두는 '생명, 환경, 사회 정의를 위해'라는 기치를 높이 든 국제 농민단체인 비아캄페시나의 캠프다. 비아캄페시나는 아메리카 대륙의 다양한 사회운동 단체들과 함께 카라반을 구성해 11월 28일부터 멕시코 전역을 나눠서 돌며 원주민, 여성, 농민, 학생들에게 기후변화 문제를 알렸고, 또 각 지역이 겪고 있는 어려움들을 담아 이곳 칸쿤으로 들어왔다.

칸쿤 시내 북쪽에 있는 캠프에는 환경, 인권, 여성, 반자본주의 등

키워드	주요 내용
기후변화 위기와 원인	– 지구 온도가 섭씨 2도 상승하면 지구 대지와 인류 문명의 파국적 결말 초래 – 자본주의 시스템이 문제의 근본 원인 – 자본주의 시스템은 자연을 상품화
기후 불평등의 원인과 양상	– 현재 체제는 인간 간, 자연과 인간 간 불평등 초래 – 상호 조화로운 관계의 복원 필요
지구 대지의 권리 선언	– 지구의 수용력에 관한 명확한 인식 – 지구의 본원적 모습의 보호
전세계 공유 비전과 기후 부채	– 전세계 공유 비전을 섭씨 1도 상승(300ppm)으로 설정 – 선진국의 기후 부채 수용 요구와 적응 부채의 인정
교토 의정서 체제와 코펜하겐 협정에 관한 의견	– 코펜하겐 협정은 자발적 수단에 의존하고 있어 실효성 없음 (섭씨 4도 상승 주장) – 또한 일부 국가가 개도국들에게 강요한 것에 불과 – 교토 의정서는 선진국 감축 의무를 규정한 유일한 법적 체계 – 교토 의정서 폐기에 반대 – 2차 이행 기간(2013~2017)에 1990년 대비 최소 50퍼센트를 자국 내에서 감축
대안적 삶의 방식	– 원주민의 삶의 방식을 확장해야 함 – 전통적인 삶의 관습을 보호
농업 보호	– 기후변화가 농업과 식량 주권을 심각하게 훼손 – FTA와 AA, 지적재산권 적용의 반대 – 기술주의적 해결책(바이오 연료 등)을 거부
숲 보전	– 상품으로 취급받는 숲의 정의를 전환해야 함 – REDD(+, ++)는 시장 메커니즘을 통해 민중의 권리를 훼손 – 선진국의 추가적이고 직접적인 자금 지원 필요
기후 난민 보호	– 기후변화는 기후 이주민과 난민을 발생시킴 (2500만 명 발생, 10억 명 발생 전망) – 선진국이 기후 이주민을 수용해야 함. – 국제 양심법정 설립
재정 지원	– 멕시코 회의에서 새로운 재정 지원 체계 신설 – 선진국은 해마다 GDP의 6퍼센트를 지원 – 개발도상국의 참여 보장
시장 메커니즘	– 시장 메커니즘에도 불구하고 선진국의 온실가스 양은 증가 – 시장 메커니즘은 선진국의 장사 수단에 불과 – 선진국의 직접 감축이 중요
법적 제재	– 국제 기후·환경정의 재판소 설립 요구 – 징계를 위한 법적 자격 부여
향후 행동 계획	– '지구 대지를 위한 전지구 민중 행동' 창설 – 2011년 2차 '기후변화 세계 민중 총회' 개최

다양한 영역에서 실천하는 활동가들로 가득했다. 그리고 '산림 전용 방지REDD'나 '농업연료agro-fuel' 같은 잘못된 해결책 때문에 피해를 당하고 있는 전세계 원주민과 농민 등 3000여 명이 함께 모여 있었다. 산림의 탄소 흡수 능력을 활용해 기후변화에 대응한다는 '산림 전용 방지'는 실제로는 열대림에서 친환경적으로 살아가는 주민들의 생존권을 위협하는 토지 수탈로 이어지고 있고, 선진국의 기업들은 산림 보호로 획득한 배출권을 팔아 이익을 남기거나 자신들의 탄소 감축량을 상쇄하는 데 이용하고 있다. 주로 식물로 만들어지는 바이오 연료는 휘발유와 경유의 대체물로 쓰이는데, 대규모 단작 플랜테이션으로 경작되는 옥수수, 사탕수수, 야자 같은 식량 작물을 활용한 바이오 연료를 특별히 '농업연료'라고 부른다. 농업연료는 생산 과정에서 엄청난 열대우림이 파괴되고 메탄 등의 탄소가 다량으로 누출돼 오히려 기후변화를 가속하고, 국제 식량 가격이 인상돼 빈국과 빈자들의 생활고를 가중시킨다는 비판을 받고 있다. 이런 이유 때문에 산림 전용 방지와 농업연료의 피해자들은 이곳에 모여 동거동락하면서 유엔 기후변화 협약 체제와 신자유주의에 정면으로 맞설 투쟁을 기획하고 있는 것이다.

칸쿤 시내 남동쪽에는 또 다른 민중의 장소인 '기후정의를 위한 민중 포럼'이 있다. 이곳에도 치아파스 등 멕시코의 다른 지역에서 출발한 카라반들이 와 있는데, 700여 명이 캠프를 차리고 있다. 이 사람들은 칸쿤에서 포럼을 준비하고 있던 현지 주민, 활동가들과 결합해 기후정의에 관한 논의를 이끌어가고 있었다. 12월 5일 일요일에 시작된 이 포럼에는 지구의 벗, 그린피스 등 국제 환경단체부터 볼리비아, 브라질 등 라틴 아메리카 지역에서 온 풀뿌리 단체에 이르기까지 여러 조직이 참여했다. 포럼 장소는 모든 시민이 자유롭게 이용하는 실내 체육관과 운동장인데, 곳곳에 민중 포럼을 알리는 깃발들이 펄럭이고 있었다.

이 중 옥수수와 농민을 형상화한 커다란 상징물이 눈길을 끌었다.

1 제3세계의 부채 탕감을 주장하는 주빌리 사우스 등이 칸쿤 시내에 모여 세계은행의 기후펀드 운영을 반대하는 집회를 열고 있다. 우리도 동참했다.
2 유카탄 반도에 있는 마야 문명의 피라미드를 엔지오가 형상화해 설치한 조형물.
3 개막식 본회의장 전경. 각국 대표들이 의견을 발표하고 있다.

투박해 보이지만 농민의 손에 들린 곡괭이와 멕시코인의 주식인 옥수수의 조합이 예사롭지 않았다. '빵과 자유'를 위한 외침은 인류 역사의 분기점마다 울려퍼지지 않았던가. 멕시코인에게 옥수수는 그런 의미다. 2007년 전세계에 충격적인 사건들이 일어났다. 아프리카, 라틴아메리카, 아시아에서 동시다발적으로 소요가 일어날 정도로 식량 위기가 팽배했다. '토르티야 사건'은 멕시코를 배경으로 한다. 투기 자본이 국제 식량 분배 체계에 유입되는 등 여러 요소가 복합적으로 작용한 결과이기는 하지만, 과거하고 다른 원인이 더해졌다. 카길, 몬산토 같은 초국적 곡물 메이저 기업들의 바이오 에너지 산업 진출이 전세계적인 곡물값 폭등의 원인 중 하나로 꼽혔다. 옥수수가 바이오 에탄올의 원료로 각광받으면서 옥수수를 주재료로 만드는 토르티야 가격도 덩달아 폭등했다. 이것이 바로 청정 에너지라고 믿는 바이오 에너지의 두 얼굴이며, 기후변화를 막으려고 만들어놓은 '기후 시장'의 단면인 것이다. 아직도 옥수수를 두고 식량이냐 바이오 에탄올이냐 하는 논란은 계속되고 있다. 우리는 사람의 먹을거리보다 자동차를 움직일 연료가 더 대접받는 세상에 살고 있는 건 아닐까.

한참을 둘러보다 개막식이 열리는 체육관 안으로 들어갔다. 거기서 기대하지 않던 반가운 얼굴이 보였다. '2010 G20 서울 정상회의'에 맞춰 열린 '서울 민중 포럼'의 기후변화 세션에 참가한 멕시코 단체 활동가 알레한드로였다. 친한 동네 아저씨 같은 느낌을 주는 알레한드로는 따뜻한 포옹으로 우리를 맞아주었다. 특히 조보영 연구원과 서울에서 맺은 인연이 떠오르는 듯 연신 반가운 웃음을 보였다. 여기저기 볼 것도 많은데 입담 좋은 알레한드로의 설명은 그칠 줄 모르고 한참 동안 이어졌다. 그러나 조보영 연구원과 나눈 이야기에는 멕시코에 국한될 수 없는 씁쓸한 뭔가가 있었다. 알레한드로는 홍수와 가뭄 피해를 당한 주민들의 소식을 들려주는 등 멕시코의 최근 상황으로 말을 꺼냈다. 그러고 나서 이런 자리를 만들 수 있어서 정말 다행이라는 말을 덧붙였다. 처음에 지역 단체

2

3

1 기후정의를 위한 민중 포럼 행사장 입구에 세워진 대형 조형물.
2 그린피스 인터내셔널 사무총장인 쿠미 나이두가 개막 연설을 하고 있다.
3 이경해 열사를 담고 멕시코를 횡단한 카라반 차량.

들이 이런 포럼을 개최한다고 했을 때, 정부에서 공간 사용을 허가하지 않았다고 한다. 그러나 계속 집회를 열고 항의를 해서 끝내 이렇게 이겼다는 것이다. 2010년 서울 민중 포럼을 둘러싸고 우리도 비슷한 경험을 했다. 한국과 멕시코, 두 나라의 공통점을 발견한 것이다. 눈치를 보니 조보영 연구원에게는 여운이 강한 대화였나 보다. 알레한드로는 얘기하면서 '한국 사람들이 그러는 것처럼'이라는 말을 자주 사용했다. 그리고 한국을 '투쟁의 국가'로 기억하고 있는 것 같았다. 글쎄, 그런 '전투적' 이미지에 관해 들어본 적은 있지만, 과거를 보나 현재를 보나 나는 그 실체를 모르겠다.

이런 생각을 하는 사이 멕시코 원주민이 마야어로 환영 인사를 하며 포럼 개막식이 시작됐다. 이어서 발언한 지구의 벗 인터내셔널의 전 의장인 리카르도 나바로는 '탄소 거래'를 주장하는 것은 돈으로 자신의 책임을 회피하려는 행위이고, 심지어 온실 기체를 계속 배출하겠다는 '범죄 행위'라며 강력하게 말문을 열었다. 그린피스 인터내셔널 사무총장인 쿠미 나이두는 아무래도 협상장에 있는 사람들에게 심각한 의학적 결함이 있는 것 같다며, 아무리 이야기해도 듣지 못하는 저 사람들에게 우리가 더욱 크게 외쳐야 한다고 당부했다. 코피아난 연구소에 따르면, 2008년 한 해에만 기후변화로 30만 명이 사망했다고 한다. 쿠미 나이두는 '지금 우리는 기후변화를 극복하고 성장할 것이냐, 가난해질 것이냐를 이야기하는 게 아니라 인간의 생과 사를 이야기하는 것'이라며, 협상단들의 정치적 행동과 개발주의적 접근을 비판했다.

그런데 개막식장 한쪽에 앉아 있던 나는 예전하고 다른 느낌을 받았다. '이 사람들의 주장이 옳기는 해. 내 생각하고 크게 차이도 없고. 그리고 당신들이 고생이 많기는 한데……. 왜 그럴까? 당연한 말씀, 감사하다는 유행어가 튀어나오지?' 냉소인지 허무인지 모를 기분 탓에 단상에서 말하는 높은 양반들에 맞춰 호응하는 청중도 낯설게 느껴졌다.

'기후정의를 위한 국제 행동의 날, 천 개의 칸쿤' 행진.

알래스카에서 온 원주민 톰은 조금 새로운 모습을 선보였다. 해마다 이런 행사에 참석한다는 톰은 이렇게 말했다.

"지난 몇 년 동안 캐나다와 미국 사이에서 많은 사람이 정치적인 이유로 이주당하고, 기후변화 피해를 당하며 죽어갔다. 그런데도 나는 살아 있다."

톰이 '나는 살아남았어요I'm a survivor!'라고 세 번 외치자 장내는 숙연해졌다. 그렇다. 지금 지구상에는 기후변화로 생사의 기로에 서 있는 사람들이 있다. 그 사람들의 삶을 앞에 두고, 또 그런 미래를 살아야 할 다음 세대를 앞에 두고, 세상은 지금도 기후변화를 성장의 문제로 취급하고 있다. 개막식이 끝나고 저녁거리를 사들고 숙소로 가는 길에 이런 숙

'기후정의를 위한 국제 행동의 날, 천 개의 칸쿤' 행진에 등장한 옥수수 조형물.

연함과 비장함이 내 '빵과 자유'와 어떤 관계가 있을까 생각해본다.

기후정의 진영은 12월 7일에 국제 행동의 날 랠리를 진행했다. 2003년 이곳에서 일어난 WTO 각료회의의 악몽을 재현하고 싶지 않은 멕시코 정부는 통제에 들어갔다. 문 팰리스에 들어갈 수 있는 엔지오의 수는 극소수로 제한됐고, 심지어 정해진 입장 시간을 놓치면 들어갈 수 없는 웃지 못할 규정도 있었다. 그리고 칸쿤 시내에서 협상장까지 가는 길 곳곳에는 군경이 소총과 기관총으로 무장하고 있었다.

미국에서 온 활동가가 이번 칸쿤에서 무엇을 기대하고 있는지 물었다. 조보영 연구원은 '협상장에서는 아무것도 기대할 게 없고, 단지 지난해보다 더 커진 우리의 힘과 움직임이 인상적'이라고 답했다. 그 활동가는 전적으로 동의한다며 바닥에서부터 움직임이 더 활발해지기를 바란다고 말했다. 그러나 이곳에서도 안타까움은 있다. 서로 같은 이야기를 할 수 있었다면 우리가 하나로 뭉칠 수 있지 않았을까. 멕시코의 엔지오들은 국내의 산적한 정치적 사안에 서로 다른 의견을 가지고 있어서 이번처럼 여러 곳에 따로 장소를 마련할 수밖에 없었다고 한다.

국제 공동 행동의 날에 모인 1만여 명의 사람들은 여러 주제에 관해 다양한 주장을 펼쳤지만, 결국 기후정의 하나로 수렴됐다. 그러나 애석하게도 그 절박한 목소리는 가국 정부 대표단에게 닿기에는 너무 멀리 있었다.

한편 우리와 국제 농민단체와 반세계화 진영은 모두 잊지 못할 이야기 하나를 품고 있었다. 2003년 WTO에 항의하는 농민 시위 도중 스스로 목숨을 끊은 이경해 열사라는, 한국에서는 점차 잊힌 기억을. 7년이 지났어도 전세계 소농과 민중은 여전히, 아니 그것보다 더 열악한 상황에 놓여 있다. 그렇게 이경해 열사가 목숨을 바친 곳을 행진하는 시위대에게 칸쿤은 잊을 수 없는 장소다.

기후정의를 품고 이곳에 모인 사람들은 코펜하겐에서처럼 빈손으로 돌아가기를 바라지는 않겠지만, 기후변화 총회는 이미 주요 국가들의 책임 회피와 말잔치로 종착역을 향해 달려가고 있었다. 선진국의 전향적인 태도 변화는 불가능해 보이고, 교착 상태에 빠져 있는 기후 협상은 인류와 지구의 미래를 어둡게 하고 있었다.

연구소 동료들하고 저녁을 먹으면서 마신 테킬라 한 잔에 목이 타들어 간다. 이성으로 비관하되 의지로 낙관할 수 있을지……. 어둠이 깔린 숙소 근처 야외 식당 어딘가에서 불어오는 가느다란 바람이 느껴진다.

볼리비아여, 눈물 흘리지 마오!

총회 폐막 예정 시간인 12월 10일 오후 6시를 훌쩍 넘겨서 11일 새벽 4시가 지나서야 협상 결과 소식이 들려왔다. 자다 깨다를 반복하다 웹사이트 이곳저곳을 넘나들었다. 해가 뜬 뒤에야 윤곽이 잡혔고, 멕시코시티 공항에서 비행기를 기다리며 '칸쿤 합의문'을 확인할 수 있었다. 진정 '기후변화 국제 협상의 새로운 시대'가 열렸을까?

좀비 컨퍼런스가 끝나다

협상가들이 밤새 무엇을 했는지 살펴보면서 지난해 이맘때 일이 떠올랐다. 3장짜리 문서에서 조금 두꺼워진 분량으로 갱신된 '코펜하겐 협정문'이 1년이 지나 날치기로 통과된 것이다. 칸쿤의 '좀비 컨퍼런스'는 그렇게 끝이 났다.

194개국 중 찬성 국가가 140개국에서 193개국으로 늘었으니, 그리고 미꾸라지 볼리비아만 끝까지 총회장 물을 흐렸으니 칸쿤 합의에 절차상 하자는 없어 보일 수 있다. 총회 의장인 멕시코의 파트리시아 에스피노자는 볼리비아의 반대가 최종 보고서에 각주note 형식으로 유의될 것이고, 단 한 국가의 훼방으로 193개 국가가 이뤄낸 타협안이 무산돼서는 안 된다고 합리화했다. "합의는 한 국가가 다른 국가들이 몇 년 동안 작업해

온 과정에 '비토veto'할 수 있는 것을 의미하지 않는다." 그러나 만장일치를 미덕으로 여겨온 '유엔 다자주의'라는 절차상 흠결의 이면에는 약자에 대한 강자의 패권주의가 숨어 있다. 한 국가가 볼리비아가 아니라 미국이었으면 결코 통과될 수 없었을 테니 말이다.

주요 선진국들이 저질러온 국제 탄소 레짐의 만행에 눈을 감는 에스피노자의 픽션은 교토 의정서를 누더기로 만든 미국에게나 적용해야 할 것이다. 유엔 기후변화 협약의 무용론을 차단하기 위해서라도 새로운 게임의 룰을 생각해보면 어떨까. 역사적 배출량의 반비례로 최빈국, 군소 도서 국가, 개발도상국에게 기후 부채climate debt 지분을 보장해, 구속력 있는 감축 목표 등 주요 의제를 결정하게 하자. 지분으로 발언권과 투표권을 부여하는 것은 총회장을 가득 채운 협상가들이 신봉하는 자본주의 룰에도 적합할 테니 말이다.

이런 방식이 마녀사냥으로 귀결될 것이라는 걱정은 잠시 접어두자. 지금 같은 현실주의에서의 타협은 역설적이게도 기후변화의 가해자(피고)가 아닌 기후변화의 피해자(원고)의 희생으로 만들어진다. 그렇다면 이런 방식이 유엔의 기능을 살리고 기후정의를 제도화하는 현실적인 방법일 것이다. '코차밤바 민중 총회'가 주장한 '기후정의 재판소'와 '기후변화 세계 민중 투표'의 의미에도 들어맞는다.

마지막까지 기후정의를 외친 볼리비아

그렇다면 볼리비아는 왜 끝까지 저항한 것일까? 먼저 칸쿤 합의의 의미를 살펴보자. 정치인과 언론인들이 즐겨 쓰는 '절반의 성공'은 절반의 진실만을 담고 있다. 이들은 대개 칸쿤에서 보잘것없는 성과라도 나오지 않으면 현 유엔 기후변화 협약 시스템이 더는 유지될 수 없음을 전제로 삼았다. 따라서 칸쿤 합의로 현재의 균열을 봉합해 1년 뒤 남아프리카공화국 더반으로 유엔 기후 체제의 생명을 연장시켰다고 평가한다.

그런데 나머지 절반의 진실은 코펜하겐 협정문과 협정문을 둘러싼 맥락이 갖는 퇴행적 성격에서 찾아야 한다. 코펜하겐 이후 1년의 협상 과정은 철저하게 미국 중심의 기후변화 피고 국가들의 외교 승리로 점철됐다. 그 와중에 중국 등 신흥 개발도상국은 선진국의 압력을 피하는 데 바빠 최빈국과 개발도상국의 의견에 동조하고 대변하는 일에 손을 놨다. 그리고 당장 기후 피해를 덜고 싶은 솔직하고 당연한 필요를 감출 수 없는 최빈국은 자신들의 욕망을 저버릴 수 없었다.

그 결과 칸쿤은 낡은 코펜하겐을 담은 낡은 부대에 지나지 않았다. 산업화 이전 섭씨 2도 상승 제한 '언급'은 변함없고(1.5도 논의를 나중에 결정하기로 한 것도 마찬가지다), 기후 부채 보상은 연간 최소 2000억 달러 논의에서 후퇴해 최대 1000억 달러로 고착됐다. 녹색기후기금Green Climate Fund, GCF은 누가 얼마나 무슨 재원으로 마련하는지 미정이지만, 어찌된 영문인지 세계은행이 최초 3년간 펀드 관리를 맡게 된 것은 아주 기민하게 결정됐다. 그리고 1년 사이의 역주행은 오히려 포스트 교토 체제의 기반마저 흔들어버렸다. 2도 상승 제한 목표에 5~9기가톤 감축이 부족하게 된 '배출 간극emission gap'을 결과한 코펜하겐 협정문의 후과는 1차 이행 기간과 2차 이행 기간의 간극gap을 없애도록 노력하겠다는 땜질 문구의 탄생이었다.

세계무역기구에 빗대어 '세계탄소거래기구World Carbon Trade Organization'로 전락했다는 비판에 직면한 유엔 기후변화 협약에는 또한 배출할당량AAU 중 구소련과 동유럽에서 경제 활동 부진으로 생긴 잉여배출권hot air 그대로 유지, 산림 훼손 방지REDD+ 신설, 탄소 포집과 저장CCS의 청정 개발 체제 확대 등 시장 메커니즘이 좀더 강화되는 '잘못된 해결책'들이 득실대고 있다. 원주민 권리, 인권, 젠더, 공동체 참여, 정의로운 전환Just Transition 등 여러 세이프가드의 수사가 있었지만, 합의문에는 빠르게 늘어나는 탄소 시장을 제어할 실질적인 장치가 부재했다.

개발도상국과 민중에게 백지 수표를 요구하는 것이라며 합의문에 격한 반응을 보인 볼리비아는 합의 없는 '코펜하겐 어코드 II' 채택을 거부한다고 선언했다. "미국 같은 강대국의 제안은 신성불가침이고, 우리 제안은 폐기 처분됐다." 그런 강제된 '잘못된 승리'는 인류 목숨으로 그 대가를 치룰 것이라면서 버텼지만, '국제 사회의 다자주의 가치를 확신시켜준 큰 진전을 보였기 때문에 칸쿤은 모든 사람에게 성공'이라는 멕시코 대통령 칼데론의 한마디에 협상장에는 기후정의가 설 자리가 없었다.

볼리비아의 마지막 한마디는 '역사가 심판할 것이다'였다. 코차밤바의 기후정의 정신은 계속 지속될 것이며, 역사는 칸쿤에서 일어난 일을 심판할 것이라고. 애초에 협상가들에게 로비하는 전술을 취하지 않던 비아 캄페시나 등 민중 진영에서는 '나쁜 협상을 할 바에는 협상을 안 하는 게 낫다'며, '이미 민중에게는 진정한 해결책이 많이 있다'고 협상 결과를 평가했다. 기후변화 총회를 부정하는 'Anti Cop' 주장이 점점 거세지지 않을까.

파차마마와 모랄레스

2010년 기후변화 총회에서 웃음거리가 된 볼리비아의 모랄레스 대통령은 2012년 10월에 자국에서 지구대지법 또는 어머니지구법Law of Mother Earth을 통과시켰다. 법안은 생명, 재생, 생물다양성, 물, 공기, 균형, 회생 등 자연에 대한 인간의 약탈을 금지하고 나아가 자연과 인간의 조화를 최대한 추구하는 의미Vivir Bien를 담고 있는데, 2010년 '코차밤바 민중 총회'의 결과물인 '코차밤바 선언'에 기반을 둬 작성됐다. 모랄레스 대통령은 민중 총회에서 '파차마마Pachamama가 아니면 죽음을!'이라고 외쳤다. 모든 생명의 중심에 파차마마로 알려진 어머니대지 또는 그 여신의 신성함을 부여하는 안데스 토착민의 영적 세계관에 지대한 영향을 받았다고 평가받는다. 볼리비아 정부와 지역 공동체들은 전통적으로 토착민에게 내려온 파차마마의 관점이 기후변화, 에너지, 식량과 금융 위기 해결에서 핵심 구실을 할 수 있다고 생각한다.

몇 년 전부터 파차마마는 환경주의자와 반세계화주의자들 사이에 유행하기 시작했다. 실제로 기후정의 운동 진영에서도 '파차마마 배우기' 또는 '파차마마 이해하기'가 크게 유행했는데, 특히 2010년에 두드러졌다. 일부 연구자는 '파차마마라는 말이 불편할 수도 있겠지만, 원주민의 이런 생각은 기후정의가 지지하는 사회정의를 위한 전투적인 투쟁과 완벽하게 양립한다'고 주장했다. 그러나 이런 담론화에 비판적인 견해도 있다. 30년 전까지만 해도 그 단어는 토착 공동체에서도 거의 언급되지 않았다고 한다. 오히려 파차마마에 관한 서구적 해석이 라틴아메리카 대륙까지 건너온 것이라는 평가도 있다. 또한 비정부 기구의 영향으로 토착민의 대중 운동이 점차 지배적인 환경단체들이 만든 용어에 젖어들고 있다는 비판도 있다('모든 담화를 파차마마화 한다').

한편 토착 원주민(선주민)의 여러 선언문에는 천연자원을 국유화해야 한다는 주장이 담겨 있다. 그 주장은 정치 운동과 결합하면서 빈곤 퇴치를 위해 천연자원 국유화 공약으로 제시되곤 한다. 볼리비아는 프랑스 회사가 '파차마마와 함께 조화롭게 일하겠다'는 약속을 받고 리튬 광산 개발권 제안을 우호적으로 받아들였다고 전해진다. 최근에는 모랄레스 대통령이 원주민들이 반대하는데도 원주민 보호 구역을 포함하는 국립공원을 통과하는 도로 건설을 강행하고 있어 지지 세력 이탈도 감지되고 있다.

2008년 푸에르토리코 역시 헌법에 파차마마의 존재가 명시되고, 그 존재는 존중돼야 한다고 작성됐다. 라틴아메리카 대륙으로 파차마마가 확산되는 흐름에 존재하는 긍정성과 부정성, 양면을 볼 필요가 있겠다. ———

볼리비아 등 약한 국가와 다양한 급진적인 목소리를 제기하는 시끄러운 시민사회를 이중으로 배제한 유엔과 멕시코 정부는 2주 동안 크고 작은 도전을 경험해야 했다. 관점과 견해 그리고 조건의 차이를 드러내면서, 칸쿤에는 여러 진지가 구축돼 있었다. 협상 개입 위주의 국제 엔지오의 칸쿤 메세와 문 팰리스, 라틴아메리카 사회단체와 기후정의네트워크의 민중 정상회의와 캠프, 비아캄페시나와 반자본주의 진영의 캠프 그리고 클리미포럼10과 국제노총이 각기 다른 장소에서 때로는 독자적으로, 때로는 연대해서 활동했다. 복잡한 멕시코 정치 지형과 투쟁의 전통에 따라 다른 전략을 취했겠지만 공통된 목소리는 기후정의였다.

12월 10일, 고위직 공식 연설이 끝날 무렵, 문 팰리스 로비에는 침묵 시위대가 나타났다. '남반부, 여성, 원주민, 젊은이, 산림 통제 반대, 코차밤바Global South, Women, Indigenous, Youth, No REDD, Cochabamba' 등의 구호를 적은 팻말을 들고 있던 활동가들은 얼마 되지 않아 보안 요원들에게 끌려 나왔다. 그리고 예상했듯이 코차밤바의 인간과 자연에 관한 보편적인 주장은 좀비들의 협상문에서 자취를 감췄다. '바닥을 향한 경쟁'이던 칸쿤은 이렇게 끝이 났다.

이곳 서민들의 1년 소득을 하룻밤 숙박비로 쓰는 주요 정부 협상가들에게 칸쿤 합의 그 이상을 바라는 것은 무리일지 모른다. 협상가들이 마시는 샴페인이 일천 사람의 피고, 협상가들이 씹는 이국의 안주가 일만 백성의 살이라면, 폭풍 몰아칠 때 백성의 눈물 떨어지고, 합의문에 박수칠 때 기후정의 목소리 높아질 것이다.

2004년에 기후정의 운동의 발상지이던 남아프리카공화국 더반에서는 세상을 바꿔 기후를 바꿀 작당이 이미 시작됐다고 한다. 주요 국가 대표들이 더반에서 역사적인 결정을 한다면 얼마나 좋을까. 그러나 각국 입법·행정 절차에 따라 국내 비준을 거치는 과정이 1년 만에 가능할지 미지

첫 주가 끝난 일요일. 우리는 칸쿤 옆 조그만 섬으로 들어가 잠시 시름을 잊고 호사를 부렸다.

수다. 현재 확실시되는 결과인, 교토 의정서를 연장하는 선에서, 다시 말해서 지금 같은 파산 상태를 유지하기로 선택하는 것이라면 휴양지로 여행을 떠나는 것하고 다를 바 없다.

　그렇다면 지금 같은 기후 레짐의 비대칭적 균형 상태에 균열을 낼 수 있는 돌파구는 무엇일까? 흥미롭게도 2009년 12월 코펜하겐 회의에 참석한, 터미네이터 아널드 슈워제네거 미국 캘리포니아 전 주지사의 발언이 생각난다. 아널드 슈워제네거는 이렇게 말하며 대중 행동을 선동했다. "역사적으로 중요한 변화는 정부가 아니라 민중에게서 나왔다. 기후 변화에 곧바로 대응하라는 민중들의 강력한 요구가 결국 정치인들을 움직일 것이다." 비록 정치적인 발언일지라도 기후 협상은 세계 시민의 기후 행동에서 비롯될 수밖에 없다는 정답을 전달한 것이다. 순수한 국가 간 협상은 존재할 수도 없고, 존재해서도 안 되기 때문이다.

1 반세계화 운동 진영의 캠프. 유엔 기후변화 체제를 반대하는 주장으로 눈길을 끌었다.
2 회의장 로비에 설치된 텔레비전 화면. 볼리비아 대통령 모랄레스가 선진국의 책임론을 제기하며 기후정의 원칙을 제시하고 있다.
3 칸쿤 메세에서 기후변화와 잘못된 해결책으로 고통받는 원주민들의 권리를 보장할 것을 요구하는 시위 현장.
4 향후 기후정의 진영의 유엔과 선진국에 대한 성토로 기후 총회의 의미가 퇴색될 것으로 보인다.

기후변화에 대응하는 노동조합의 정의로운 전환

2010년 10월, 에너지기후정책연구소는 민주노총, 한국노총과 함께 칸쿤 총회를 준비하면서 영국 노총[TUC], 노르웨이 노총[LO Norway], 영국 공공노조[UNISON]가 공동 후원하는 국제 기후변화 프로젝트[ICCP]의 하나로 진행된 '노동조합의 COP16 대응과 정의로운 전환 전략 모색'을 개최했다. 칸쿤 현지에서도 노동조합 간부로 이곳에 온 장영배 이사와 평소 정의로운 전환을 주장해온 우리는 한국 정부 대표단과 국제노총 대표단의 만남을 주선하면서 기후변화 정책에 노동 정책을 고려할 것을 적극 주문하기도 했다. ICCP 미팅을 끝내고, 12월 6일에 프로젝트 책임자인 필립 피어슨 영국 노총 선임정책국장과 칸쿤 메세에서 인터뷰를 했다. 우리 나이로 환갑을 넘긴 필립 피어슨은 온후한 인상의 할아버지 같았다.

➜ 왜 노동조합은 기후변화를 노동조합 의제로 받아들이고, 거기에 대응해야 하는가?

오늘 아침 국제노총 사무총장 샤론 버로가 강조했듯이, 기후변화는 노조의 일이다. 기후변화는 일자리, 숙련, 저탄소 사회로 이행하기 위한 투자 그리고 그 과정에서 노동조합과의 협의 등 노조와 조합원에게 아주 중요한 사항을 포함한다. 기후변화의 역사적 책임이 있는 선진국에서는 저탄소 경제와 사회로 가기 위한 기술 개발이 시급하다. 전기차, 탄소세 그리고 탄소에 가격을 붙이는 등 가격 정책과 규제를 통해 온실가스 배출을 줄이게 해야 한다. 에너지 생산과 소비도 아주 큰 문제이며, 서비스와 재화의 생산도 과거와 다른 방식으로 해야 한다. 한국 같은 선진개도국을 포함한 개도국도 선진국의 성장 발전 방식하고 다르게 저탄소 방식의 성장과 발전을 찾아야 한다. 석탄 대신에 재생 에너지원을 사용해야 하고, 핵에너지 대신에 비핵에너지를 이용해야 한다. 태양, 바람, 지

연구소 깃발을 배경으로 필리
핀 기후변화 민중 운동 단체
활동가와 포즈를 취했다.

열, 조력 등의 재생 에너지원에 투자를 늘리는 등 에너지 구성에 아주 신
중해야 한다.

**➔ 노동조합 의제로서 기후변화를 다루는 영국 노총의 활동 현황에 관해
말해 달라.**

영국 노총은 기후변화 교육을 통해 조합원과 간부들의 이해를 높이고
있다. 강력한 거대 조직은 종종 새로운 의제를 받아들이거나 새로운 방
향으로 나아가는 데 많은 시간이 걸린다. 영국 노총도 예외가 아니다. 영
국 노총은 노동당하고 많은 연대를 하고 있다. 전통적으로 노동조합은
기후변화와 에너지 문제에 많은 관심을 갖지 못했다. 이 점에서 노동조
합은 국제 연대를 통해 앞서 간 노조들의 경험과 지식, 노하우를 공유해
야 한다.

**➔ 기후변화를 노동조합 의제로 오랫동안 다루어온 당신의 경험에 비춰,
이제 막 기후변화를 노동조합 의제로 다루려고 하는 한국의 노동조합에
게 하고 싶은 말은?**

필립 피어슨 국장과 장영배 이사가 인터뷰를 하고 있다.

먼저 조합원과 간부들에게 기후변화에 관한 교육과 훈련을 해야 한다. 영국 노총의 '녹색 일터 사업'을 벤치마킹하는 것도 바람직하다. 이 사업을 통해 조합원이 자신의 일터에서 에너지의 효율적 활용과 절약에 적극적인 관심을 갖게 할 수 있다. 예컨대 퇴근할 때 전등 끄기, 사용하지 않는 사무기기 전원 끄기, 재활용과 재생이 가능한 자원을 사용한 제품 구매 등 여러 가지를 할 수 있다. 일터가 조합원에게 기후변화 대응 활동의 초점이 되는 셈이다. 기후변화를 노동조합 의제로 채택하고 조직적으로 대응하려면 노조의 전략이 필요하다. 노조 대의원대회나 총회에서 그런 의사 결정이 되어야 하는데, 그렇게 하려면 세심한 전략은 필수다. 섣부르게 대의원대회나 총회 안건으로 올렸다가 부결되면 노조는 회복하기 어려운 큰 타격을 받게 된다. 특히 노총 수준에서 이런 결정을 할 경우 정말 치밀하게 준비해야 한다. 기후변화를 의제로 채택했거나 그런 생각에 우호적이라 판단되는 단위노조나 작업장, 또는 연맹부터 차근차근 조직화하고 밑에서부터 2~3년에 걸쳐 준비하고 설득해야 한다.

카타르에 밀린 한국

콰줄루나탈 대학교 하워드 칼리지 캠퍼스

아파르트헤이트(인종 분리 정책) 철폐를 위해 오랜 기간 투쟁하고 많은 민중이 목숨을 잃은 나라. 인권 운동가의 상징이자 남아프리카공화국 최초의 흑인 대통령으로 기억되는 넬슨 만델라의 나라. 풍부한 천연자원을 보유하고 있는데도 여전히 차별과 빈곤 그리고 네덜란드와 영국이 지배한 식민 잔재를 끌어안고 살아가는 나라. 바로 17차 유엔 기후변화협약 당사국 총회가 열리는 남아프리카공화국이다.

아프리카 대륙도 생경하지만 그 대륙의 맨 끝자락에 있는 곳. 우리는 그곳으로 향했다. 11월 29일에 출발해서 멕시코 여행 때하고 마찬가지로 돌고 돌아 장장 36시간을 훌쩍 넘긴 30일, 목적지인 더반에 도착했다. 홍콩과 요하네스버그에서 체류한 시간만 18시간. 출장이 아니라 관광이 목적이라면 다를 수도 있겠지만, 정말 지루한 항공 여행이었다. 젊어서 와야지 나이 들어서는 없던 병도 걸릴 것 같았다. 폐쇄된 비행기 안에서 움직이지 못하고 사육당하는 것도 엄청난 에너지가 필요한 일이었다.

드디어 더반 공항을 빠져나왔다. 우리는 콰줄루나탈 대학교의 교수이면서 기후정의 운동에 열정적으로 참여하고 있는 패트릭 본드의 초청으로 대학 기숙사에 머물기로 약속된 상태였다. 나와 연구소는 이미 본드 교수와 인연이 있었다. 2010년에 연구소에서 번역한 《기후정의》에 실린 패트릭 본드의 글을 번역할 때 연락한 적도 있고, 그해 열린 국제 심포지엄에서 발표자와 토론자로 만나기도 했다. 패트릭 본드가 친절하게도 공항으로 마중 나온다는 소식에 더반에서는 조금은 편하게 지낼 수 있지 않을까 하는 기대를 하고 있던 참이었다. 그러나 우리의 기대는 산산이 부서졌다. 다른 사람을 대신 보내겠다는 연락을 받고도 우리는 무더위 속에서 하염없이 기다려야 했다. 더 기운 빠지기 전에 독자 생존에 나서기로 했다. 대낮이라 치안 걱정할 일은 없어 보였고, 택시 요금만 사기당하지 않으면 큰일이야 나겠나 싶었다. 나름 산전수전을 겪은 자신감, 무엇보다 보디가드인 조보영 연구원이 옆에 있으니 든든할 수밖에. 아무튼 이렇게 목적지인 콰줄루나탈 대학교 하워드 칼리지 캠퍼스를 찾아 나섰다.

경호원들이 지키는 대학 정문을 들어갈 때 비로소 남아프리카공화국의 치안 문제를 실감했다. 우리 사회도 민주화 이후의 민주주의를 걱정해야 하는 것처럼 이 나라의 실험도 끝난 게 아무것도 없는 상황에서 결정되지 않은 미래를 향하고 있겠지, 이런 생각도 잠시. 동물들이 모델인지폐를 찬찬히 헤아려 택시비를 내고 차에서 내리니 학교 건물들이 한눈에 들어온다. 건축에 관한 지식이 없지만 학교 건물 역시 과거 식민지의 역사를 보여주는 듯했다. 건물 로비에서 이 대학 학생들의 인종 차별에 맞선 저항의 역사를 보여주는 기록들을 보면서 글로 배운 내용들을 떠올렸다. 나는 어떤 여행이든 역사 여행이라고 생각한다. 그 장소의 정치적, 문화적 시간에 흥미를 느끼는데, 남아프리카공화국과 더반은 그런 면에서 무척 복잡하지만 여러 갈래로 마음을 이끄는 곳이었다.

첫 관문은 본드를 찾는 것이다. 좁디좁은 캠퍼스 타워의 엘리베이터를 타고 드디어 본드를 발견했다. 막상 만나니 성난 마음이 조금은 누그러지고 빨리 숙소에 들어가고 싶다는 생각밖에 들지 않는다. 마음씨 좋

1 콰줄루나탈 대학교 하워드 칼리지 캠퍼스 타워. 2 하워드 칼리지 캠퍼스 안의 기후변화에 대응하는 예술가 모임 집합소 안내판

고 상냥한, 그러나 속 터질 정도로 느릿느릿 걷는 학생의 안내를 받아 숙소로 가는 길은 비행 시간보다 더 길게 느껴졌다. 더위와 허기로 지친 우리가 더반 시내와 바다가 펼쳐진 경치를 여유롭게 감상하는 건 무리였다.

주변을 둘러볼 새도 없이 무거운 짐을 끌고 숙소에 도착했다. 곧바로 샤워를 하니 정신이 든다. 침대, 탁자, 의자, 옷장, 책꽂이, 이렇게 소박한 방은 오랜만에 본다. 몇 개월 머물던 구치소로 다시 들어온 것 같다. 숨을 돌리고 창밖을 보니, 어느 무명 작가의 남루한 방으로 시간 여행을 온 느낌이 든다. 펜과 종이 대신 노트북과 콘센트를 찾는 동시에 현재로 바로 돌아왔지만. 이런 출장에서 가장 중요한 건 바로 인터넷이 연결되는가 하는 문제다. 그런데 무선 인터넷이 잡히지 않는다. 야심차게 팟 캐스트도 준비했는데……. 총회가 개막한 지 이틀이 지나 어떤 상황인지 파악하지 못해 찜찜했지만, 어쩔 수 없이 인터넷은 포기하고 학교 안 행사장으로 이동했다.

카타르냐 한국이냐

공식 총회는 더반 시내 국제 컨벤션 센터에서 열리고 있지만, 인도네시아 발리를 시작으로 본격적으로 기후정의를 주장한 민중 진영은 이 대학 안팎에 마련된 민중의 공간People's Space에서 대안 총회를 열고 있다. 우리는 무료로 숙소를 사용하고 걸어서 행사장에 갈 수 있으니 출장비를 절약해 조금은 풍족하게 지낼 수 있지 않을까 내심 기대했지만, 이 작은 소망도 이뤄질 수 없다는 사실을 깨닫는 데는 그리 오래 걸리지 않았다.

한결 가벼운 발걸음으로 기이한 모양의 캠퍼스 타워가 있는 건물의 강의실에 도착했다. 하루 종일 열리는 국제노총의 행사에 50여 명이 모여 있었다. 작년 칸쿤에서 함께한 몇몇과 해후하다 아나벨라를 만났다. 폴란드에서 처음 만난 뒤로 덴마크, 칸쿤 그리고 한국에서 열린 행사에서 몇 번 본 사이라 더욱 반가웠다. 화제는 카타르와 한국이었다. 29일에 18

차 총회 유치국으로 카타르가 선정됐기 때문이다. 중동의 산유국인 카타르가 기후변화를 다루는 국제회의를 개최한다는 데 납득할 수 없다는 의견이 많았다.

"물론 한국 시민사회가 18차 총회의 한국 개최에 반대하는 건 알지만, 카타르는 정말 아니잖아요. 솔직히 내심 그래도 한국이 좀더 나을 것 같다고 바랐는데……."

"맞아요. 카타르는 아니죠. 그렇지만 그렇다고 해서 한국을 지지해서는 안 돼요."

아나벨라와 조보영의 대화에는 한국 엔지오와 국제 엔지오 사이의 묘한 차이가 흘렀다. 물론 국내에서도 적지 않은 엔지오가 유치위원회를 꾸릴 정도로 개최를 희망하는 흐름도 있지만, 우리는 칸쿤에서부터 한국 개최 불가 의견을 밝혀왔다. 칸쿤에서 개최지를 합의하지 못해서 1년 동안 카타르와 한국의 치열한 외교전이 벌어졌다. 한편 세계 시민사회는 우리보다는 자유로운 제3자의 처지에서 두 국가를 저울질했는데, 한국이 카타르보다 낫다는 견해가 더 많았다. 상황이 참 난감하다. 둘 중 한 곳을 골라야 하는데 둘 다 기후변화 국제회의를 개최하기에는 적합하지 않은 국가이니 말이다.

노동조합과 사회 운동 쪽에서는 간과할 수 없는 또 다른 이유가 있었다. 일부 인사들은 카타르 유치 반대 캠페인을 벌이자고 제안했다. 국제노총은 '노동 기본권 보장 없는 카타르에서 결코 총회를 개최해서는 안 된다'는 성명서를 발표했다. 국제노총 샤론 버로 사무총장은 두 가지 이유 때문에 카타르가 개최지가 되면 안 된다고 지적했다. 먼저 카타르는 기후변화 협상에서 계속 걸림돌이었으며 협상의 진전을 가로막아 왔다는 것이다. 또 하나는 카타르 정부의 노동조합 탄압과 노동 기본권 제한, 이주 노동자의 노동 기본권 전면 부정, 이주 노동자 억압, 착취, 살인적 저임금, 산업 재해 위험 등에서 세계 최악의 국가라는 점을 들었다.

한국 정부의 녹색성장 홍보 부스.

이런 내용을 접하다가 국제노총의 초청으로 총회 개막식에 맞춰 먼저 도착해 있는 장영배 이사를 만났다. 서울에서 출장 계획을 점검하는 회의를 한 지 얼마 지나지 않았지만 무척 반가웠다. 국제노총의 정보를 들은 장영배 이사가 전하는 카타르의 실태를 들어보자.

"노동 기본권은 법률로 극도로 제한돼 있다. 법률은 하나의 노동조합만 인정하며, 공무원 그리고 카타르 국적을 가졌지만 혈통상으로 카타르인이 아닌 노동자는 단결권이 없다. 노동조합의 활동도 법률 규제를 받으며, 정치 활동에 관여하거나 국가나 정부를 모독하는 자료를 배포하는 노동조합은 노동부 장관이 해산시킬 수 있다. 단체 교섭권은 인정하지만 정부가 단체 교섭의 규칙과 절차(단체 협약의 내용, 범위, 기간, 해석을 포함)를 통제하고 있다. 파업권은 인정되지만 합법 파업을 하는 건 너무 어렵다. 조합원의 4분의 3이 찬성해야 파업할 수 있으며 파업의 시기와 장소는 노동부의 승인을 얻어야 한다. 시간이 오래 걸리는 사전 중재 과정이 끝나야 합법 파업이 가능하다. 공무원과 가사 노동자는 파업할 수 없으며, 사회 공공 서비스 노동자는 공공에 해롭거나 재산에 해를 입힐 경우 파업할 수 없다. 석유와 가스 산업, 항만 그리고 모든 형태의 운송에 종사하는 노동자가 여기에 해당된다."

한국과 직접 비교하기에는 무리가 있지만 우리 현실과 겹치는 부분이 많아 계속 한국이 연상됐다. 국제노동기구ILO에 국제 기준에 맞게 관련 법률과 제도를 개정하거나 정비하겠다고 여러 번 약속했지만 거의 지키지 않았고, 몇 개 안 되지만 약속을 지킨 경우에도 법을 교묘하게 개정해 과거의 악법이나 잘못된 제도의 틀을 온존시키고 있기 때문이다.

다시 카타르로 돌아가자. 이 정도면 많은 사람들이 카타르를 반대할 만한 이유로 충분하다. 그런데 이게 끝이 아니다.

"이주 노동자들은 카타르 인구 170만 명의 87퍼센트를 차지하고 있다. 전체 노동력의 6퍼센트만이 카타르인이고, 나머지 노동력은 남아시아(인도, 네팔, 필리핀 등)와 동아프리카 출신의 이주 노동자들이다. 이주 노동자들의 노동 조건은 너무 참혹하며, 정부 억압도 무척 심하다. 저임금, 임금 체불, 고용주에게 광범위한 재량권을 부여하는 고용 계약, 파업 시 추방, 본국으로 돌아가지 못하게 하기 위한 여권 압수, 여성 가사 노동자에 대한 폭력과 성희롱이 자행되고 있다."

이런 상황도 우리에게 낯설지 않다. 국가명과 숫자만 바꾸면 노동 기본권, 노사 관계, 이주 노동자 처우와 관련해 우리 매스컴에 등장하는 기사 내용과 꽤 비슷하다.

물론 한국보다 카타르가 나을지도 모른다. 그러나 이렇게 비교하는 접근 방식에 문제가 있지는 않을까. 국가 간 비교가 실태를 이해하는 데 유용하더라도, 알게 모르게 비교 우위를 전제해 차악을 선택하고 그 선택을 정당화하는 논리로 작용하지는 않을까. 이 프레임에 빠진다면 우리 역시 더 열악한 것과 덜 열악한 것을 저울에 올려놓고 재는 함정에 빠지는 건 아닐까. 정작 그 상황에서 어려움을 겪는 당사자들은 이런 비교를 기꺼이 받아들일 수 있을까. 시간이 지날수록 우리의 판단이 너무 협소한 것은 아닐까 자문해본다. 국가적인 것과 국제적인 것 사이에 균형을 잡는 시각이 필요했다. 한국도 안 되지만 카타르도 안 된다. 그렇다면 유엔 기후변화 협약 사무국이 있는 독일 본이나 결격 사유가 없는 다른 지역에서 개최하도록 더 강하게 주장했어야 했다.

비현실적인 주장이라고? 너무 지나친 생각 아니냐고? 그렇지 않다. 남아프리카공화국도 인종 차별 정책 때문에 국제 사회의 경제 제재를 받은 적 있지 않은가. 군부가 장악한 버마도 얼마 전까지 마찬가지 신세였다. 그래도 한국처럼 경제적 이해관계가 있는 나라에서는 버마에 계속해서 투자를 했지만 말이다. 아무튼 경제 제재를 가할 수준은 아니라도 중대한 의제를 다루는 국제회의 개최를 정부의 치적으로 삼을 명분만이라도 제공하지 않을 수 있다는 것이다.

이번 일을 계기로 국제 노동 운동을 포함한 국제 사회에 기후변화 총회의 개최국이 되기 위한 최소한의 조건과 자격을 설정해야 하는 것 아니냐는 의견에 일정한 공감대가 형성된 것은 그나마 다행이다.

"입만 열면 국가 이미지나 품격을 강조하는 한국 정부가 해야 할 일은 또 하나의 화려한 국제 행사를 유치하지 못한 것을 서운해할 게 아니라 국제 기준에 못 미치는 노동 기본권과 노사 관계 관련 법률을 전면 개혁하고, 이주 노동자에 대한 부당한 차별과 처우를 철폐하는 것이다."

장영배 이사의 말에 박수를 보낸다. 그런데 대한민국의 품격이라는 게 있나? 있다면 뭘까 궁금하다.

불길한 징조들

우리는 패트릭 본드와 함께 민중의 공간의 공식 행사로 '녹색경제의 명암'이라는 세션을 열기로 한 터라 연구소 성격에 맞는 국제 활동을 꿈꾸기도 했다. 행사 리스트를 보니 계획대로 12월 6일에 잡혀 있었다. 그런데 시간이 오전 10시라 좀 불안하기는 했다. 아무튼 이 일에 관해 논의할 겸 국제노총 행사 막바지에 본드를 만났다. 그런데 한국에서 주고받은 내용하고 다르게 뭔가 이상하게 흘러가는 것 같다. 대학에서 개최하는 모든 행사를 지원하고 실무를 챙기느라 정신없어 보였다. 007의 본드처럼 대단한 능력자이기는 하지만 우리에게 큰 관심을 보이지 않는 인상을 받았다. 불길하다. 부디 우리에게도 더반의 태양이 비치기를……

낯선 곳에 적응하려면 시간이 필요하다. 그러나 시간보다 더 급한 건 의식주다. 무엇보다도 뭘 먹어야 한다. 5시가 넘어가니 국제노총 소속 참가자들이 짐을 챙기고, 장영배 이사도 전세 미니 버스를 타고 학교를 떠난다. 우리하고 헤어지면서 시간 내서 세련된 자신들의 숙소로 꼭 오라고 말했지만, 우리는 빨리 기숙사에 들어가 뭔가 조치를 취해야만 한다. 이번 총회에서는 공식 회의보다 회의장 밖의 현장에 집중할 계획을 세운 터라 국제 컨벤션 센터에서 출입증을 서둘러 받을 필요도 없었다.

한국에서 챙겨온 간단한 식량을 먹는 것보다 현지 음식을 먹어야 한다는 신념으로 학생 식당을 찾아다니기 시작했다. 그런데 아무것도 보이지 않았다. 단 하나 있는 구내식당의 문은 닫혔고, 자판기 하나 없었다. 행사 참가들을 상대하기 위해 들어왔을 법한 매대 두 곳도 이미 장사가 끝났다. 그리고 보니 행사장에 조형물과 현수막도 예상보다 많지 않았다. 허기가 져서 그런지 몰라도 예전하고 다르게 조금은 스산한 기운도 감돌았다. 지리도 익히기 전에 해는 지고 어둠이 깔린다. 이 큰 도시에서도 아프리카의 밤이라고 생각하니 뭔지 모를 무서움을 느꼈다. 우리는 하는 수 없이 빈속으로 기숙사 보안문으로 들어왔다.

컵라면과 햇반, 통조림 몇 개. 비상 식량으로 첫 끼니를 때우려고 하니 뭔가 억울했다. 더군다나 우리에게는 물도 얼마 남지 않았다. 어둠을 틈타 학교 밖 탐험을 감행하기로 결심했다. 학교로 들어올 때를 생각해 보면 정문으로 가면 안 된다. 높은 지형에 있는 대학인지 몰라도 학교 정문으로 오는 길에는 아무것도 없었다. 대학에는 후문이 있기 마련, 캄캄한 숲 속으로 난 오솔길로 내려갔다. 불길한 징조들이 하나씩 현실이 되듯이 공교롭게도 비가 오기 시작해 길이 미끄럽다. 머피의 법칙인가.

불현듯 1990년대 중후반에 비오는 새벽에 관악산을 넘은 기억이 난다. 왜 내 추억들은 이런 종류가 많은지……. 얼마나 지났을까. 한참 헤매고 있는데 다행히 지나가는 학생을 만나서 후문으로 가는 정보를 얻었다. 비탈진 곳에 세워진 정체 모를 건물 몇 개를 지난 뒤 드디어 탈출구를 발견했다. 후문에 높다랗게 서 있는 가로등을 상쾌하게 통과하니 앞은 암담할 정도로 깜깜하다. 아무리 방학이라도 학생들은 다 어디 간 건지, 왜 주변에는 주택이나 상가가 보이지 않는지, 물정 모르는 이방인이 된 느낌이다. 인도네시아 칼리만탄 한복판에 있을 때 갑자기 천둥 번개가 치고 굵은 비가 내린 밤에도 무섭지 않았는데, 우리 말고 아무도 없다는 사실만으로도 더반의 첫날 밤은 불안했다. 200미터쯤 길을 내려가니 자동차 소리가 들리고 형광등 불빛이 보였다. 다행이다. 햄버거와 피자 등을 파는 가게가 네 개나 있다. 편의점이나 슈퍼마켓이 없어 아쉽기는 하지만 일회용 식기에 패스트푸드를 담아왔다. 시원한 맥주라도 한잔 넘기면 금상첨화겠지만 불가능했다. 인정하기 어려운 현실에 목이 탔다. 아무리 출장이라도 현지 음식에 그곳 술을 마시는 즐거움이 없다면 불행한 여행이 된다. 이슬람을 믿는 국가나 지역, 특히 농촌에서는 술을 찾기 어렵다는 것은 인도네시아 여행에서 뼈저리게 경험했다. 한번은 대낮에 술을 찾아 1시간이 넘게 헤맨 적도 있었다. 소도시에서는 그나마 그런 일이 가능하지만, 오지 마을에서는 불가능했던 기억도 난다. 그 뒤로 적도에 걸

1

2

1 더반 시민들이 민속 공연을 즐기고 있다.

2 며칠이 지나자 저녁에 행사 참가자들을 위한 야외 식당이 열렸다. 이곳에서 우리는 일과를 마치고 카레와 맥주를 즐길 수 있었다.

쳐 있는 나라와 술 마시기 어려운 나라에는 결코 가지 않으리라 다짐했건만, 이런 일이 또다시 벌어지다니…….

그 뒤 며칠이 지나서야 우리는 이곳 음주 시스템을 알게 됐다. 허가받은 판매점에서만 술을 팔 수 있고, 시내에 있는 큰 마트에서도 와인 말고 다른 술은 팔지 않는다는 사실을. 그리고 담배는 많이 피우지만 술은 많이 마시지 않는 분위기라는 것을. 더운 지역에서는 술 소비가 많지 않을 것이라는 추측을 해본다. 첫날 경험을 교훈 삼아 우리는 시내에 나갔다 들어올 때마다 맥주를 사 오기로 결의했다.

하루 일정을 마치고 잠자리에 들었다. 잘 돌아가지 않고 모든 게 엉망이 될 것 같은 불안감이 엄습한다. 연구소에서 중요하게 기획한 세션을 본드에게 지나치게 의존한 것은 아닌지 후회가 들기도 하고, 인터넷 사정이 열악해서 작업을 하는 데 지장이 생길 것 같고, 뭘 할 수 있는 게 없다는 푸념을 늘어놓게 된다. 그래도 낡은 다락방의 운치, 근처에서 들려오는 새들의 생소한 울음소리, 이곳 학생들의 낙천적인 대화와 웃음소리, 어둠속에서 불어와 새벽을 식혀주는 선선한 바람, 이런 여유를 만끽하는 것도 나쁘지 않다. 앞날이 보이지 않는 불투명한 하루였지만, 액땜했다고 치자. 결국 시간이 해결해주겠지.

오염자의 총회를 향한 아만다!

《타임》이 프로테스터^{Protester}를 '2011년 올해의 인물'로 선정할 정도로 점령 운동은 전세계를 휩쓸었다. 2011년 끝자락, 분노한 사람들은 더 반을 점령하자고 외쳤다. 이곳에 모인 전세계 사회단체 활동가와 아프리카 민중은 '이제 기후변화 협약 당사국 총회^{Conference of Parties}는 오염자의 총회^{Conference of Polluters}가 됐다'고 비꼬았다. 이런 과격한 주장을 접하면서 나와 연구소의 염려가 현실이 되고 있다는 상황에 마냥 기뻐할 수만은 없었다. 미리 준비해 간 〈기후정의 전략 — 유엔 기후 레짐과 녹색 경제를 넘어서〉라는 리플릿에 나는 국제 상황을 분석하고 전망하는 글을 썼다. 국제적으로 유일한 기후 레짐이 깨진다고 상상하면 많은 사람들은 공포심을 느껴 형식적인 틀로라도 유지될 수 있게 머리를 맞댄다. 당장은 기후변화에 관해 만족할 만한 행동으로 이어지지 않더라도 그런 최후의 보루가 없으면 우리의 미래는 없다고 판단한다. 그러나 2011년 내내 유엔 기후변화 협약 체제 무용론이 득세했다. 이런 회의적인 자세는 올해 갑자기 나타난 게 아니라 코펜하겐과 칸쿤을 겪으면서 지금 같은 국제회의가 과연 제구실을 할 수 있을지, 그것도 마감 시간이 정해진 조건에서는 가능하지 않다는 냉정한 사고에서 비롯된 것이다. 불행하게도 우리는 다음 주에 타결된 더반 플랫폼^{Durban Platform}으로 이런 사실을 재확인했다.

민중의 공간 말고도 국제 농민단체 비아캄페시나와 원주민 그룹의 대형 텐트에서도 아래로부터의 총회를 지속하고 있었다. 그리고 새로운 흐름으로 등장한 것이 기후변화 총회 점령 운동Occupy COP 17이다. 월스트리트 점령 운동Occupy Well Street이 더반으로 퍼진 것이다. 사람들은 기후변화 협약 당사국 총회가 기후변화를 막기 위해 전세계가 노력하는 자리가 아니라 1퍼센트의 선진국, 초국적 기업, 쾌락적 부유층의 이익을 위해 움직이는 공간이 되어버렸다는 진실을 폭로하려고 모였다. 유엔 회의가 1퍼센트만을 위한 총회라면 민중은 기꺼이 그 총회를 부정하고 99퍼센트를 위해 투쟁할 것이라고 밝히고 있다. 민중은 더는 1퍼센트의 오염자의 총회를 믿지 않으며, 1퍼센트가 선호하는 방식도 신뢰하지 않는다.

12월 2일, 남아프리카공화국의 민주좌파전선DLF이 주최한 '기후 청문회'에 참석했다.

"사람들은 내가 이야기하면서 울면, 슬퍼서 운다고 생각하죠. 그러나 나는 슬픈 게 아니라 화가 나는 거예요. 분노입니다"

기후변화 피해 사례를 증언하는 자리에 선 원주민 네트워크의 여성 참가자의 이야기에 이어서 또 다른 참가자의 분노를 들었다.

"그 사람들은 정말 우리와 다른 곳에 사는 건가요? 지구에 살지 않는 사람 같군요. 이렇게 모든 공동체가 사라지고 사람들이 죽어가면 저 협상장 안에 있는 사람들은 어떻게 될 거라고 생각하는 건가요? 화성에라도 가서 살 건가 보죠?"

에콰도르와 필리핀에서 온 주민들이 겪고 있는 현장의 목소리만으로 끝났다면 또다시 무력감이 찾아왔을지도 모른다. 그러나 아프리카와 영국, 미국, 인도, 티베트, 브라질 등의 주민들이 주장하고 실천하는 다양한 대안들은 권력자들의 먼 이야기보다 더 설득력 있었다. 특히 청문회를 주최한 민주좌파전선의 '아프리카는 불타고 있다. 지금 체제를 바꾸자.

연구소가 제작한 리플릿과 기후정의연대 성명서. 리플릿은 그럭저럭 인기가 있었지만, 성명서는 착한 표지와 북극 곰이 이곳 정서와 맞지 않았는지 많이 줄지는 않았다.

총회를 점령하자'는 선동은 비록 선언일 뿐이지만, 모든 사람들이 공감했다. 그러나 신생 좌파 조직의 격한 주장은 아프리카민족회의^ANC^ 같은 정치 권력과 맞서기에는 힘겨워 보였다.

　행사가 끝나고 짐을 챙기는데 밖에서 노랫소리가 들린다. 나가 보니 한쪽에서는 왁자지껄 소란스럽고, 다른 쪽에서는 춤과 노래로 흥이 넘친다. 첫날에도 이런 장면을 슬쩍 지나친 적 있는데, 이곳 사람들의 투쟁 문화를 엿보는 기회가 됐다. 정말이지 시도 때도 없이 이런 모습을 보는데, 처음에는 무슨 내용인지도 모르겠고 분위기에 동화되지 않아 시끄럽다는 생각도 했다. 그러나 이 사람들과 함께 걷고 옆에 있는 시간이 늘수록 따라 부르게 되고 몸을 좌우로 흔들게 됐다. 이곳 전통과 인종 분리 정책에 맞선 저항의 역사가 만난 것이라고 하니 더 친근해진 느낌이다. 역사를 글로 배운 한계인가 보다.

국제 컨벤션 센터 근처에 걸린 '오염자의 총회'를 비판하는 현수막.

더반에 모인 엔지오들이 주장한 '기후총회를 점령하라'는 메시지를 담은 현수막.

　　다른 행사장에는 빨간 티셔츠를 맞춰 입은 아프리카인이 가득 모여 있다. 남아프리카공화국에서도 녹색 일자리를 향한 관심이 뜨거웠다. 독일과 영국 등에서 후원을 받아 진행된 〈국제 기후 일자리 컨퍼런스〉는 유럽의 녹색 일자리 담론과 정책을 적용하기 위한 의도로 읽혔다. 선진국과 신흥개도국뿐만 아니라 아프리카에서도 녹색 경제와 녹색 일자리를 적극 고민하고 있다는 점이 흥미로웠다. 물론 남아프리카공화국은 아프리카 대륙에서 경제가 가장 발전한 나라다. 그러나 정치적 민주화가 공고화되기도 전에 경제 개혁의 좌절과 함께 찾아온 신자유주의 물결에 휩쓸리면서 어려움에 부딪쳤다. 사회, 경제 문제에다 생태 문제가 중첩되는 상황에서 녹색 일자리로 출구를 찾는 것은 산업화된 국가에서 당연한 반응이다. 이 자리를 기획하고 참가한 노동조합회의^{COSATU}를 비롯한 노동자들이 정부 당국보다 녹색 가치를 더 적극 수용하려는 노력을 엿볼 수도 있었

행사장에 참가한 남아프리카공화국 시민들이 모여 노래를 부르며 춤을 추고 있다.

다. 무엇보다 영국에서 활발하게 전개되는 '백만 개의 기후 일자리' 캠페인이 직수입된 점도 신기하다. 식민-피식민지라는 역사적 관계를 생각해 보면 어느 정도 수긍이 간다. 제국주의 국가의 시민사회는 자신들의 역사적 책임을 의식해 아무래도 피식민지 국가에 관심을 갖고 이런저런 지원을 한다. 이런 차원에서 영국의 노동조합과 사회 세력의 활동이 남아프리카공화에 수용되는 것은 당연한 일인 것이다.

기후변화와 에너지 영역은 경제와 일자리 영역과 밀접한 관계를 맺기 때문에 우리는 환경, 사회, 경제, 이 세 축을 통합적인 관점으로 바라본다. 이런 점에서 며칠 전 국제노총의 모임에서 논의된 내용 중 기억나는 주장이 있다.

"정의로운 전환을 위한 단일한 해법은 없다."

"정의로운 전환 프로그램은 다양한 상황과 필요라는 조건에 따라 충분히 다양하고 유연해야 한다."

꽤 의미심장하고 각국과 지역의 조건을 고려하면 아주 설득력 있다. 실제로 국제노총이 개최하는 행사를 돌이켜보면, 발표자들은 같은 개념

영국에서 온 조너선 닐의 '국제 기후 일자리 컨퍼런스' 강연.

과 슬로건을 언급하지만 어딘가 일치하지 않는 부분이 있다는 점을 깨닫게 된다. 같은 용어와 표현을 쓴다고 해서 각자 놓인 상이한 맥락을 고려하지 않고서는 실제 내용이 일치하지 않는 어떤 간극을 느끼게 된다. 그렇다면 이곳은 녹색 경제를 어떻게 상상하고, 앞으로 그 길을 어떻게 개척해갈까?

3일째에 접어드니 학교 지리도 눈에 익고, 끼니를 해결하는 법도 터득했다. 비록 아프리카 태양 아래에서 산악 행군을 하는 시행착오도 겪었지만 이제 학교 안팎의 지형지물 파악이 끝났다. 버스를 타고 시내로 가는 방법도 익혔다. 불안하기는 하지만 인터넷도 연결돼 기사를 쓰고 한국에 보내는 게 한결 수월해졌다. 뭔가 좋을 일이 생길 듯하다. 과연 그럴까…….

아만다! 아워쥬!

드디어 국제 공동 행동의 날이다. 해마다 총회에서 가장 인상 깊은 행사다. 이번에는 어떨지 매번 궁금증을 자아낸다. 우리는 간단히 아침을 챙겨 먹고 학교 정문에서 하얀 미니 버스를 기다렸다. 이 공식 버스는 행사 참가자들이 행사장과 숙소와 주요 거점 사이를 오갈 때 무료로 이용할 수 있어 인기가 높다. 이 버스를 놓치면 30분에서 1시간을 기다려야 한다. 아니면 더 내려가서 이곳 주민들의 일상적인 교통수단인 허름하지만 같은 크기의 버스를 유료로 이용해야 한다. 그런데 이 버스는 관습적으로 정해진 구간이 있기는 하지만 우리에게 익숙하게 정형화된 어떤 시스템은 없다. 정거장도, 운임표도, 버스 노선도 없다. 마을버스와 택시의 중간 형태라고나 할까. 최종 목적지 근처에서 내리면 되는데, 우리 같이 길 모르는 외국인들에게는 모든 게 낯설다. 국제 공동 행동의 날의 행진이 시작되는 시내 광장으로 가려는 사람들이 너무 많아 우리는 하는 수 없이 현지 주민들과 어울리기로 했다. 더반 시민이 버스를 이용하는 모습을 지켜보고 용기를 내 버스에 올랐다. 사람 사는 곳이야 다 똑같지 하는 생각을 하며 여유를 찾았지만 이내 버스가 멈춰 섰다. 교통 체증으로 꼼짝없이 차량들이 뒤엉켜 도로에 갇힌 신세가 된 것이다. 한참이 지나서 버스 운전기사가 묘기 부리듯 아수라장을 헤쳐 나와 사람들이 우르르 내리는 거리에 내렸다.

집회와 행진이 열리는 곳을 찾기란 그리 어렵지 않다. 멀리서도 군중이 운집한 소리와 마이크 음향으로 쉽게 찾아갈 수 있으니까. 두리번거리며 그 소리를 쫓아 몇 블록을 걷다 보면 자석처럼 붙게 된다. 행진 전이라 조금은 한산했는데 그 덕분에 장영배 이사를 쉽게 만날 수 있었다. 뭔가 진행되기 전에 대중을 배경 삼아 기념사진을 찍었다. 그래도 움직일 기미가 없자 주위를 어슬렁거리며 둘러보기 시작했다. '뭔가 특이하고 새로운 거 없나. 뭐, 별거 없네' 같은 생각을 하던 차에 눈에 띄는 게 있었다. 남아프리카공화국의 노동조합회의, 그 산별노조인 전국금속노조[NUMSA]와 전국광산노조[NUM] 노동자들이 사회단체들과 함께 탈핵을 주장하는 피켓을 들고 있는 게 아닌가. 이런 행사에서 탈핵 이야기는 쉽게 접할 수 있지

대학 정문에서 버스를 기다리며 춤추는 아프리카 사람들.

만, 그런 일은 주로 환경단체에서 주도한다. 그런데 이곳에서는 노동조합에서 탈핵을 공식적으로 들고 나온 것이다. 아프리카 대륙에서 유일하게 핵 발전소를 가동하는 남아프리카공화국에서, 그것도 환경단체가 아니라 노동조합이라니. 후쿠시마 사고 뒤 한국하고 비교하면 터무니없다는 생각이 들기도 하지만, 내부적인 동학이나 맥락을 무시하고 무작정 두 나라를 비교하는 버릇을 고쳐야겠다는 다짐을 다시 해본다.

이 사람들이 이렇게 나선 이유를 생각해보는 동안 행진을 이끄는 차량에 달린 스피커에서 구호가 터져 나온다. '아만다Amandla!'가 선창되자 그 뒤를 이은 수천 명이 '아웨쥬Awethu!'를 외친다. 이곳 줄루어로 '민중에게 권력을!'이라는 이 슬로건은 더반 시내에서 4시간가량 울려퍼졌다. 더

전국광산노조 노동자들이 탈핵 피켓을 들고 행진하고 있다.

반 시가지를 돌아 총회장인 국제 컨벤션 센터를 지나 해변으로 향하는 행진 대오는 쉼 없이 기후정의를 외치고, 자본과 시장을 기반으로 한 잘못된 해결책을 만들어내는 유엔을 비판했다. 특히 협상장인 국제 컨벤션 센터를 지나갈 때는 더욱 목소리를 높였고, 절규에 가까운 민중의 목소리는 바리케이드를 넘어 더반을 채웠다.

이미 총회는 기후변화로 힘겨워하는 사람들의 희망의 자리가 아니라 절망의 자리이자 분노의 자리가 되어가고 있기에 당연한 외침이었다. 기후변화를 막기 위한 방안이라고 만들어낸 시스템은, 자본의 녹색 투자라는 이름으로 개발도상국에 들어가 공동체와 주민들의 삶과 권리를 침해하고 지구를 파괴하고 있으며, 이런 과정을 통해 만들어진 오염 배출

권리를 사고팔아 기업들의 배를 불려주고 있으니 말이다. 그 결과 민중은 지금껏 민중과 지구를 위해 기후변화와 싸우고 있다고 생각하던 유엔과 맞서야 할 상황에 놓이게 됐고, 분노하게 된 것이다. 유엔 회의가 지속적으로 자본과 기업을 대변하는 행사장으로 변질된다면, 분노의 눈물을 흘린 원주민 여성 참가자처럼 모든 민중이 분노하게 될 것이다. 우리가 서 있는 더반의 거리에서처럼.

행진 대열에서 나와 여러 각도에서 사진을 찍고 다니니 금세 체력이 바닥났다. 무더위에 고생할 시위대를 배려한 것으로 보이는 물탱크 위로 올라가 길게 늘어선 다채로운 모습을 바라봤다. 아름답기는 하지만 씁쓸하기도 하다. 총회 첫 주 협상에서 선진국들은 2020년까지 새로운 합의를 체결하지 않을 것이라고 밝혔다. 전세계를, 특히 아프리카를 생태계 파괴ecocide로 몰고 가고 있는 것이다. 이런 기후 총회의 광대놀음을 폭로하려면 더반에서의 대중 운동은 어떻게 나가야 할까? 아프리카 국가들을 비롯해 다수 국가들이 협상을 보이콧하라고 요청하고 대신 거리에서 우리의 투쟁에 합류하게 해야 하지 않을까? 동시에 우리는 거리에서 어떤 창조적인 점령 행동을 할 수 있을까?

기다림의 미학

국제 공동 행동의 날 말고도 대안적 논의와 행동은 계속됐다. 가장 기대했지만 그만큼 실망한 건 바로 기후변화 총회 점령 운동이었다. 국제 컨벤션 센터가 아니라면 적어도 상징적인 공간에서 진을 치고 뭔가 할 것이라는 예상은 빗나갔다. 센터 옆 좁은 공간을 자유 발언대 삼아 간단한 집회와 퍼포먼스를 하는 게 고작이었다. 그래도 우연히 참가한 월드컵은 유쾌한 순간이었다. 기후변화 총회의 물을 흐리는 광대들과 기후정의를 지키기 위한 로빈 훗 간의 월드컵World COP 대항전에서 나는 골대 역을 맡았다. 역시 젊은 친구들하고 어울리는 게 신선하다. 부디 일회적인 유희

1 국제 공동 행동의 날에 참가해 더반 시내를 행진하는 사람들. 2 더반 시청 앞에 자매 도시를 보여주는 표지판
이 세워져 있다. 가리키는 방향으로 1만 2440킬로미터를 가면 대전이 나온다. 3 사람보다 이윤을 추구하는 협
상가들을 조롱하는 퍼포먼스.

로빈 훗 팀과 광대 팀이 맞붙은 월드컵.

와 풍자로 끝나지 않기를 바랄 뿐이다.

　12월 6일. 연구소의 세션 '녹색경제의 명암'이 열리는 날이다. 우리는 며칠 전부터 이날을 기다렸지만, 불안감을 감추지 못했다. 다른 세션을 보니 화려한 연사가 등장하거나 현지 조직이나 국제 조직이 아니면 좀처럼 사람들이 오지 않는 것을 봤기 때문이다. 유일하게 믿을 것은 본드였다. 그러나 결국 본드는 애초의 기획하고 다르게 세션에 참석하지 못하게 됐고, 우리는 최악의 경우를 대비했다. 나와 조보영 연구원, 장영배 이사는 9시 30분에 강의실에 도착해 초조하게 준비하기 시작했다. 50분이 되자 몇몇 사람들이 수줍게 들어왔다. 주로 남아프리카공화국의 소농 교육을 하는 엔지오 단체 회원들이었고, 신문 기자가 1명 왔다. 이렇게 12명이

1 '녹색경제의 명암'에 참석한 귀중한 사람들.
2 학생회관 건물 앞에 완성된 '백만 개의 기후 일자리' 벽화(오른쪽).

소형 강의실에 모였다. 대형 강의실이 아닌 게 천만다행이었다. 우리는 준비해간 내용을 약식으로 발표하고 묻는 말에 답했다. 정신없이 1시간이 흘렀는데 주로 한국의 상황을 질문한 것으로 기억난다. 끝내 좋은 일은 생기지 않았다. 두고 보자, 본드.

일이 허무하게 끝나기는 했지만 이제 홀가분하다. 숙제를 끝냈으니 좀 여유가 생겼다. 대학 건물 사이에 우리가 걸어놓은 걸개그림에 반응하는 사람들의 시선도 느낄 수 있고, 점차 학교가 바뀌고 있는 사실도 알게 됐다. 학생인지 거리의 예술가인지 모를 한 청년이 길에서 뭔가를 하고 있었는데 알고 보니 벽화를 그리고 있었다. 이제야 정신이 드는 모양이다.

반낙원의 낙원에서 떠난 오염 여행

오염 여행toxic tour? 유독한 것을 찾아 떠나는 여행이라……. 보통은 사람들의 오감을 즐겁게 해주는 곳을 방문하기 마련인데 우리는 대학의 경계를 벗어나 밖으로, 그것도 불쾌한 뭔가를 눈으로 확인하기 위해 버스에 올랐다. 며칠 전에 이 흥미로운 여행 소식을 접하고 《착한 에너지 기행》이 생각났다. 책 제목은 착한 에너지이지만 책 속에는 착한 에너지뿐만 아니라 나쁜 에너지 이야기도 많이 담겨 있다. 그만큼 에너지를 둘러싼 쟁점이 많고 복잡하기 때문이다. 우리는 이 여행의 정체를 향한 호기심과 더반의 구석구석을 볼 수 있겠다는 기대를 가지고 또 다른 여행을 떠났다. 그리고 뭔가를 직접 확인하기 위해서.

워낙 많은 사람이 몰려 대형 버스에 입석으로 가는 사람들도 있었지만 우리는 운 좋게도 한 자리씩 차지했다. 버스가 출발하기를 기다리면서 카메라를 만지다가 잠시 생각에 잠긴다. 이번 출장을 준비하면서 조사한 바로는 350만 명이 사는 더반에서도 기후변화를 체감하고 있음을 알 수 있었다. 올해 11월에는 평균보다 2배나 많은 비가 내렸다고 하는데, 총회 개막 전날에 닥친 폭우로 10명이 사망하고 홍수로 700만 가구가 파괴됐

대기 중인 오염 여행 버스.

다는 소식을 들었다. 이곳에서 들으니 안타까운 사연은 계속됐다. 더반에 사는 어느 공동체 사람들이 월드컵 경기장의 도로 공사를 하다가 아무런 보상도 받지 못하고 대책 없이 쫓겨났다고 한다. 갈 데가 없는 사람들은 자비를 들여 빈 공터에 판자촌을 지어 살고 있었는데, 2주 전에 거기서 또 다시 쫓겨났다는 것이다. 기후변화 총회가 열리는데 외국인들에게 '더러운 더반'으로 비칠까 봐 경찰이 들이닥쳐 집을 철거해버린 것이다. 이 공동체에는 아이들이 12명이나 있었는데도 1주일 동안 경찰이 무서워서 텐트도 못치고 맨땅에서 지내고 있었다고 한다. 그러다 총회가 열리기 하루 전 그 폭우로 한 아이가 아파서 병원에 갔지만 결국 세상을 떠났다고 한다. '상계동 올림픽' 같은 일이 여기서도 벌어지고 있는 것이다. 물론 한국에서도 여전히 밀양 송전탑 같은 문제가 끊이지 않고 있기는 하지만 말이다. 오기가 생긴다. 정부가 보여주기 싫어 감추려고 하는 곳들을 우리 눈으로 봐야겠다.

버스가 움직이자 딱 봐도 운동가로 보이는 아저씨가 확성기를 들

2006년에서 2008년 사이에 일어난 사건들이 적힌 티셔츠.

오염 여행의 안내를 맡은 엥겐 화력 발전소 반대 활동가. 뒤로 발전소가 보인다.

고 안내를 시작한다. 26년 동안 석유화학 쪽에서 일했고, 현재는 화력 발전소 반대 운동을 하고 있다고 말문을 연다. 티셔츠에는 그동안 겪은 피해 상황이 적혀 있다. 우리의 주 목적지인 엥겐Engen 화력 발전소는 화재를 비롯한 안전사고와 오염 물질 배출로 악명이 높다고 한다. 도심을 벗어나니 빈민층 주거 지역이 펼쳐지는데 공간의 차이가 확연히 드러난다. 더반 해변과 시내에는 고급 호텔과 상가가 즐비하고 온갖 방범 시설과 사설 무장 경호원들이 구획마다 경비를 하고 있는데, 이곳으로 건너오니 더반의 사회적 양극화가 눈에 들어온다. 이런 불균형적인 동시성은 많은 국가에서 발견되는데 자카르타의 슬럼가보다는 양호하지만 구석구석을 찾아가지 않으면 단정하기 어려운 일이다.

　더반 전체가 한눈에 들어와 사진 찍기 좋은 곳에 내려 주변을 보니 상반된 풍경이 눈에 들어온다. 야트막한 산을 사이에 두고 화력 발전소와 석유 화학 공장들이 밀집한 회색 풍경과 더반 해안의 녹색 풍경이 나란히 펼쳐져 있다. 지옥문 옆에 천국의 계단이 있는 것 같다. 아니, 이것은

회색과 녹색의 경계를 생각하게 하는 더반 바닷가.

공존이 아니다. 엄청난 양의 물을 쓸 수 있는 입지를 선택해 생태계와 생활공간을 잠식해 들어가는 거대 공룡의 지배가 아닌가. 그런데 이상하다. 발전소가 내뿜는 독성 물질로 숨쉬기 힘들다는 설명하고 다르지 않은가. 그러면 그렇지, 여행 안내자가 쓴웃음이 나오는 얘기를 들려준다. 평소에는 셀 수 없이 많은 민원이 발생할 정도로 심각한 수준이지만 총회를 앞두고 더반의 공해가 심각하다는 인상을 주지 않기 위해서, 그리고 발전소를 겨냥할 해외 단체들을 의식해서 잠깐 가동을 중지한 상태라고 한다. 눈 가리고 아웅도 아니고, 어찌 손바닥으로 하늘을 가릴 수 있을까.

실제로 남아프리카공화국은 화석 연료 의존도가 대단히 높다. '정실 자본주의'와 '광물–에너지 복합체'는 이 나라의 특징을 잘 보여주는 말이다. 경제 규모가 크지 않은데도 고도로 산업화된 국가들의 탄소 배출 수준과 비슷하다. 주로 에너지 집약적인 광산업과 석탄 발전 때문인데, 전력 생산에서 석탄 화력이 차지하는 비중이 93퍼센트로 세계 1위다. 중국과 인도, 미국보다 높은 수치다. 또한 오스트레일리아, 인도네시아와 함께 세계 3대 석탄 수출 국가이기도 하다. 탄소 배출량은 아프리카 전체 배출량의 50퍼센트를 차지할 정도이고, 세계에서 12번째로 배출이 많은 나라다. 또한 에너지 불평등이 심하기로 유명하다. 산업 분야에서 전력의 50퍼센트 이상을 소비하지만, 가정 소비는 20퍼센트에 못 미친다. 더욱이 200만 빈곤 가구는 0.45퍼센트만 사용할 뿐이다. 반면 4퍼센트에 불과한 부유층은 80퍼센트의 빈곤층보다 더 많은 탄소를 배출한다.

비록 짧은 시간이지만, 오염 여행을 통해 이런 복잡한 숫자로는 도저히 느낄 수 없는 경험을 했다. 몇몇 곳을 방문하고 이제 오염 여행이 끝나 다시 대학으로 간다고 생각하니 피곤이 몰려온다. 땡볕에 무방비로 노출된 채로 기웃거렸더니 여기저기 따갑고 정신이 나간 것 같다. 일교차가 심한 날씨에 적응하는 게 쉽지 않은데 이제는 콧등과 팔등의 피부가 벗겨져 쓰리다. 냉방이 되지 않는 버스의 실내 온도를 낮추는 유일한 방법은 창문을 여는 것뿐인데, 그렇다 보니 인도양 끝자락의 열기를 피할 길이 없다. 간혹 지나가는 그늘을 만끽하고 있는데 갑자기 버스가 멈추고 사람들이 내린다. 또 볼 곳이 남았나? 엥겐 발전소 정문이다. 알고 보니 사전에 정해진 마지막 일정인 엥겐 반대 시위다. 환경단체, 주민단체, 사회단체들이 모여서 간단하게 약식 집회를 연다는 것이다. 관광을 가장한 데모. 좋은 일이다. 국적을 불문하고 모인 남녀노소 80여 명은 환경과 건강을 요구하는 내용을 나누고 평화롭게 일정을 마쳤다. 여기에서도 핵 발전을 운영하는 남아프리카공화국 국영 전력 회사인 에스콤ESKOM을 반대하는 사람들을 만났다. 후쿠시마 이후에 사람들의 생각이 얼마나 바뀌었는지는 모르겠지만 적지 않은 영향을 미친 것만은 확실해 보였다.

엥겐 발전소 앞 집회에서 연설하는 오염 여행 참가자.

　　우리가 떠나면 다시 저 굴뚝에서 엄청난 오염물이 나오고 지역 공동
체와 생태계는 계속해서 고통받겠지. 그렇다면, 잘 있지 마라, 발전소! 그
런데 지옥의 문 옆에도 천국의 계단이 있는 것일까? 이런 생각이 지워지
지 않는다.

제2의 아파르트헤이트, 더반 플랫폼

협상 막바지에 이르자 우리는 노트북을 덮고 몸을 움직이기로 했다. 매번 느끼는 것이지만 2주간의 회의는 늘 연장 승부로 넘어간다. 무승부로 끝나기 일쑤지만. 그러는 통에 마지막 기사를 쓸 시간이 부족해 늘 애먹는다. 그럴 바에는 마지막까지 돌아보는 게 남는 것이라는 생각에 우리는 카메라를 들고 길을 나섰다. 마침 총회 점령 팀에서 재미있는 것을 기획한다는 소식을 듣고 그쪽으로 향했다. 우리는 그곳에서 현수막과 바가림막을 설치해 농성 캠프를 만드는 일을 거들었다.

일이 끝나도 사람들이 모일 기미가 보이지 않자 우리는 국제 컨벤션센터 근처 광장으로 가서 이곳 사람들과 섞였다. 쇼핑몰 식당가에 차와 맥주를 파는 곳이 있었다. 조금 거친 농담을 건네는 테이블과 그런 일을 대수롭지 않게 여기라는 충고를 해준 테이블 사이에서, 낯선 여행지에서 낯선 사람들에게 말을 건넨다는 의미에 관해 잠시 생각해본다. 치안 불안이라는 여행자 정보는 으리으리한 호텔로 구축된 안전한 요새에 안주하라고 명령하는 장치가 아닐까. 그러나 밤거리를 찾지 말라는 주변의 친절한 호의는 실재하는 위험을 예방하라는 메시지가 맞지 않은가. 행진 대열 속의 '검은 친구'와 옆 테이블의 '검은 피부'를 구별 짓는, 다른 가면을 쓴 내 안의 오리엔탈리즘일까. 다른 곳에서 느끼지 못하던 새로운 타자와

1 모래가 씹혀 더반 맛이 나기는 했지만 전세계 중국 음식은 왜 맛이 다 비슷한 걸까? 그리고 한국에서는 와인이 왜 그리 비싼 걸까?
2 더반의 마지막 여행지, 서쪽 해변.

대면하는 일을 경험했다. 바르셀로나의 지하철에서 소매치기를 당한 사건보다 더 기억에 남은 맥주 한잔이었다. 그런데 따지고 보면 서울에서도 마찬가지 아닌가. 쇼핑몰을 나오니 아직도 태양이 떠 있다. 또다시 점령 운동을 한다는 곳으로 갔지만 별 소득이 없었다. 이제 어디로 가야 하나.

총회 폐막일인 12월 9일이 되자 대학에서 열리는 행사는 모두 끝난 상태이고, 참가자들도 대부분 짐을 싸기 시작했다. 우리는 다음 날 오전까지 기다려보고 결과가 나오지 않으면 숙소를 옮기기로 했다. 좀 편안한 곳에서 이번 여행을 정리하고 싶은 마음이 들었기 때문이다. 다음 날 기숙사에서 나와 어제 알아본 저렴한 민박집으로 옮겼다. 대신 경치 좋은 바닷가를 선택했다. 도착하자마자 짐을 팽개치고 먹을 것을 찾아 한참 걷다가 상가를 발견했다. 역시 어디를 가나 중국집은 우리를 환영한다. 대신 인도 요리는 없었다. 우리의 저녁을 책임지던, 대학교에 있던 매대는 인도 출신 부부가 운영했다. 그 정도로 인도계가 적지 않게 살고 있어 혹시나 했는데 찾지 못했다. 중국 요리 몇 가지를 주문한 뒤 주류 가게로 갔다. 남아프리카공화국 와인도 유명하다는 얘기를 들었던 터라 값싼 것으로 아무거나 하나 집었다.

숙소에 들어와 둘러보니 해변으로 향하는 길이 나 있다. 마지막 만찬을 들고 가파른 계단을 따라 내려갔다. 무성한 나뭇잎들이 사라지는 찰나, 눈앞에 새로운 세계가 열린다. 광활한 대자연. 이런 바다는 처음이다. 한국은 물론이고 발리, 몰디브, 코펜하겐, 칸쿤에서도 볼 수 없던 색다른 빛깔이다. 내 솜씨로는 표현할 길이 없다. 인적이 드문 넓은 해변에서 한적한 시간을 보냈다는 것 말고는.

'애정남'이 필요해!

예정된 총회 폐막이 연장에 연장을 거듭해 11일 오전에야 비로소 막을 내렸다. 기후변화 협약 당사국 총회 역사상 가장 긴 시간 동안 협상이 진행된 것이다. 협상가들은 어떻게 하면 지금 같은 유엔의 다자주의 협상 방식을 살리면서도 더반 총회가 말잔치로 끝났다는 비난을 피할 수 있을지 안간힘을 썼다. 교토 의정서가 만료되는 2012년을 앞두고 그럴싸한 결정 없이 총회장을 나가는 게 큰 부담이었으리라. 그런데 그 결과는 더반 플랫폼이라는 최악의 상황을 초래할 판도라의 상자였다. 그것도 일부 국가는 이미 비행기를 타고 떠난 상태였고, 일부 국가는 시간에 쫓겨 제대로 검토도 하지 못한 상태에서 합의가 됐다.

요하네스버그 국제공항에서 출국 수속을 밟고 서둘러 이름도 거창한 더반 플랫폼의 세부 사항을 살펴봤다. 2013년부터 교토 의정서 2차 연장 결정, 모든 국가들이 탄소 감축에 참여하는 더반 플랫폼 합의, 2020년까지 해마다 1000억 달러의 녹색기후기금 실행 계획 수립. 포장지만 보면 인류와 지구의 미래를 위해 뭔가 대단한 성과를 낸 총회인 양 칭찬받을 수 있겠다. 그러나 협상 결과에는 중대한 모순이 숨겨져 있다. 미국의 불참으로 1차 의무 감축 기간에 치명상을 입은 교토 의정서가 더반에서 사실상 생명을 다했기 때문이다. 더반은 교토 의정서의 무덤이 돼버렸다.

이것은 결국 2007년에 모든 국가들이 합의한 발리 로드맵을 위반하며 손바닥으로 하늘을 가리는 격이다. 현재 의무 감축을 규정하는 유일한 국제 조약인 교토 의정서가 만료되는 2012년 이후에 공백 없이 새로운 의무 감축에 돌입한다는 발리 로드맵의 무늬만 지켰기 때문이다. 과연 2차 연장이 2013년 이후 5년간 바로 시행될 수 있을지, 무엇보다 미국, 일본, 캐나다, 러시아가 의무 감축 대상에서 제외된 상태에서 교토 체제가 유지될 수 있을지, 이런 핵심 문제를 남겨두고 이제 공은 다음 카타르 총회로 넘겨갔다. 따라서 2차 감축 기간과 감축 목표 그리고 감축 대상에 관해서 어떤 실효적인 결정도 없이 총회가 마무리된 것이다.

최악의 시나리오는 2차 연장이 불투명해지면서 2020년까지 배출 감축을 각국의 자발적 의지에 맡겨 시급한 의무 감축 행동이 지연되는 것이

더반 기후 총회를 믿을 수 없다고 주장하는 시위대.

다. 2015년, 늦어도 2020년까지 탄소 배출이 정점을 지나 배출 절대량이 감소되어야 한다는 과학적 연구들과 비교하면 2020년 이후의 행동 계획은 너무 늦다. 또 교토 의정서를 거부한 미국처럼 기후 행동에 소극적인 국가들이 새로운 조약을 승인한다는 보장도 없다.

　이미 기후 깡패 국가들이 의무 감축 방식을 자발적 감축 방식으로 대체하기를 바라는 상황에서, 교토 의정서라는 마지막 희망을 버리고 더 느슨하고 효과 없는 감축 체제를 출범시키지 않으리라는 확신은 어디에서도 찾아볼 수 없다. 코펜하겐 이후 선진국이 2020년까지 자발적으로 감축하겠다고 약속한 13~17퍼센트는 2도 상승 제한을 위해 스스로 결정한 25~40퍼센트에 턱없이 모자란 수준이다. 그 결과 모든 사람이 인정하는 것처럼 지구가 4도 이상 상승해 파국적인 미래가 도래할 것이라는 경고는 회의장의 자료 문서에서만 강조될 뿐이었다.

2020년 이후 모든 국가들이 포함된 단일 트랙에 관해 인도가 극구 반대하고, 미국이 협상 시한 고정과 법적 구속력 있는 합의 방식을 거부했지만, 결과적으로 주요 국가들이 유럽연합의 의도에 동조해 더반 플랫폼으로 결정됐고, 이런 로드맵을 이행하기 위한 임시 기구도 승인됐다.

이렇게 선진국과 개발도상국 간 그리고 코펜하겐 총회 이후 나타나기 시작한 선진국 내의, 개발도상국 내의 긴장과 갈등으로 여러 대립 구도가 형성됐지만, 선진국이 개발도상국에게, 그리고 1퍼센트가 99퍼센트에게 승리하는 것으로 끝이 났다. 더반 총회는 겉으로는 전부를 얻은 것처럼 보이지만, 반대로 아무것도 없지 못할 프레임에 갇혀버렸다.

총회 직전 캐나나 환경부 장관은 잃어버린 지난 4년의 본질을 정확하게 간파했다. 무수한 공분을 자아냈지만 '교토 의정서는 과거다'라는 캐나나 환경부 장관의 발언은 더반 플랫폼의 전조였다. 무엇이 나오든 이틀에서는 실패할 수밖에 없었던 것이다. 우리에게 필요한 것은, 교토 의정서를 무용지물로 만들고 미래의 불확실한 감축 약속이 아니라 교토 의정서를 강화하고 의무 감축 국가를 재분류하는 것이다. 현실적인 협상 결과라 자축하기에는 세계 곳곳의 현실을 모르는 비현실적인 로드맵만 남았다.

기후변화로 가장 큰 피해를 받고 있는 아프리카 땅에서 교토 의정서가 죽었다. 결국 더반 총회는 이 세상을 대학살genocide과 생태계 파괴ecocide로 몰고 갈 것이다. 파국을 막을 수 있게 감축량의 부족분을 채우고 감축 공백기를 없애야 하는 마지막 기회를 놓쳤다.

그래도 명쾌한 정답은 있다. '애정남'에게 물어보자. 이렇게 답하지 않을까. "오염한 놈이 치우는 겁니다. 이제 다른 말하기 없깁니다."

　요란한 장식으로 포장된 녹색기후기금은 어떤가. 녹색기후기금은 코펜하겐 총회에서 해마다 1000억 달러를 조성해 개발도상국이 시급히 기후변화에 대응하는 데 지원할 목적으로 합의됐다. 칸쿤 총회에서 첫 3년간 세계은행이 기금을 운영하기로 결정됐고, 더반 총회에서는 세부 사항들이 논의됐다. 그런데 칸쿤 때부터 녹색기후기금에 적지 않은 염려와 비판이 쏟아지고 있다.

　선진국이 기후변화의 역사적 책임에 공감해 기후변화에 취약한 국가와 지역에 자금을 댄다는 취지는 높이 살 만하다. 그러나 기금 설계 위원회가 제안해 더반에서 통과된 기금 조성과 운영 원칙이 실제로 지켜질지 의문이다. 녹색기후기금은 투명하고 책임 있는 방식으로 운영돼야 하고, 공적개발원조 등 기존 지원하고는 다른 새롭고 추가적이고 적절하고 예측 가능한 재정이 마련돼야 한다. 그리고 공적, 민간 그리고 다른 대안적 재원으로 충당돼야 한다. 좋은 말은 다 가져다 붙인 것 같지만, 이미 비극의 씨앗이 싹트고 있다.

　녹색기후기금에 앞서 2010~2012년 동안 선진국은 300억 달러를 마련해 긴급 지원하기로 결정했다. 선진국이 내놓겠다고 약속한 금액은 291억 달러지만, '새롭고 추가적인' 기금은 20억 달러가 되지 않는다. 한편 경제협력개발기구는 2010년에 공적개발원조의 15퍼센트인 229억 달러를 기후 관련 사업에 지원했다고 발표했다. 이렇게 긴급 지원만 보더라도 녹색기후기금이 제대로 조성될지 앞날을 장담하기 어렵다. 또한 공적개발원조의 절대치가 증가하지 않는다면, 기존 원조 사업은 점차 줄고 기후 사업이 늘어나 빈곤 퇴치나 지역 개발 등 국제 사회의 다른 목표를 달성하기가 더 어려워진다. 경제 위기 상황에서 이런 악순환이 반복될 가능성이 크다. 그리고 2010~2011년에 긴급 지원 사업으로 실제 분배된 금액은 21억 달러에 불과하다. 이러니 국제 사회단체들이 투명성이 부족하고 너무

배출권 거래제 같은 탄소 거래에 반대한다는 시위대.

늘게 분배되고 있다고 비판하는 것이다. 이런 방식이 계속된다면 녹색기후기금의 적절성과 예측성은 매우 낮은 수준에 그칠 것이 분명하다.

기후변화의 완화와 적응 사업이 균형을 이뤄야 하는데, 지금은 적응(25퍼센트)보다 완화(62퍼센트)의 비중이 높다. 개발도상국에서는 우선 적응 사업에 투자해 현재 겪고 있는 기후 재앙에 대비하는 게 급한데 정작 선진국에서 주도해야 할 감축 사업들에 지원하고 있는 것이다. 그리고 13퍼센트를 차지하는 산림 전용 방지REDD+는 탄소 흡수의 불확실성이 높아 여전히 과학적 논쟁의 대상이다. 선진국이 열대 우림이 풍부한 개발도상국에서 선진국의 감축 책임을 개발도상국에게 전가하는 탄소 상쇄 프로그램으로도 악명이 높다.

아직 재원 마련 대책이 최종 결정된 것은 아니지만, 사적 자본을 끌어들이기 위한 조치를 하나둘 마련하는 것으로 봐서는, 과연 선진국의 공적 출연금이 충분할지 그리고 국제 탄소세 같은 대안적 방식이 받아들여질지, 긍정적으로 판단할 어떤 근거도 찾아볼 수 없다. 무상 원조가 100퍼센트가 되도 모자랄 판에 오죽하면 기후 부채 정신에 위배되는 유상 원조(양허성 차관) 방식까지 채택했겠는가. 기후를 새로운 시장으로 삼아 이윤을 얻으려고 하는 자본, 그리고 탄소를 제때 제 몫만큼 감축하지 않을 면죄부를 스스로 부여한 선진국의 합작품이기 때문이다.

굳이 연간 1000억 달러가 기후 부채 해결에 부족하다는 점을 떠올릴 필요없이, 녹색기후기금을 둘러싼 기후변화 총회의 맥락을 돌이켜보면 쉽게 짐작할 수 있다. 녹색기후기금에 산림 전용 방지뿐 아니라 기술 개발과 이전 분야에 탄소 포집과 저장도 포함됐다. 이것은 교토 의정서의 시장 기반 메커니즘 중 하나인 청정 개발 체제에 탄소 포집과 저장이 새롭게 포함된 결정과 함께 이뤄진 결과다. 이미 예견됐기에 놀랄 만한 결정은 아니지만, 이것은 교토 의정서를 약화시킨 채 탄소를 사냥할 수 있는 '녹색 경제'의 기반을 강화시킨 꼼수다.

더반, 그 이후

그렇다고 교토 의정서 2차 연장에 그나마 강한 의욕을 내비치던 유럽연합이 선한 의도만 가지고 있었을까. 유럽연합 탄소 시장EU-ETS의 배출권 가격이 최악으로 치닫고 있는 상황에서 자체적으로 설정한 2020년까지 20퍼센트 감축 목표를 폐기하면 큰 낭패를 볼 게 뻔하다. 그런 이유 때문에 교토 의정서에 '새로운 시장 기반 메커니즘' 도입을 강하게 주장했고, 카타르 총회에서 구체적으로 논의될 예정이다. 유럽연합의 제안에 볼리비아와 베네수엘라가 반대 의견을 표명했지만, 또 다른 방안도 등장했다. 일본, 오스트레일리아, 뉴질랜드는 자국이 표명한 감축 목표를 달성하기 위해 독자적으로 또는 양자 간에 자신의 입맛에 맞게 설계한 탄소 시장을 형성해 쉽게 감축할 수 있는 방안을 요청한 상태다. 현재의 유엔 기후 체제 밖에서 감축 기제를 찾아보고 있는 것이다.

이런 녹색 경제 방식들은 교토 의정서 연장, 더반 플랫폼, 녹색기후기금과 함께 더반 총회가 오염자들 1퍼센트에 의한, 그리고 1퍼센트를 위한 '더반 라운드'였음을 보여주는 증거일 것이다. 교토 의정서가 약화됐다고 탄소 시장 메커니즘이 약화되는 게 아니다. 당장 교토 의정서가 죽더라도 '녹색 자본주의'는 지속된다.

기후정의 진영과 일부 국가들은 코펜하겐에서부터 계속 속아왔지만 더반에서는 좋은 결과가 나올 때까지 농성하고 점령해야 한다는 주장을 펼쳤다. 그러나 그 힘은 기대만큼 크지 않았다. 비록 2주 동안 더반 곳곳에서 시위와 퍼포먼스가 이어졌고, 협상 막바지에는 아프리카 그룹, 군소 도서 국가와 라틴아메리카 좌파 국가가 사회단체들에 합세해 총회 점령 운동에 동참하고 연대 전략을 구사했지만, 끝내 제2의 아파르트헤이트를 막지는 못했다. 결국 기후 게임의 연장 승부에서 역전 끝내기 홈런은 없었다.

이렇게 우리의 더반 여행은 끝났다. 불길한 조짐은 모두 현실이 됐다. 1년이 지난 2012년 카타르 도하에서도 예상대로 교착 상태를 풀지 못했고, 총회는 별 소득 없이 끝났다. 교토 의정서가 형식적으로 2020년까지 연장됐다는 것으로는 결코 위안이 되지 않는다. 석유 가스 생산에 의존하는 중동에서도 기후정의를 외치는 사람들이 있다는 사실에 위안을 삼을 뿐. 앞으로 파리와 바르샤바에서 차례대로 열릴 기후 총회는? 글쎄, 이제는 우리 갈 길을 가야겠다.

국제 공동 행동의 날에 참가한 남아프리카공화국 학생들. 이 아이들에게 어떤 미래가 기다리고 있을까.

선술집의 반핵 포스터, 일요 마을 시장에서 만난 반핵 캠페인

"이곳 날씨가 늘 이렇다고 생각하지 마세요." 2011년 5월, 독일의 날씨는 아주 맑고 화창해 마음까지 살랑거렸다. 현지인들은 하나같이 우리가 날씨 운이 좋다고 말했지만, 굳이 나쁜 날씨를 상상해볼 이유가 뭐 있겠나. 두 달 전 동일본의 대지진과 후쿠시마 핵 발전소 사고를 지켜보고 있어야 했던 괴로움에서 좀 벗어나보려고 갑작스럽게 나선 길이었다. 어찌 됐건 화창한 날씨와 낯선 거리를 좀 즐기고 싶었다.

베를린에서 계획한 인터뷰 일정을 모두 마치고, 기차를 타고 10시간 정도를 달려 도착한 쾰른 근처 소도시. 이제 곧 한국으로 돌아가면 이 갑작스러운 방문과 인터뷰 기록을 정리할 시간이 없을 듯해, 쾰른까지 달리는 기차 안에서 인터뷰 내용과 사진을 정리하고 나니 기운이 다 빠져버렸다. 미처 이름을 알아내지 못한 큰 강을 건너니 쾰른 역에 기차가 멈춰 섰다. 쾰른 역 건물 바로 옆의 대성당을 잠시 눈에 담는 사이, 동행인(에너지기후정책연구소 이사장이자 전 국회 의원인 조승수 선배다)은 오늘 하루 묵게 될 숙소의 안주인을 위해 자그마한 화분을 하나 골랐다. 꽃집 사람들은 봉우리 진 꽃보다 더 화려하게 빨간 종이로 포장해줬다.

의 등장에 민박집 안주인의 얼굴에는 반가운 미소가 가득 찼다. "이렇게 국회 의원이 방문해주시다니요. 영광입니다." 장난기가 섞인 인사말에 동행인은 예의 그 수줍은 미소로 화답한다. 몇 년 전 뜻하지 않은 낙마로 한동안 외유에 나선 동행인은 며칠 동안 이곳에서 머물렀다고 한다. 그때의 추억과 고마움이 우리를 이곳으로 이끈 모양이다. 그때 몸담고 있던 진보신당의 유럽 당원들이 가까운 지역에서 모임을 갖고 동행인을 초청했는데, 다행히도 그 장소가 이곳에서 얼마 멀지 않았기 때문에 가능한 일이기도 했다. 긴장을 늦춘 오랜만의 휴식에 동행인의 표정이 밝아 보였다.

깜박 잠이 들었다가 깨니 아직 해가 많이 남아 있다. 숙소는 조용하다. 동행인을 찾아볼까 잠시 생각하다가 혼자 숙소를 나섰다. 낯선 동네, 한적한 길을 어슬렁거리는 여유를 혼자 만끽하고 싶었다. 마을 광장에서 조금 벗어난 숙소에서 길을 되짚어 걸으면서 이곳저곳을 기웃거렸다. 지방마다 가지고 있는 자신들의 고유한 맥주를 알리는 소박한 간판이 자주 눈에 띄었다. 아니, 보고 싶은 것만 보고 다녀서 그럴 수도 있겠다. 커다란 스크린을 내걸고 축구 중계를 알리는 안내판을 내건, 현대적인 스타일의 맥줏집도 발견했다. '축구의 나라'이지 싶다. 그래도 난 도란도란 이야기할 수 있는 조용한 선술집 스타일이 좋다.

아직 한 모금도 마시지 않은 쾰른 맥주에 입맛을 다시고 있는 사이, 길은 곧 마을 광장으로 이어질 태세다. 그리고 그 입구에서 맥주와 축구만큼이나 독일 사람들의 마음을 움직이고 있는 소박한 포스터를 하나 발견했다. "핵 발전소? 됐거든! ATOMKRAFT? NEIN DANKE!" 어느 맥줏집의 창문에 붙어 있는 포스터는 집에서 편집하고 출력했을 것만 같은 단출한 것이었지만, '후쿠시마는 어디에나 있다. 지금 당장 핵 발전소를 폐쇄하라!'는 구호만큼은 묵직했다.

"일본에서 일어난 사고에 심심한 애도를 표하며, 확고한 의지로 독일 핵 발전소를 마침내 중지시키기 위해 함께 싸웁시다. 월요일 베르기쉬 글라트바흐, 콘라드 아데나 광장에서 열리는 시위에 참가합시다."

쾰른 근처 소도시, 베르기쉬 글라트바흐의 맥줏집 창문에 붙은 반핵 포스터.

포스터는 매주 월요일 오후 6시부터 6시 30분까지 광장에서 탈핵 시위Mahnwachen Für den Atomausstieg가 열린다고 알리고 있었다. 또한 5월 28일 에는 본에서 대규모 시위가 열릴 것이라는 안내도 있었다.

저녁 해가 넘어가면서 길게 그림자를 드리우는 맥줏집은 저녁 장사 를 위해서 분주해졌다. 가게 밖 공터에 테이블과 의자를 내놓고, 테이블 보를 깔아놓는 손길이 바빴다. 할 일 없이 나선 산책 길, 한쪽에 서서 그 풍경을 무심히 지켜봤다. 아마 조금 있으면 이 맥줏집은 동네 사람들로 북적거릴 것이고, 그 포스터는 이곳을 드나드는 사람들에게 '잊지 않으셨 죠? 월요일 저녁에 만나요!'라고 이야기해줄 것 같았다. 일상의 일부를 이 루고 있는 소박한 포스터, 매주 월요일 저녁에 모여 탈핵의 필요성과 의지를 다지는 동네 주민들. 대도시 쾰른에서 전철을 타고 30여 분 걸리는 작은 도시(우리 식으로 하면 '읍'이라고 해야 할까) 베르기쉬 글라트바흐. 그곳의 맥줏집 창문에서 우연히 만난 포스터가 독일 방문의 이유를 새삼 일깨우고 있었다.

독일인들은 이미 1999년에 핵 발전에서 벗어나기 위한 계획에 정치적 합의를 이룬 적이 있었다. 당연하게도 그런 합의가 저절로 된 것은 아니다. 많은 사람들의 헌신과 희생을 바탕으로 이루어진 일이었다. 1960년대부터 시작된 미국의 핵미사일 배치에 반대하는 (서)독일인들의 싸움은 자연스럽게 핵 발전소를 반대하는 투쟁으로 확대됐다. 많은 사람들이 핵 발전소 예정 부지에 텐트를 치고 점거한 채 오랫동안 싸웠으며, 심지어 핵폐기물을 운송하는 철로 위에 쇠사슬을 감고 드러눕기도 했다. 여기에 1986년 구소련에서 폭발한 체르노빌 핵 발전소의 방사능 낙진이 독일 땅에도 내려앉으면서, 독일인들은 핵 발전의 위험과 공포에서 벗어나려고 더욱 노력했다. 독일 곳곳에서 핵 발전으로 생산된 전기를 쓰지 않으려고 에너지 사용을 줄이고 태양광 발전기를 시민의 손으로 직접 설치하기 시작했다.

이런 시민들의 각성과 노력은 탈핵을 내건 녹색당의 창당과 의회 진출의 토대가 됐으며, 지배적인 정당인 사회민주당의 핵 발전 정책도 바꾸는 데 영향을 미쳤다. 1998년 독일 총선거 뒤 사민당과 녹색당은 연정을 통해 집권하면서 핵 발전소의 단계적 폐쇄에 합의했다. 이어진 정부와 핵 발전 업계의 협상 끝에 2000년, 2021년까지 독일의 모든 핵 발전소를 폐쇄하기로 한 핵 발전 합의가 탄생했다. 그사이 독일의 재생 에너지 산업은 꾸준히 성장하면서 핵 발전을 폐쇄해도 그 자리를 충분히 메울 수 있다는 가능성을 보여주기 시작했다. 또한 이것은 단순히 깨끗한 에너지와 안전한 에너지만을 의미하는 게 아니었다. 이미 독일의 재생 에너지 산업은 자동차 산업에 고용된 노동자보다 더 많은 사람을 고용하기 시작했

마을 중심에 있는 광장은 토요일 오후의 햇빛 속에 한적했다. 그 광장으로 합류하는 길 한쪽에는 독일의 각 정당과 사회단체들이 자신들의 주장을 알리는 포스터를 게시하는 광고판이 서 있었다. 역시 여기에도 "이젠 그만, 핵 발전!"을 외치는 '노란색 태양'을 볼 수 있었다.

다. 재생 에너지 산업은 더 많은 일자리를 의미하는 것이기도 했다.

그러나 때때로 역사의 시계는 거꾸로 돌아가기도 한다. 사민당과 녹색당의 적록연정 뒤에 등장한 보수 연정은 핵 발전 합의를 깨고 핵 발전소 수명을 연장하려고 했다. 기후변화에 대비해 온실가스를 줄이기 위해서 재생 에너지 산업이 충분히 성장하기까지 핵 발전을 징검다리 에너지원으로 사용해야 한다는 주장이었다. 2010년 보수 연정은 '에너지 콘셉트'라는 보고서를 발표하고 핵발전법까지 바꿨다. 독일 시민들은 10만 명이 참가하는 시위를 조직하면서 저항했고, 사민당 주 정부들은 헌법소원을 청구했다. 그런 와중에 일본 후쿠시마에서 날라온 비극적인 소식이 독일 사회를 다시 뒤흔들었다. 후쿠시마 소식이 전해지자마자 독일 전역에서 6만 명의 시민들이 핵 발전소 폐쇄를 요구하며 시위를 벌였으며, 곧이어 3월 26일에는 체르노빌 이후 최대 규모로 추산되는 25만 명이 거리로 나섰다. 시위는 독일의 대도시들에서 메르켈 총리가 핵 발전소 수명 연장 계획을 포기하는 선언을 하기까지 계속 이어졌다.

발걸음은 읍내 한복판에 있는 광장에 이르렀다. 오래된 유럽 도시들이 대개 그렇듯이 광장 한쪽에 교회가 있고, 그 옆쪽으로 시청 건물이 자리잡고 있었다. 광장 반대편에는 한때 이곳에서 큰돈을 번 부자가 세웠다는 박물관 건물이 아담한 정원 사이로 보였다. 광장에 접해서 여러 식당들이 늘어서 있고, 그중 한 식당에서 내놓은 탁자에 앉아 맥주 두어 잔을 마시고 돌아왔다. 광장으로 길게 드리우는 그림자를 보면서.

다음 날 아침, 마침 일요일이었다. 숙소 안주인이 어제 저녁에 다녀온 광장에 주말 시장이 선다고 알려줬다. 시장만한 구경거리가 또 어디 있겠는가. 미리 계획한 것도 아닌데 행운인 셈이다. 시장다운 분주함이 조용한 읍내에 활력을 불어넣고 있었다. 근처 지역에서 수확한 것처럼 보이는 농산물부터 멀리 지구를 반 바퀴 정도 돌아 왔을 법한 열대 과일까지, 다양한 채소와 과일을 진열해놓고 파는 이동 가게들이 눈에 띄었다.

일요일 아침에 광장에 서는 시장에는 많은 과일과 채소들이 나와 있었다. 멀리서 수입된 것들도 있지만, 근처 지역에서 농민들이 직접 재배해서 가지고 나온 것들도 많았다. 그중에는 유기 농산물도 있었는데, 독일에서는 '바이오(bio)'라는 이름으로 불리고 있다.

다른 쪽에서는 붉은 육고기부터 닭고기 그리고 직접 만들어 나온 게 아닐까 싶은 소시지를 파는 정육점 차량도 보였다. 알록달록 화려한 꽃 가게, 근사한 향을 내는 다양한 향신료를 늘어놓은 가게도 있었다. 당연히 군것질 거리도 있었다. 길쭉한 소시지를 삶아서 겨자 소스와 함께 내놓은 가게에서 하나 사먹지 않을 수 없었다.

어슬렁거리며 여기저기 기웃거리는 사이, 동행인이 시야에서 사라졌다. 여러 색깔의 후추 한 봉지를 사는 사이에 사라진 것이다. 임시로 설치한 가게들 사이로 난 길을 빠져나오니 동행인이 광장을 벗어나 저쪽 건너편 길에 서 있는 것을 발견했다. 동행인은 길거리에 기다란 탁자를 내놓고 그 옆에 깃발도 하나 꽂아놓고 있는 누군가를 쳐다보고 있었다. 가까이 다가가니 이미 익숙해진 '핵 발전소, 됐거든!' 하는 노란색 깃발이 먼저 눈에 들어왔다. 일요일 아침 시장에 물건을 사러 나왔거나 산책 삼아 나선 주민들을 상대로 탈핵 캠페인을 하고 있었다. 빨간 점퍼를 입고 가슴에 노란색 반핵 버튼을 달고 서 있는 사람에게 한국에서 왔다고 밝히면서 반갑게 인사를 청했다. 우리도 반핵 운동을 지지하고 참여하고 있다고 말하니 그 사람도 반가워했다. 이야기를 나누는 사이, 젊은 학생이 와서 노란색 버튼을 집어들었다. 그리고 주머니에서 동전을 몇 개 꺼내서 양철통에 넣었다. '그래, 너도 탈핵이구나! 학생 멋져!'

캠페인을 펼치고 있는 사람은 독일의 대표적인 환경단체인 분트 회원이라고 했다. 우리는 후쿠시마 사고 이후 독일에서 녹색당의 약진이 인상적이라고 이야기하면서, 이 지역에서도 녹색당 활동이 왕성하냐고 물었다. 그 사람은 멋쩍게 웃더니, 자신은 좌파당(사민당 내의 좀더 급진적인 좌파 세력이 분리해서 결성한 정당으로 사회주의적 강령과 탈핵 같은 생태주의적 의제도 포괄하고 있다) 당원이라고 대답했다. 이런 실례가 있나. 우리는 한국의 진보 정당인 진보신당의 당원이라고 말했다(그 뒤 나는 여러 이유로 진보신당을 탈당해서 새로 창당한 녹색당 당원이 됐다).

독일 최대 환경단체인 분트의 회원이자 독일 좌파당의 당원이 일요일 아침 시장에서 반핵 캠페인을 펼치고 있었다.

당신들의 좌파당을 잘 알고 있으며, 정치적 견해에 우호적이라고 말했다. 그랬더니 주머니에서 뭔가를 꺼내 노란색 반핵 버튼 옆에 주섬주섬 달았다. 좌파당 배지였다. 한국의 진보 정당 대표와 함께 사진을 찍자고 하니, 분트 회원으로 나선 캠페인이라서 빼놓은 좌파당 배지를 다시 단 것이다. 작은 읍내의 일요일 아침 시장에서, 다양한 정치적 견해가 있지만 일상 속에서 탈핵을 향해 움직이는 독일인의 또 다른 모습을 본 셈이다.

5월에 독일을 다녀오고 얼마 되지 않아 메르켈 총리가 핵 발전소 수명 연장 계획을 포기했다는 발표를 들을 수 있었다. 그러나 녹색당을 비롯해 많은 사람들은 단순히 이전 계획으로 돌아가는 것으로 만족하지 않고, 그것보다 더 빠르게 핵 발전소를 폐쇄할 것을 요구하고 있다는 소식도 들려오고 있다.

거대한 전환이 시작되다

갑작스러운 방문 계획이었다. 3월 11일 동일본의 대지진과 쓰나미 그리고 이어진 후쿠시마 핵 발전소 사고로 한동안 정신을 차리지 못했다. 일선에서 뛰어다닌 동료들에 견주면 바빴다고 할 수는 없지만, 후쿠시마 핵 사고가 안겨준 충격이 결코 덜하지는 않았다. 모든 감각이 일본을 향해 있었지만, 차츰 시간이 지나면서 핵에너지에서 벗어나겠다고 결정한 독일을 향한 갈망이 싹텄다. 독일에 함께 온 조승수 의원도 마찬가지였던 모양이다. 말이 나온 지 채 한 달이 안 돼서 조승수 의원과 함께 독일행 비행기에 올랐으니 말이다. 본을 거쳐 도착한 베를린은 꽤 오랜 시간 날아왔는데도 아직 저녁이었다. 베를린 자유대학에서 공부하고 있는 염광희 씨가 우리를 반갑게 맞아주었다. 환영 선물이라며 배낭에서 꺼내 보여주는 베를린 지역 맥주를 보니 씨익 미소가 번진다.

공교롭게도 그때 베를린에 이명박 대통령이 와 있었다. 후쿠시마 사고가 터진 날, 아랍에미리트연합에 핵 발전소를 수출하게 됐다는 뉴스를 만들려고 출국한 이명박 대통령. 그 대통령이 탈핵의 나라, 독일에 와 있던 것이다. 수선 피우는 것을 달가워하지 않는 동행인이지만, 대사관에서 국회 의원 방문에 마중이라도 나오겠다는 예의상의 인사도 없던 것은 이명박 대통령의 방문 때문이었을 것이다. 바빠진 것은 대사관만이 아니었다. 염광희 씨의 얘기에 따르면, 일부 독일 교민과 유학생들도 꽤 바빴던 모양이다. 정성들여 피켓을 만들고 사람들에게 연락을 돌려, 이명박 대통령이 똑똑히 볼 수 있게 지나가는 길목에서 시위를 한 것이다. "4대강 반대! 핵 발전소 폐쇄!" 그러나 독일 교민들의 시위를 정체불명의 괴한들이 막아서는 바람에 조용히 넘어갈 수 있는 일이 오히려 뉴스거리가 됐다. 우리가 하루만 일찍 왔어도 현역 국회 의원이 대통령이 방문하는 자리에 교민들과 함께 피켓 시위를 하는 초유의 사건이 발생했을지도 모른다며 우스갯소리를 늘어놓았지만, 씁쓸한 입맛은 가시지 않았다.

다음 날부터 곧바로 인터뷰 일정이 시작됐다. 예년하고 다르게 너무도 화창하다는 베를린의 날씨는 한낮에 거리를 걷기에는 뜨거울 정도였다. 도시를 떠날 쯤에야 익숙해진 지하철과 전철을 갈아타고 어느 운하 옆에 있는 정류장에 내려 걸었다. 녹색당이 세운 하인리히 벨 재단을 찾아가는 길이다. 우리는 재단의 환경 정책 부서를 책임지고 있는 도로테 란드그레베 씨를 만났다. 선물로 준비한 부채를 주면서 '핵에너지 없는 에어컨'이라는 농담을 건네자, 활짝 웃으며 신나게 부채를 펼쳐 흔들어 보여준 활달한 여성이었다. 1986년 체르노빌 핵 사고가 일어났을 때 열두 살이었다는 도로테 란드그레베는 독일인에게 남겨진 '집단적 기억'에 관해 이야기해줬다.

"체르노빌에서 뿜어져 나온 방사능 물질의 3분의 1이 북유럽 지역에 쏟아졌으며, 독일도 영향을 받았어요. 꽤 많은 세대가 체르노빌 사고의 경험을 통해서 핵 문제에 관한 인식을 확고히 할 수 있었어요."

녹색당 재단에서 일하는 도로테도 체르노빌 핵 사고에 관한 집단적 기억을 공유하고 있으리라. 일본 그리고 이웃 나라 한국은 후쿠시마 핵 사고에서 어떤 집단적 기억을 가지게 될까? 도로테는 후쿠시마 핵 사고 전후의 독일 상황에 관해서 설명해줬다.

"지금 독일의 반핵 운동은 매우 강력하던 시기인 1970년대 수준으

베를린에서 쾰른으로 달리는 기찻길 옆으로 풍력 발전기가 많이 보였다. 이런 풍력 발전기의 일부는 일반 시민의 투자를 받아 건설됐다. 베를린 지하철 안에는 시민들에게 풍력 발전에 투자하라는 광고가 붙어 있다. 수익률도 좋다. 연 8퍼센트를 보장하고 있었다.

로 회복되고 있는 상황입니다. 1998~2002년 사민당과 녹색당의 적록연정 이후 독일의 핵 정책은 후퇴해왔습니다. 특히 최근 들어선 메르켈 정부는 4개 전력 회사의 압박을 받아서 핵 발전소 수명 연장을 시도했으며, 작년에 관련 법률 개정을 관철시키기도 했습니다. 그러나 작년 가을에 엄청난 규모의 반핵 집회가 개최됐죠. 전 국민의 70퍼센트가 핵 발전소 수명 연장을 반대할 정도로 반대 여론이 고조되고 있는 상황이었습니다. 녹색당 지지도 더불어 높아지고 있었고요. 그 와중에 후쿠시마 핵 사고가 터진 것입니다."

후쿠시마 핵 사고는 장작불에 기름을 붓는 격이 됐다. 이미 널리 알려진 대로 독일 녹색당은 후쿠시마 사고 직후의 선거에서 크게 선전해, 사민당과 연정을 구성해 역사상 처음으로 독일 남부의 부유한 바덴뷔르템베르크 주에서 집권에 성공하고 주 총리를 배출했다. 도로테는 현재 독일 사회의 반핵 여론 그리고 녹색당의 활동과 시민들의 높은 지지를 이해

독일 녹색당의 하인리히 벨 재단의 환경정책부장인 도로테 란드그레베는 베를린 시내를 누비는 자전거족 중 한 명이었다.

하려면 몇 가지 역사적인 상황을 알 필요가 있다고 했다.

"우선 녹색당 창당 시기에 반핵 운동 세력이 핵심 구실을 했다는 점이 중요합니다. 녹색당은 반핵 정책을 오래전부터 준비하고 일관되게 주장해왔습니다. 둘째, 독일의 핵 정책은 재생 에너지 정책과 연결해볼 필요가 있습니다. 2000년에 제정된 재생 에너지 법률은 아주 성공적이어서, 전체 전력에서 재생 에너지가 차지하는 비중이 2000년 3퍼센트에서 2010년 16퍼센트로 크게 증가했습니다. 이런 수치는 전체 전력에서 핵 발전이 차지하는 비중이 20퍼센트라는 점하고 비교할 때, 그 성장세가 대단히 인상적인 것입니다. 또한 재생 에너지 산업이 일자리 30만 개를 창출했다는 점도 중요합니다. 그 결과 핵 발전소의 대안이 존재한다는 믿음이 생긴 것입니다."

여기에 체르노빌 사고에 관한 독일의 집단적 기억이 더해진다고 지적했다. 이런 상황에서 벌어진 후쿠시마 사고는 독일인들의 강력한 반핵 여론을 다시 일깨웠으며, 4대 전력 회사의 압력을 받고 있는 보수 정권조차 물러설 수밖에 없었다고 강조했다.

이야기를 듣고 있으니, 독일 녹색당은 탈핵과 에너지 전환을 위해서 정치 공간에서 어떻게 싸우고 있을까 궁금해졌다. 이제 곧 녹색당 연방 의원을 만나기로 약속돼 있었다. 재단과 연구소의 협력 방안 등에 관한 이야기를 나누는 사이, 도로테가 보육 시설에 맡긴 아이를 데리러 가야 할 시간이 다가왔다. 마음이 급해진 도로테는 넉넉하게 이야기를 나누지 못해서 미안해했다. 그래도 사진을 한두 장 찍어야 할 것 같아서 재단 건물 밖에서 기다리겠다고 하고 일어섰다. 서둘러 나오는 사람을 붙잡고 사진을 찍으려고 하니, 이번에는 우리가 미안해졌다. 도로테는 참을성 있게 '증명 사진'을 찍은 뒤 아이를 태울 수 있는 안장을 단 자전거를 끌고 급하게 떠났다. 베를린 시내를 누비는 자전거족 중 한 명이 도로테였던 것이다. 우리는 떠나는 자전거를 바라보며 손을 들어 배웅했다.

브란덴부르크 대문을 지나 도착한 연방 의회 건물에는 우리가 만나기로 한 사람의 사무실이 없었다. 연방 의원의 사무실은 거리 아래쪽의 다른 건물에 있다는 것이다. 담으로 둘러싼 폐쇄된 구역 안에 모든 건물이 들어선 한국 국회하고 다르게, 연방 의원의 사무실이 있는 건물은 별다른 경계 표시도 없이 길가에 자리잡고 있었다. 갑자기 흐려진 날씨에 비도 몇 방울 떨어지는데 통역을 부탁한 사람이 아직 도착하지 않아서 문 밖 처마 밑에서 기다리고 있었다. 앞으로 두어 시간 진행될 인터뷰 시간 동안에 피울 수 없는 담배의 니코틴을 흡수하려고 동행인들이 불을 붙이고 있으니, 보안 요원으로 보이는 여성이 나왔다. 이 건물을 방문한 것인지 물었다. 그렇다고 답하고 나니, 문득 여권을 가지고 오지 않은 게 생각났다. 사정을 이야기했다. 보안 요원은 입꼬리를 한 번 올리더니 동

독일 녹색당 연방 의원인 실비아 코팅울은 핵 정책을 총괄하고 있다.

행들은 신분증이 있느냐고 묻고는, 그럼 괜찮단다. 흐음, 뭐 이리 쉬운가 싶어서 오히려 내가 이상했다.

백전노장을 만난 느낌이었다. 녹색당 연방 의원 중 핵 정책을 담당하는 실비아 코팅울 의원은 백발에 가까운 머리카락을 지닌 나이 많은 여성이었다. 코팅울 의원은 퇴근하는 보좌관을 먼저 보낸 뒤 넓은 회의장의 테이블에 혼자 앉아 우리를 상대했다. 단단해 보였다. 코팅울 의원은 후쿠시마 사고부터 먼저 얘기하면서, '우리는 이런 식의 재앙에 관해서 오래 전부터 경고'했다고 운을 뗐다.

"그리고 일관되게 탈핵 정책을 추진했습니다. 특히 1998년부터 시작된 적록연정 시기에 2021년까지 핵 발전소를 폐쇄하는 정책을 수립했습니다. 그러나 현재 집권 정당은 핵 발전소의 수명을 연장하는 등 핵 정책을 후퇴시켜 왔습니다. 그러나 후쿠시마 사고 뒤 이런 정책들을 철회하고 있습니다. 다행이라고 생각합니다."

그러나 녹색당은 집권당의 계획보다 좀더 급진적인 내용을 담은 법안을 준비하고 있다고 알려줬다.

"현 정부 집권 기간 안에 핵 발전소를 폐쇄하라고 요구하는 법안입니다. 덧붙여 재생 에너지 이용과 관련해 송전선을 설치할 경우 주민 참여를 보장하고 대규모 해상 풍력 단지보다는 지역적으로 분산된 소규모 육상 풍력 발전에 무게를 두는 내용도 법안에 담길 것입니다".

오랫동안 소수당으로 진보 정당 운동을 이끌어 온 조승수 의원은 녹색당의 선전에 강한 인상을 받고 있었다. 자연스럽게 녹색당의 전반적인 전략에 관한 이야기로 이어졌다. 조승수 의원이 질문했다.

"후쿠시마 사고 전후로 녹색당이 비약적으로 도약하고 있는데, 소수당 전략이 아니라 집권을 위한 새로운 전략이 필요한 게 아닌가 생각합니다. 녹색당은 그 준비가 되고 있습니까?"

6층 높이의 회의실 창문으로 베를린의 울창한 숲이 보였다. 한국에서는 보기 힘든 도시 숲이었다. 그 당당한 풍경을 배경으로 답변에 나선 코팅울 의원의 얼굴에는 자부심이 엿보였다.

"물론입니다. 논의하고 있습니다. 그러나 강조하고 싶은 것은 녹색당은 이미 바덴뷔르템부르크 주에서는 집권당이라는 점입니다. 선거 뒤에도 지지도가 30퍼센트를 넘어서고 있습니다."

코팅울 의원은 녹색당이 환경 정책에 국한된 당이라는 이미지가 있지만, 이미 집권당에게 필요한 사회경제적 정책을 갖추고 있다고 강조했다. 무엇보다도 경제 정책을 환경 정책과 통합시키는 것인데, 기술 혁신과 미래 시장의 수요가 무엇이 될 것인지에 관해서 검토해 환경 친화적으로 만들기 위한 정책을 강구하고 있다고 했다. 여기에서 주목하고 있는 분야는 재생 에너지와 그린카 등이며, 새로운 경제로 전환하는 것을 추진하고 있다고 설명했다. 코팅울 의원은 이런 녹색당의 노력을 바덴뷔르템부르크 주를 예로 들어 소개했다.

"다들 아시겠지만, 지금 우리가 직면하고 있는 전지구적인 문제가 기후변화입니다. 기후변화를 막으려면 온실가스를 줄이는 게 가장 중요합니다. 녹색당은 기후변화에 대응할 수 있게 경제를 바꿀 것입니다. 예를 들어서 이번 선거에서 녹색당이 집권한 바덴뷔르템부르크 주는 독일 자동차 산업의 중심지로서, 벤츠 등의 자동차 공장이 자리잡고 있습니다. 자동차 산업은 기후변화의 원인인 온실가스를 많이 배출하기 때문에 기후변화를 막기 위해 온실가스를 감축하려고 할 때 자동차 산업과 바덴뷔르템부르크 주는 많은 영향을 받을 것입니다. 내일(코팅울 의원과 인터뷰를 한 날은 5월 11일이었다) 녹색당의 바덴뷔르템부르크 주 총리가 새로운 자동차 산업 정책에 관한 발표를 할 예정입니다. 새로운 자동차 산업 정책의 기조로 '적은 차', '다른 차', '작은 차'를 제시할 것입니다. 교통수단의 이동성mobility을 재구성하는 방식으로 자동차 산업을 바꿔야 한다는 기조입니다. 자동차를 바꾸는 것뿐만 아니라 (카 셰어링 같이) 자동차를 이용하는 방식도 바꾸며, 자동차 말고 다른 수단도 개발하는 등 총체적인 접근이 필요하다는 것을 강조할 예정입니다."

'작은 차'와 '다른 차'라는 슬로건은 쉽게 이해된다. 기름을 적게 먹는 경차 그리고 전기차 같은 것을 생각하면 될 듯했다. 그러나 '적은 차'라니, 무슨 말일까? 코팅울 의원의 이야기는 자동차 생산 대수도 줄이게 한다는 것이다. 자동차 산업의 중심 지역에서 '적은 차'라니. '교통수단의 이동성을 재구성하는 방식으로 자동차 산업을 바꿔간다'는 말이 무엇을 의미하는지 정확히 이해되지 않았다. 한국에 돌아와 뉴스를 보니, 이미 녹색당의 자동차 정책은 논란에 휩싸여 있었다. 보수 정당들은 녹색당이 자동차 산업을 파괴할 것이라고 선동하고 있었다. 한편 독일 출신으로서 영국 대학에서 연구하고 있는 어느 교수는 서울에서 가진 모임에서 녹색당이 자동차 산업을 진정으로 위협하는 일은 없을 것이라고 얘기했다. 독일 녹색당도 이미 체제내화돼 있기 때문이라는 생각인 듯했다. 녹색당의 실험이 어떻게 진행되는지 더 지켜볼 일이다.

우리가 세 번째 인터뷰를 한 사람은 서유럽계 미국인으로서 베를린 자유대학의 환경정책연구센터 소장으로 일하고 있는 미란다 슈로이어 교수였다. 슈로이어 교수는 후쿠시마 사고 뒤 독일 정부가 핵 발전 정책을 재검토하기 위해 구성한 핵 발전 윤리위원회의 일원이었다. 통역을 도와준 염광희 씨의 지도 교수이기도 한 슈로이어 교수는 논문 지도를 받는 제자들도 얼굴 보기가 힘들 정도로 바쁘다고 했다. 다행히 슈로이어 교수는 많은 시간을 들여 인터뷰에 응해주었다. 독일 정부의 정책에 따라서 건물 에너지 효율 정도를 표시한, 나지막한 3층 건물의 꼭대기 층에 슈로이어 교수의 연구실이 있었다. 슈로이어 교수는 잠시 기다리라고 하더니, 커다란 쟁반에 커피 주전자와 잔을 들고 들어왔다. 그런 일에 익숙하지 않은 한국인 세 남자들은 슈로이어 교수가 직접 대접한 커피에 잠시 좌불안석이었다.

자리를 잡고 선한 얼굴에 웃음을 한가득 담은 슈로이어 교수가 인사했다. "방문을 환영합니다." 우리의 관심은 무엇보다도 슈로이어 교수가 참여하고 있는 핵 발전 윤리위원회였다. 어떻게 구성됐고, 어떤 논의가 진행되고 있을까?

"지금 독일은 급격한 에너지 정책의 변화를 경험하고 있습니다. 후쿠시마 사고가 일어난 뒤 독일 시민은 핵 발전소를 중단할지 아닌지가 아니라, 얼마나 빨리 중단할 수 있는지에 관심이 많습니다."

현재 8개의 핵 발전소가 가동 중단된 상태이고, 나머지 9개는 언제까지 운전할 것인지에 관해서 토론하고 있는 상황이라고 했다. 탈핵을 이미 전제하고서 논의를 한다고 하니, 부럽기도 하고 신기하기도 했다. 우리는 윤리위원회에서 핵 발전소의 수명 연장 또는 폐쇄에 관한 논의를

미란다 슈로이어 교수는 독일의 탈핵 정책을 재확인한 17인 윤리위원회의 일원이었다. 슈로이어 교수는 2012년 프리드리히 에버트 재단 한국사무소와 에너지기후정책연구소의 초청으로 한국을 방문해, 독일의 탈핵 결정 경험을 소개해주었다.

진행할 때, 가장 중요한 기준이 무엇인지 설명해 달라고 말했다.

"윤리위원회에서는 핵 발전소의 위험과 윤리적 문제 그리고 비용 문제를 다루게 됩니다. 위험 문제는 크게 3가지를 검토합니다. 첫째, 사고의 크기는 어떤지, 둘째, 누가 영향을 받게 되는지, 셋째, 세대 간 피해는 어떤지에 초점을 맞추고 있습니다. 모든 에너지원의 개발과 이용은 위험을 안고 있지만, 핵 발전소 사고의 위험과 화력 발전소 또는 탄광 사고의 위험 크기는 다릅니다. 또한 그 사고로 누가 영향을 받는지도 살펴봐야 합니다. 탄광도 위험하지만 탄광 노동자는 그런 위험을 무릅쓰고 자신이 선택한 것이라면, 핵 발전소 사고는 아무런 선택의 여지도 없는 사람들이 피해를 받는다는 점에서 다릅니다. 또한 세대 간 문제를 보죠. 특히 핵폐기물은 아주 오랫동안 후속 세대에게 큰 짐이 될 것입니다. 그리고 핵 발전소를 폐기한다고 할 경우 비용에도 주목해야 합니다. 전력 비용 상승, 일자리 손실, 에너지 안보의 취약성 문제에 직면할 수도 있습니다. 따라서 위험과 비용 사이에서 균형을 잡는 게 중요합니다."

거의 교과서적인 대답이었다. 한국에서는 이런 대답이 공허한 이야기로 치부되지만, 독일에서는 현실적인 논의가 되고 있는 듯했다. 이런 논의가 가능한 것은 윤리위원회가 만들어진 맥락과 사회적 세력 사이의 관계에도 있겠지만, 위원회의 구성에서도 이유를 찾을 수 있지 않을까? 윤리위원회가 어떻게 구성돼 있는지도 물었다. 슈로이어 교수는 '대단히 흥미로운 구성'이라고 답했다.

"모두 17명으로 구성된 위원회는 학계, 산업계, 사회계가 동등한 비율로 참여하고 있고, 각 당에서도 한 명씩 참여하고 있습니다. 학계는 지리학, 소비자행동학, 윤리학, 정치학 등의 연구자들이 참여하며, 산업계는 핵 발전 산업계 인사가 아닌 다른 산업들의 인사들이 참여하고 있습니다. 마지막으로 사회계는 천주교 주교, 기독교 목사 등의 종교인, 환경단체 등이 참여하고 있습니다."

우리는 핵 발전 산업계 인사가 참여하지 않는다는 점이 의아했다. 그러나 슈로이어 교수는 '뭐가 문제냐?'라는 표정으로 말을 이었다.

"핵 발전 산업계 인사는 다른 위원회, 즉 핵안전위원회에 참여하고 있습니다. 이 위원회는 핵 안전의 기술적인 문제를 다루고 있습니다. 반면 윤리위원회는 사회적 측면을 다루고 있는데, 핵 발전을 중단해야 한다는 전제 아래에서 왜 핵 발전소를 폐쇄해야 하는가, 핵 발전소를 폐쇄할 경우 대안은 무엇인가, 변화를 위해서 무엇이 필요한가에 관해서 논의하는 게 우리의 임무입니다. 이런 논의에 핵 산업계 인사가 참여할 필요는 없다고 생각합니다."

오히려 슈로이어 교수는 녹색당이 윤리위원회에 참가하지 않은 게 문제라고 생각하는 듯했다.

"녹색당은 이 위원회에 참가하지 않고 있는데, 이 윤리위원회가 현 정권의 핵 정책을 정당화하는 데 이용될 것이라고 판단하고 있기 때문입니다. 그러나 이 위원회에 참여하는 한 사람으로서는 나는 그런 녹색당의 판단에 동의하지 않습니다."

슈로이어 교수는 윤리위원회가 도전적인 결론에 이를 수도 있다고 얘기했다. 2000년에 만들어진 핵 발전 합의가 규정한 2021년 탈핵 시기보다 더 일찍 핵 발전소를 폐쇄해야 할 필요성에 관한 주장이 위원회 내부에서 제기되고 있다고 알려줬다. "오늘 밤에 집에 돌아가서 위원회 자료를 검토하고 의견서를 써야 합니다." 아마도 슈로이어 교수 자신이 좀

베를린 시 외곽에는 이런 호수들이 꽤 많다. 학생 시절 슈로이어 교수는 공부하다 말고 이런 호수로 수영을 하러 다녔다고 한다.

더 급진적인 의견을 가지고 있는 게 아닐까 추측됐지만, 묻지는 않았다.

　2시간 가까이 인터뷰를 마친 뒤 슈로이어 교수는 저녁을 함께 먹자고 제안했다. 오랜 시간을 내준 것도 고마운 일인데 저녁까지. 저녁은 우리가 산다는 생각으로 함께 나섰다. 비행기 위에서 볼 수 있던 베를린 주변의 많은 호수들. 우리가 저녁을 먹으러 도착한 식당은 맑고 아름다운 호숫가에 있었다. 한국과 북한의 핵 문제, 전세계 핵 발전 산업의 미래 같은 묵직한 이야기부터 슈로이어 교수의 대학원 시절 베를린에 방문 학생으로 와 있던 이야기까지 재미있는 이야기를 나눴다. 슈로이어 교수는 베를린 시절, 더운 여름에 연구실에서 뛰쳐나와 이 근처 호수에서 수영을 하고 돌아가서 공부하곤 했단다. 염광희 씨가 슈로이어 교수가 자전거로 출퇴근하고 있다고 이야기하자, 슈로이어 교수는 자전거로 출퇴근하는 시간이 정말 행복하단다. 호숫가 식당에서 나와 숲길과 한적한 주택가를 따라 20여 분을 걸으니 지하철역이 나왔다. 이제서야 연구실에서 잠시 나와 수영을 하고 돌아갔다는 슈로이어 교수의 말이 이해됐다. 그만큼 가까웠던 것이다. 이래저래 부러운 나라이자 도시다. 부러우면 지는 거라던데.

독일의 에너지 시나리오를 배우자

갑작스럽게 독일 방문에 나서게 된 이유 중에는 한국의 탈핵 에너지 전환 시나리오를 만들기 위해서 독일의 경험을 배워보자는 것도 있었다. 독일에서 인터뷰한 사람들도 에너지 시나리오의 중요성을 인정했다. 슈로이어 교수는 후쿠시마 사고 이전에 어떻게 하면 재생 에너지로 100퍼센트 전력을 공급할 수 있을지에 관한 여러 시나리오 연구가 진행됐다고 알려주었다. 예를 들어 독일연방환경자문회의, 유럽기후기금, 연방환경청, 그린피스, 세계자연보호기금 등에서 만들어낸 에너지 시나리오가 있다는 것이다. "이런 연구의 방식과 내용은 서로 달랐습니다. 예를 들어서 탄소 포집 저장의 도입 여부, 전기 자동차 도입 여부 등을 포함하는지는 연구를 수행한 각 기관의 성향에 따라서 달랐습니다. 그러나 핵 발전을 폐쇄하고 화석 연료를 사용하지 않으면서, 2050년까지 재생 에너지로 전력의 100퍼센트를 공급한다는 최종 목표는 모두 동일했습니다." 하인리히 벨 재단의 도로테 란드그레베도 이런 에너지 시나리오를 언급하면서, '독일에서 핵 발전을 폐기하라는 주장이 광범위하게 수용될 수 있던 중요한 요소 중의 하나가 에너지 시나리오 연구 결과'였다며 그 중요성을 강조했다.

つ原子力の規制機関を
ニネルギー社会への転換を

老から

ミ決断を

産党

29년 동안 반핵 투쟁
벌여온 사람들

2011년 8월 2일, 일본으로 향하는 비행기는 꽉 차 있었다. 서울을 지나자 맑은 날씨 덕분에 팔당 두물머리 비닐하우스까지 또렷이 내려다보였다. 이 높은 곳에서라도 말없는 응원을 보내고 싶지만, 비행기는 금세 원주와 강릉 부근을 거쳐 동해로 접어들었다. 이제 곧 일본이 보일 텐데 구름이 아래에 깔린다. 여유 있게 다녀올 수 있으면 좋으련만, 내게도 그리고 일본에게도 그리 여유로운 상황이 아니었다.

겨우 닷새간의 일본행. '반핵아시아포럼No Nukes Asia Forum, NNAF 2011'에 참석하고 뭔가 배워 오기 위해서 떠난 길이다. 1992년에 반핵 운동의 한일연대와 아시아연대의 성과를 계승하고자 김원식 선생이 제안해 만들어진 게 이 포럼인데, 일본과 한국을 포함해 아시아 10여 개국 활동가들이 해마다 한 번 모여서 각국의 반핵 운동 성과를 공유하고 쟁점과 운동 과제를 논의하는 자리다.

김원식 선생은 남로당원에 인민군 복무로 10여 년간 징역살이까지 하신 분인데, 팔순이 넘은 나이에도 아나키스트로서 활동을 멈추지 않고 있다고 한다. 지구를 망치는 것을 막으려면 자본주의를 그냥 두면 안 되지만 현실 사회주의도 답을 줄 수 없다는 생각을 굳히게 된 것인데, 그러면서 한국에서 반전 평화 운동과 반핵 운동을 개척하신 분 중 하나다.

일찍이 1990년에 '위험한 이야기'라는 제목으로 출간된 히로세 다카시의 《원전을 멈춰라》나 다카기 진자부로의 《원자력 신화로부터의 해방》도 김원식 선생이 번역한 것이다.

어쨌든 올해의 포럼은 원래는 태국에서 열릴 예정이었는데, 후쿠시마 핵 발전소 사고를 계기로 급히 일본으로 옮겨서 도쿄, 후쿠시마, 히로시마 등을 이동하면서 열리게 됐다. 1945년 히로시마 원폭일을 기리는 원수폭原水爆 금지 세계대회 일정과 결합해 포럼을 진행한 것이다. 66주년 원수폭 금지 세계대회는 7월 31일 후쿠시마부터 도쿄, 히로시마, 나가사키 그리고 8월 11일 오키나와까지 행사가 이어졌다. 한국에서도 해마다 여러 활동가들이 참여하는데, 나는 한국의 다른 일들 때문에 히로시마 행사에만 참여한 게 아쉬웠지만, 닷새 일정만 해도 제법 빡빡한 것이었다.

일본행은 공항에서부터 조금 긴장이 됐다. 여행자 보험을 가입하려고 하니 일본 어디로 가느냐고 보험사 직원이 묻는다. 후쿠시마 핵 발전소 사고 뒤 도쿄 쪽 여정은 여행자 보험 가입이 아예 안 된다는 것이다. 그러나 혼슈 중서부에 있는 히로시마 근처는 일단 '안전지대'다. 그리고 내내 흐릴 것이라던 일기 예보하고 다르게 날씨도 맑고 거리는 차분했다. 공항에서 만난 정태석, 백영경, 강윤재 선생님과 버스표를 끊고 히로시마 역으로 갔다. 두어 시간을 기다리니 도쿄에서 신칸센을 타고 온 일행들이 도착해 합류했다.

에너지정의행동의 이헌석 대표, 사회진보연대 수열, 참여연대 박정은, 서울환경연합 이지언 등 낯익은 얼굴을 만났다. 통역과 안내로 늘 수고해주시는 김복녀 선생님도 일본에서 보니 더욱 반갑다. 며칠 전 먼저 출발해서 후쿠시마 현민 집회와 도쿄 행사에 참석한 사람들은 사소하게 먹고 입는 것들까지 방사능 피폭의 위험을 감내해야 하는 동일본 주민들의 안타까운 처지를 전해주었다. 일본 정부와 도쿄전력은 여전히 후쿠시마 주민들에게 방사능 정보를 제대로 제공하지도 않고, 문제없다는 말만

원전 절대 반대 구멍가게.　　　　　　후쿠시마 현민 집회. ⓒ 이유진

되풀이한다는 것이다. 가지고 간 방사능 계측기가 안전과 위험의 경계가 따로 없는 방사선의 존재를 알려주고 있는데, 거리에는 아무런 표지와 안내도 없었다고 한다. 수만 명의 주민들이 살던 곳을 떠나거나 가족들과 헤어져 고통을 겪고 있고, 후쿠시마산 농산물과 쇠고기, 해산물의 판로가 모두 막혀 있다. 수십년 뒤 어떤 직간접적인 후유증을 경험할지 알 수 없는 일이다. 순응적이던 일본인들의 분노도 조용히 끓어오르고 있었다.

　원폭일을 며칠 앞둔 히로시마는 아직 조용하다. 그러나 이곳에서도 치열하게 투쟁하는 사람들이 있었다. 핵 발전소 건설 반대 투쟁을 무려 29년 동안 벌여온 이와이시마 어민들의 이야기다. 8월 3일, 첫 일정에서 이 어민들을 만났다.

　히로시마에서 버스를 타고 1시간, 다시 배를 타고 40여 분 걸려 도착한 곳은 야마구치 현 가미노세키의 이와이시마라는 작은 섬이다. 인구는 570명, 65세 이상 인구가 70퍼센트이고, 초등학생은 딱 3명이다. 섬 둘레가 12.7킬로미터밖에 안 되지만, 투명한 바다에 해산물이 풍성하고 비파귤 산지로도 유명해, 이름 그대로 '축복받은 섬'이다.

그런데 이 섬에 한국의 안면도, 굴업도, 위도와 비슷한 일이 벌어진 것은 1982년이다. 일본 정부와 주고쿠中國 전력이 이와이시마에서 4킬로미터 앞에 있는 나가시마의 다노우라를 매립해 137만 킬로와트 급의 가미노세키 핵 발전소 1, 2호기를 짓겠다고 발표한 것이다. 천혜의 자연과 삶이 위험에 놓이게 되자 나이 든 어민들의 싸움이 곧 시작됐다. 비가 오나 눈이 오나 매주 월요일 정기 반대 집회를 1000번이 넘게 진행했고, 건설사 젊은 직원들 앞에 몸을 던지고 공사를 하러 온 선박 앞으로 작은 어선들이 돌진하는 투쟁도 불사했다.

주민 대표는 이 '징한' 투쟁 경과를 담담히 설명했지만, 이곳에서도 보상금을 미끼로 한 회유는 가장 어려운 문제였다. 근처 8개 어협 중 나머지 7개 어협은 모두 보상금을 받아들였지만 이와이시마 주민들은 주고쿠 전력이 제안한 10억 엔(150억 원)을 거부하기로 결정했다. 잠시 만질 수 있는 돈보다는 수천 년을 이어온, 그리고 미래까지 이어져야 할 삶과 자연이 훨씬 중요하다는 '착한' 생각을 했기 때문이다. 한국에서도 익숙한 주민 간 대립과 분열 공작이 먹히지 않은 것은, 섬의 가구들이 유일한 항구 주변으로 무척 밀집돼 있고, 주민들끼리 너무나 잘 알고 있는 높은 공동체성 덕분일 것이다.

주고쿠 전력은 관내에서 핵 발전소 증설이 가능한 마지막 부지로 가미노세키를 꼽았고, 2009년 부지 확보를 위한 매립 공사까지 어찌어찌 시작했지만 주민들의 강력한 저지로 제대로 진척될 수 없었다. 그리고 결국 가미노세키도 후쿠시마 사고의 영향을 비켜갈 수는 없었다. 주민들이 배를 태워 우리를 안내한 핵 발전소 예정 부지에는 기반 공사를 하다 만 시설물과 컨테이너 건물 몇 개만이 덩그러니 놓여 있었다. 부지 경계를 나타내는 부표들은 아직 철거되지 않았다. 원자력발전 자료정보실의 반 히데유키 선생이 뱃전에서 바닷물 속으로 풍당 뛰어들어 익숙하게 수영을

발전소 건설은 중단되고 컨테이너 몇 동만 덩그러니 남아 있다.

한다. 이 맑고 푸른 바다가 그대로 남아 있기를 바라는 마음을 온몸으로
표현하는 듯하다.

그러나 주고쿠 전력이 공사 포기를 공식 선언한 것은 아니다. 주민
들은 앞으로 몇 년간은 움직임이 없겠지만, 후쿠시마 사고가 잊히고 정권
이 바뀌면 다시 공사가 추진될지도 모른다고 염려했다. 주민들은 반핵 운
동의 기억과 경험을 가진 자신들이 더 나이가 들기 전에 공사 계획의 완전
취소를 받아내야 한다고 결의를 다진다. 반핵 투쟁이 시작됐을 때 주민
수는 1500명 정도였지만, 이제 3분의 1정도밖에 남지 않았다. 다행히 몇몇
젊은 활동가들이 미디어 작업을 도우러 섬에 들어와 활력을 주고 있다.

또 하나 흥미로운 이야기는 이와이시마 100퍼센트 재생 에너지 프로
젝트다. 목숨을 걸고 핵 발전소 반대를 외쳤지만 자신들도 다른 핵 발전
소에서 나오는 전기를 사용하는 게 아니냐는 문제의식에서다. 태양광 패
널, 풍력 터빈, 태양열 온수기, 바이오매스 등을 활용해 10년 후에는 이와

부표 설치를 몸으로라도 막는다.

이시마 에너지 자급률 100퍼센트를 달성하겠다며 '이와이시마를 위한 (기업 수익의) 1퍼센트' 기부 캠페인을 시작했다는 설명이다.

한국의 부안에서도 2004년 방폐장 저지 투쟁에 나선 사람들이 가장 아프게 들은 말이, '그래서 너희들은 전기 안 쓰고 사느냐?'는 것이었다. 그래서 부안 투쟁 이후 지역으로 들어간 활동가들이 시작한 게 부안 지역의 에너지 자립 마을 만들기와 유채 혁명(유채로 식용유와 바이오 연료 제조) 실험이었다. 반핵의 절실함과 대안의 귀결점은 두 나라의 두 지역이 너무도 닮았다는 생각이 들었다.

8월 6일 오전, 히로시마 평화 기념대회에 모인 포럼 참가자들은 '노모어 히로시마, 노 모어 후쿠시마'를 외치며 평화기념공원을 출발해 가두시위에 나섰다. 한국의 시위에 견줘 너무 얌전한 게 불만이기는 했지만, 외국 참가자 처지에서 뭐라 할 수는 없는 노릇이다. 행진의 종착점은 근처에 있는 주고쿠 전력 본사. 역시나 아무도 없는 듯, 또는 없는 척하

주고쿠 전력 앞 집회.

는 듯 건물 셔터는 굳게 내려져 있었다. 그러나 이와이시마에서 완전히 물러가라고 항의 표시는 확실히 하고 가야 한다.

각국 참가자 중에서 한 명씩 발언하라는 주문에 마이크가 내게로 왔다. 무슨 말을 해야 하나, 작열하는 늦여름 햇볕에 땀이 줄줄 흐른다. "전력 기업이 이윤을 좇아 생명과 자연을 파괴하는 것은 세계 어디나 똑같다. 그러나 후쿠시마 사고 이후 우리는 세상에 안전한 핵도, 경제적인 핵도, 좋은 핵도 없다는 것을 이야기해야만 한다." 그러면서 이와이시마의 29년 투쟁이 내게 준 인상은 자연스럽게 '스고이데스네(굉장합니다)!'라며, 몇 개 안 되는 아는 일본말을 연발케 했다.

그러나 내가 후쿠시마 주민들과 이와이시마 어민들에게 격려할 말이 뭐가 있겠는가. 나는 오히려 그리고 당연하게도 한국에서 신규 핵 발전소 부지 선정 반대 투쟁을 힘겹게 모아가고 있는 삼척, 울진, 영덕의 주민들을 떠올렸다. "지금 한국에도 외롭게 반핵 투쟁을 벌이고 있는 사람들이 있다. 한국에 가면 이와이시마의 이야기를 전하겠다. 그리고 삼척, 울진, 영덕의 투쟁이 외롭지 않다는 것을 알려주고 싶다."

짧은 영어 실력 덕분에 발언은 짧게 끝났다. 신규 핵 발전소 저지 투쟁도 짧게 끝나면 좋으련만, 우리도 한국에서 한 29년은 싸울 각오를 해야 하는 것 아닐까? 하여튼 '징하게' 싸워야 하고, 단합해 싸워야 이긴다. 세계 어디나 그럴 것이다.

핵폭탄과 핵 발전,
모두 안 된다

히로시마는 반핵의 성지다. 1945년 8월 6일 아침 떨어진 핵폭탄의 유적으로 지금도 뼈대를 유지하고 있는 원폭돔 정도 말고는 도심부가 모두 그 뒤 재건된 것이다. 핵폭탄 '리틀보이'가 600미터 상공에서 폭파된바로 그 아래 폭심지hypocenter 근처는 평화기념공원으로 조성돼 그날의 끔찍한 기억과 성찰을 전해준다. 공원은 겐바쿠돔(원폭돔)역 바로 앞이다.

공원 한쪽에 있는 한국인 피폭자 위령비가 먼저 눈길을 끈다. 히로시마 원폭으로 즉사한 사람이 7만 명 정도인데, 그중 7000명이 한국인이었고, 그 뒤 한국인 사망자는 모두 4만 명 이상 됐다고 한다. 그때 히로시마는 군수 공장이 들어서 있는 등 군사적으로 중요한 지역이어서 강제 징용으로 끌려와서 일하던 한국인이 많았다. 징용도 서러운데 자신과 후세까지 억울한 희생을 겪게 된 것이지만, 이 사람들이 피폭자로 공식 인정받고 보상을 받기까지 힘든 과정이 필요했다.

공원 정문 쪽에 있는 평화 기념관의 전시물들은 악몽이면 차라리 나았을 원폭일의 모습을 생생히 전해준다. 핵폭탄이 떨어진 시간인 오전 8시 15분을 가리키며 영원히 멈춰 있는 손목시계는 너무도 인상적이다. 대리석에 박혀버린 유리 파편들, 사람의 흔적만 남은 돌계단, 희생자의 옷가지와 인형들이 할 말을 잃게 만든다. 특히 '검은 비'의 경험을 전하는

1 원폭 직후 폐허와 원폭돔. 2 한국인 희생자 위령비. 3 검은비. 4 핵폭탄과 함께 멈춘 손목시계.

그림들은 그냥 지나치기가 힘들다. 섬광과 버섯구름이 지나고, 살아남은 사람들은 엄청난 열기에 고통스러웠다. 이때 방사능을 포함한 낙진이 비처럼 내리기 시작했는데, 목마른 사람들이 비를 받아 마시는 그림이다.

평화기념공원 한가운데에 종이학을 이고 있는 사다코의 조상은 일본인들에게 원폭 희생자의 상징이다. 그날 아침, 두 살 나이로 피폭당한 사다코는 10년 뒤 후유증으로 백혈병을 얻게 됐다. 1000마리의 학을 접어서 병을 이겨내는 소원을 이루고 싶어했지만 미처 다 접지 못하고 세상을 떠났고, 동료 급우들이 나머지를 접어서 채워줬다는 일화가 전해진다. 그래서 공원 곳곳과 평화기념행사 단상에도 일본 각지에서 정성스레 접어온 수만 마리의 종이학 묶음이 즐비했다.

그러나 반핵이 다 같은 반핵은 아니었다. 핵무기는 일본인에게 크나큰 상처와 두려움을 남겼지만, 역설적이게도 전범의 멍에와 핵무기 희생자의 표상 아래에서 '핵의 평화적 이용'이 경제 재건과 함께 받아들여야 할 가치로 인식됐기 때문이다. 그래서 일본어로 '히바쿠샤'라 불리는 피폭자들 다수와 원수폭금지일본협의회(원수협) 같은 단체는 핵무기 반대에 앞장서면서도 핵 발전에 관해서는 별다른 목소리를 내지 않았다고 한다.

반면 우리와 반핵아시아포럼을 함께 한 원수폭금지일본국민회의(원수금 또는 평화포럼)는 세상의 온갖 핵을 다 없애야 한다는 주장을 내세우며 1965년 발족한 단체로, 핵 실험과 핵무기 폐지는 물론이고 탈핵 발전 사회를 지향해왔다. 원수협과 원수금 두 조직 사이에는 단지 핵 발전에 관한 의견 차이 때문만은 아니지만 상당한 긴장이 흐르고 있어서 히로시마에서 여는 행사도 따로 진행했다.

원수금은 중앙 가맹 단체 중 90퍼센트가 노동단체일 정도로 상당한 조직력을 갖고 있다고 하는데, 우리가 평화기념공원을 찾은 날에도 노동조합의 젊은 활동가가 땡볕 아래에서 '핵 발전 폐지 1000만인 서명'을 받고 있었다. 외국인도 참여할 수 있다는 말에 방송통신대 백영경 선생님이

1 사다코와 종이학. 2 피폭 직후 갈증의 고통을 덜어주려는듯 물을 바친다.

피폭자 대표의 증언.

냉큼 서명에 동참한다.

역시 후쿠시마 사고 뒤에는 일본 전체 여론이 크게 변한 만큼 이제 핵무기와 핵 발전은 분리할 수 없는 것으로 인식되고 있고, 그래서 이곳 집회에서도 히로시마, 나가사키, 후쿠시마, 히바쿠샤의 종결을 함께 외치고 있었다. 어떤 사람들은 핵 발전 폐지를 묻는 국민 투표를 요구하는 피켓을 들었고, 어떤 사람들은 후쿠시마 핵 발전소와 원폭돔이 함께 그려진 도안의 티셔츠를 입고 나왔다.

흥미롭게 지켜볼 것은 렌고連合. 일본노동조합총연합회의 태도 변화다. 일본 노동 운동은 사회당과 긴밀한 관계를 갖던 급진적인 총평總評이 주도하던 시대에서 1989년 창립한 렌고가 주도하는 시대로 넘어갔는데, 전력 회사 노조들도 결합한 렌고는 핵 발전 문제에 입을 다물게 됐다. 오히려 렌고의 산하 조직인 전력총련은 216만 명 조합원을 배경으로 민주당에 큰 압력단체로 작용하고 있다. 그래서 주류 노동 운동에서 핵 발전 비판의 목소리는 사라지게 됐고, 교원노조나 자치노조 등 반핵 의견이 분명한 노동조합은 개별적으로 반핵 캠페인에 참여해온 것이다.

그런데 바로 얼마 전 렌고가 정기 대회를 통해 탈핵으로 태도를 수정하기로 했다는 소식이 들려온다. 후쿠시마 사고의 영향과 일본 내 여론의 변화를 렌고도 비켜갈 수는 없었던 모양이다. 렌고는 정기 대회 뒤 프로젝트팀을 발족시켜 에너지 정책을 구체적으로 재검토하기로 했다고 한다. 한국에도 에너지노동사회네트워크 같은 단체가 에너지 산업의 '정의로운 전환'을 위해 노력하고 있지만, 일본처럼 노동 운동의 탈핵을 위해 더욱 힘을 내기를 기대한다. 물론 탈핵을 위한 연구와 교육, 기탄없는 대화를 위해서 우리도 아낌없이 거들어야 하겠다.

평범한 사람들의 힘만으로는, 그리고 1000만 명의 서명으로도 핵 없는 일본이 쉽게 이루어지지는 않을 것이다. 일본의 '힘 있는' 사람들의 태도와 행동을 움직이는 데까지 나아가야 한다. 간 나오토 전 일본 총리의 경우 후쿠시마 사고 뒤 탈핵발전의 의견을 조금씩 밝혀왔고, 지난 7월 13일에는 핵 발전 의존도를 단계적으로 낮춰 핵 발전 없는 사회를 실현하겠다는 좀더 구체적인 이야기를 한 탓에 이번 8월 6일 기념식에서도 관련 발언에 사람들의 관심이 쏠렸다.

그러나 이날 히로시마 현 시장은 발언을 통해 후쿠시마의 모습과 히로시마의 모습을 비교하면서 핵 발전의 문제를 지적하기는 했지만, 에너지 정책의 재검토 필요성 정도를 이야기하는 데 그쳤다. 역시 기업과 주류 정치 세력의 압력에서 자유롭기는 어려울 것이었다.

간 총리도 전력 수급 조절을 호소하고 있지만 탈핵을 향한 구체적인 로드맵을 아직 제시하지는 않고 있다. 이것은 일본의 정치 세력 중 현재 소수화된 사민당과 공산당 정도 말고는 분명한 핵 발전 반대 의견을 가진 정당이 없다는 것하고도 연결되는 부분이다.

집회 현장, 아이들도 한몫씩 한다.

　　그럼에도 이미 일본의 탈핵 실험은 개시됐다. 사고가 난 후쿠시마 핵 발전소, 쓰나미에 취약한 점 때문에 가동을 중단한 하마오카 핵 발전소 그리고 정기 점검에 들어간 발전소들을 포함해 지금 일본에서 가동되고 있는 핵 발전소는 54기 중 겨우 15기에 불과한 상황이다. 폭염 속의 전력 피크 대란을 염려했지만, 8월 첫 주 일본에서는 도쿄에서도 또 히로시마에서도 그런 혼란이나 마비 사태는 일어나지 않고 있다.

　　일본 정부가 전력 사용 제한령을 통해 요청하기도 했지만, 기업과 가계의 전기 절약 동참으로 7월 사용량이 예년의 90퍼센트가 못 됐고, 도쿄전력 관내의 최대 전력 수요로 보면 작년 여름 피크 대비로 20퍼센트가 적었다는 것이다.

히데유키 선생의 티셔츠가 재미있다.

핵 발전 충당분이 빠져도 에너지 소비 절감과 천연가스 발전 등으로 견딜 수 있다는 점이 증명되고 있는 셈이다. 물론 이 여름이 지나봐야 노인, 어린이 등 취약 집단에 미치는 스트레스나 에너지 효율화와 대체 수급 가능성에 관한 자세한 평가가 나오겠지만, '궁하면 통'하는 현상이 작동하고 있는 것이다.

8월 5일, 히로시마 YMCA회관에서 열린 국제회의 '탈핵을 향한 구상력'은 각국 참가자들의 발표로 후쿠시마 사고의 구체적 상황, 핵 발전 해외 수출 문제, 독일과 미국 등의 탈핵 움직임 등이 공유됐다. 여기서 반 히데유키 선생은 더 화끈하고 흥미로운 전망을 제시했다.

일본은 정기 점검을 위해 13개월마다 원자로 가동을 중단하게 되어 있는데, 내년 봄에는 지금 가동되는 15기도 정기 점검을 위해 멈추게 된다. 그러면 일본의 모든 핵 발전소가 가동률 제로가 되는 상황이 온다는 것이다. 봄철은 전력 소비도 낮고 상대적으로 견디기 쉬운 계절이다. 이때 핵 발전소 없이 견딜 수 있다면, 물론 다른 보완 조치들을 더해야겠지만, 핵 발전소를 그대로 정지시켜두면 곧바로 탈핵 일본이 실현될 수 있다는 것이다. 탈핵의 선두 주자 독일이 2021년을 예정하고 있는데, 일본은 당장 내년에 탈핵으로 돌입할 기회라는 이야기다.

과연 그렇게 될까? 하나의 시나리오로 일이 되지는 않을 것이다. 일본의 반핵 운동도 더 힘을 내야 할 테고, 정치권과 기업에도 엄청난 압박이 가해져야 할 것이다. 기술적이고 경제적인 측면에서 과감한 시도들도 진행되어야 할 것이다. 그러나 혹독한 더위보다 더욱 가혹한 핵 발전소 사고를 겪고 있는 일본이라면, 못할 것도 없지 않을까?

8월 6일, 평화기념공원으로 돌아오는 마지막 행진과 함께, 엿새 동안 이어진 공식 일정이 마무리됐다. 대만과 태국, 인도, 필리핀, 인도네시아, 일본의 참가자들과 헤어지면서 우리는 '내년 봄 서울에서 만나자'며 작별 인사를 나누었다. 내년 3월 한국에서 있을 핵안보정상회의 일정에 맞춰 한국에서 '반핵아시아포럼 2012'를 개최하는 게 좋겠다는 것으로 의견이 모아졌기 때문이다. 국내에서 다시 논의를 하겠지만,

핵 발전 중단 1000만인 서명 운동.

그렇게 될 경우 한국에서는 할 일도 많고 우리에게도 좋은 일이 될 것이다. 반핵아시아포럼이 한국에서 개최된 2001년(서울, 부산, 울산), 2004년(부안)도 한국의 반핵 운동이 한 걸음씩 도약하는 계기가 됐기 때문이다.

공식 기념식이 끝나고 평화기념공연은 다시 조용해졌지만, 사람들은 줄어들지 않았다. 원폭돔 근처에는 평화와 탈핵을 기원하는 촛불이 가득하고, 히로시마 강에 불을 밝힌 등이 띄워지고 있었다. 핵의 가장 직접적인 피해와 상처를 경험한 그 현장에서, 수많은 눈이 수많은 마음을 모아 수많은 평화를 기원하고 있었다. 핵의 위협에 떨지 않아도 되는 우리와 이웃과 이후 세대들을 위해서.

평화와 탈핵의 촛불이 이어진다.